JN409734

한국어문법

한국어문법

배주채 지음

(학)신구학원 신구문화사

머리말

언어는 짧은 말이든 긴 글이든 **문장**이라는 단위를 중심으로 이루어진다. 그래서 문장의 구조를 이해하는 것은 언어의 구조를 이해하는 지름길이다.

문장의 구조를 기술한 것이 **문법**이다. 한국어가 어떤 언어인지 알기 위해서는 한국어문법을 들여다봐야 하고, 한국어로 소통할 수 있기 위해서는 한국어문법을 익혀야 한다.

한국어문법을 다룬 책은 이미 많이 나와 있다. 그러나 그 대부분은 문법현상을 어떻게 서술하는 것이 이론적으로 나은지를 따지는 데 집중한다. 그 과정에서 일반인의 독해력을 넘어서고 관심권을 벗어나기 일쑤다. 이 책은 한국어문법에 관해 장황한 논의 대신 간명한 결론을 제시하는 데 **목표**를 둔다.

한국어문법에 관한 책과 논문들은 저마다 다른 **용어**와 **체계**를 내세우고 있다. 이 책에서는 기존에 알려져 있는 용어와 체계를 존중하면서도 한국어문법의 짜임새를 더 잘 보여줄 수 있도록 부분적으로 새 용어를 만들고 새 체계를 세웠다. 다른 용어에 익숙한 일부 독자를 위해 기존의 주요 용어를 각주에서 언급했다.

이 책은 한국어문법의 **요점**을 설명하는 데서 그친다. 한국어문법을 더 깊고 더 넓게 샅샅이 다루는 일은 뒷날을 기약할 수밖에 없다.

2019년 10월 9일

지은이 씀

차례

3 조사

4 용언

5 어미

6 관형사, 부사, 감탄사

7 서법

8 경어법

9 시제와 상

10 양태

11 피동과 사동

12 부정

13 문장의 구조

14 종속절

15 인용

부록

찾아보기

일러두기 : 언어자료의 표기

1. 문법적으로 틀린 문장, 즉 **비문**(非文) 뒤에는 (×)를 붙이고, 틀렸다고 확신할 수는 없지만 부자연스러운 문장 뒤에는 (?)를 붙인다.
   - 영미가 노래를 시작하자 조용히 해라. (×)
   - 문이 일부러 열렸다. (?)
2. 언어자료를 분석해 표기할 때 언어단위의 **변이형**을 보일 수도 있고 **대표형**을 보일 수도 있다. 예를 들어 종결어미 '-는다'의 변이형은 '-는다, -ㄴ다, -다, -라'이다. 이 가운데 '-는다'를 대표형으로 삼는다. 학문문법에서는 대표형을 {-는다}와 같이 중괄호로 묶어 표기한다. 이 책에서 특별한 언급이 없는 분석은 **대표형 분석**이다. §1.9 참조.
   - 간다, 남는다, 작다, 집이라고 *어절
   - 가-ㄴ다, 남-는다, 작-다, 집#이-라-고 *변이형으로 분석
   - 가-는다, 남-는다, 작-는다, 집#이-는다-고 *대표형으로 분석
3. 언어단위의 표기에 다음과 같은 **부호**들을 사용한다.

부호	사용법	예
-	용언의 뒤 어말어미의 앞 선어말어미의 앞과 뒤	만들-, -고, -었- 만들-고, 만들-었-고
=	접두사의 뒤 접미사의 앞	맨=, 맨=손 =기, 줄넘=기
+	어기와 어기의 경계 앞말과 조사의 경계	손+발 사람+을, 집+에+도
#	용어가 포함된 언어자료에서 어절, 구, 문장성분, 절의 경계	관형사절#것 주어#목적어#서술어
	앞말과 '이다'의 경계	뜻밖#이다

1

기본 개념

1.1. 문법의 개념

❖ **문법**(文法)은 문장에 나타나는 질서이다. 한 언어에서 사용하는 문장은 수가 매우 많고 그 모습도 아주 다양하기 때문에 문법의 내용도 상당히 복잡하다.

❖ 사람은 누구나 **모어**(母語)의 문법을 직관적으로 이해하고 있다. 그러므로 **원어민**(原語民)의 머릿속에 문법이 들어 있다고 할 수 있다. 원어민의 **심리적 문법**을 언어로 정리해서 서술한 것도 '문법'이라 부른다. 이 책은 한국어 원어민의 심리적 문법을 언어로 정리해서 서술한 것이다.

1.2. 문법규칙

❖ 다음은 비가 오는 시간과 우산을 사는 시간을 관련지어 다양하게 표현한 문장들이다. 이들은 문법적으로 옳은지 그른지에 관한 성질, 즉 **문법성**(文法性)이 다르다. 일부는 문법적으로 옳은 문장, 즉 **정문**(正文)이고 일부는 문법적으로 틀린 문장, 즉 **비문**(非文)이다.

1. 정문
   - 비가 오기 전에 우산을 산다.
   - 비가 올 때 우산을 산다.
   - 비가 온 후에 우산을 산다.
2. 비문
   - 비가 온 전에 우산을 산다.
   - 비가 오기 때 우산을 산다.
   - 비가 올 후에 우산을 산다.

❖ 단어 '오다'를 '오기, 올, 온' 가운데 어떤 형태로 쓰는지에 따라 해당 문장이 정문이 되거나 비문이 된다. 여기에는 일정한 **문법규칙**이 작용하고 있다.

❖ 다음은 정문 "비가 오기 전에 우산을 산다."에 쓰인 다섯 어절의 순서를 바꿔 본 것이다.

1. 정문
   - 비가 오기 전에 우산을 산다.
   - 우산을 비가 오기 전에 산다.
   - 우산을 산다, 비가 오기 전에.
2. 비문
   - 산다 우산을 전에 오기 비가.
   - 전에 비가 산다 우산을 오기.
   - 오기 산다 비가 전에 우산을.

❖ 각 어절의 형태가 옳더라도 어절들의 순서가 옳지 않으면 정문이 되지 못한다. 여기에도 일정한 문법규칙이 작용하고 있다.

❖ 이상의 예들에서 볼 수 있듯이, 문법규칙은 각 단어가 어떤 위치에서 어떤 형태로 쓰이면 그 문장이 정문이 되거나 비문이 되는지를 규정한다. 그러한 문법규칙들의 집합이 문법이다.

1.3. 계열관계와 통합관계

❖ 정문 "비가 오기 전에 우산을 산다."의 뒷부분을 다른 표현으로 바꾸어 다른 다양한 정문을 만들 수 있다.

- 비가 오기 전에 [우산을 산다.]
- 비가 오기 전에 [우산을 준비한다.]
- 비가 오기 전에 [우산과 모자를 살 겁니다.]
- 비가 오기 전에 [영수는 빨래를 했다.]
- 비가 오기 전에 [다녀와야겠지요?]
- 비가 오기 전에 [군사들이 모두 강을 건너 평양성에 도착했다.]

❖ 위의 괄호 친 부분들은 서로 바꿔 쓸 수 있는 표현들이다. 이러한 표현들끼리의 관계를 **계열관계**(系列關係)라 한다. 계열관계에 있는 항목들은 문법적 지위가 대등하다.

❖ "비가 오기 전에 우산을 산다."의 문장구조를 대강 표시하면 다음과 같다.

- 〔 [【비가 오기】 전에] [우산을 산다] 〕.

❖ 이 문장구조는 어느 부분이 어느 부분과 직접적인 관계를 맺고 있는지를 보여준다. 예를 들어 '비가'는 '오기'와, '비가 오기'는 '전에'와 직접적인 관계를 맺고 있다.

- 비가 – 오기
- [비가 오기] – 전에
- 우산을 – 산다
- [비가 오기 전에] – [우산을 산다]

❖ 각 부분의 이러한 관계를 **통합관계**(統合關係)라 한다. 통합관계에 있는 항목들은 동시에 나타나 앞뒤로 연결될 수 있다.

❖ 문법규칙은 계열관계와 통합관계가 맞물리는 모습에 관한 규칙이다.

1.4. 문장소와 품사

❖ 문장을 형성하는 최소의 언어단위는 **문장소**(文章素)이다.[1]

❖ 문장소는 **단어**(單語)와 **문법소**(文法素)로 나누어진다.[2]

- 곰이 사람처럼 걷는다.

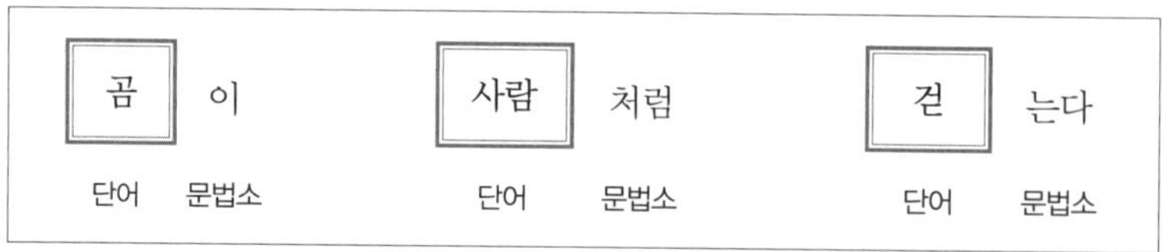

❖ 문법소는 반드시 다른 문장소, 즉 단어나 문법소 뒤에 붙어서 쓰인다.

❖ 문장의 형성에 참여하는 단어 또는 '단어+문법소'를 **어절**(語節)이라 한다. "곰이 사

1) 문장소를 '통사원자'라 부르기도 한다.

2) 단어를 어휘론의 관점에서는 '어휘소(語彙素)'라 부른다. 문법소를 북한의 문법서에서는 '토씨'라 부른다.

람처럼 걷는다."는 세 어절로 이루어진 문장이다. 한글 맞춤법에서 띄어쓰기는 어절 단위로 이루어진다. 어절이 한 줄로 이어져 문장을 형성한다.

❖ 문장소는 문법적 성질에 따라 몇 종류로 나누어진다. 문장소의 각 종류를 **품사**(品詞)라 한다.

❖ 단어는 8가지 품사로 나누어진다.

❖ 문법소는 2가지 품사로 나누어진다.[3)]

문장소의 분류

유형	품사		주요 기능	예
단어	체언	명사	사물을 지시	물, 사람, 생각, 것
		대명사	사물을 지시	나, 이것, 무엇
		수사	수를 지시	하나, 둘, 일, 이
	용언	동사	동작을 지시	가-, 만들-, 도착하-
		형용사	상태를 지시	작-, 둥글-, 깨끗하-
	관형사		관형어 형성	새, 무슨
	부사		부사어 형성	아주, 깨끗이, 반짝반짝
	감탄사		독립어 형성	예, 글쎄, 아이고
문법소	조사		문법기능을 표시	이, 에, 으로, 도
	어미		문법기능을 표시	-기, -으면, -는다, -겠-

❖ 용언과 어미를 적을 때는 붙임표(-)를 붙인다. 붙임표는 그 부분에 반드시 다른 문장소가 붙어야 한다는 뜻이다.

❖ 용언은 반드시 그 뒤에 어미가 붙어야 한다. 그래서 용언 뒤에 붙임표를 붙여 적는다(가-, 도착하-, 작-, 깨끗하-). 용언을 적을 때 편의상 종결어미 '-다'를 붙인 '가다, 도착하다, 작다, 깨끗하다' 등으로 적기도 한다.[4)]

3) 전통적으로 품사는 단어에만 적용하는 개념이었다. 이 책에서는 문법소에도 품사의 개념을 적용한다.

4) '가다, 만들고, 도착했으면' 등의 어절에서 앞부분에 쓰인 '가-, 만들-, 도착하-' 등을 '어간(語幹)'이라 부르는 것이 일반적이다. 그러나 이 책에서는 '어간'이라는 용어를 쓰지 않는다. 즉 '가-, 만들-, 도착하-' 등은 용언이고 '가다, 만들고, 도착했으면' 등은 활용형이다. 활용형은 용언에 어미가 붙은 형태이다.

❖ 어미는 반드시 용언이나 어미 뒤에 붙어 쓰인다. 그래서 어미 앞에 붙임표를 붙여 적는다(-기, -으면, -는다). '하겠다'의 '-겠-'과 같은 일부 어미는 뒤에도 반드시 어미가 붙어야 하므로 앞과 뒤에 붙임표를 붙인다.

❖ 조사는 반드시 다른 문장소 뒤에 붙어 쓰이지만 관례적으로 붙임표를 생략한다(이, 에, 으로, 도).

1.5. 문장소의 어휘적 의미와 문법기능

❖ 문장소 가운데 단어는 **어휘적 의미**를 나타내고 문법소는 **문법적 의미**, 즉 **문법기능**(文法機能)을 나타내는 것이 일반적이다. 그런데 각 문장소가 가진 어휘적 의미나 문법기능은 있느냐 없느냐의 문제가 아니라 얼만큼 있느냐 하는 정도의 문제이다. 이러한 관점에서 문장소를 실사, 허사, 문법소의 세 유형으로 나눌 수 있다.[5)]

문장소의 분류

단어		문법소
실사	허사	
자립명사 수사 본용언 관형사 부사 감탄사	의존명사 대명사 보조용언	조사 어미
강 ←	어휘적 의미	→ 약
약 ←	문법기능	→ 강

❖ 단어 가운데 문법기능이 조금 강한 의존명사, 대명사, 보조용언은 **허사**(虛辭)이고 나머지는 **실사**(實辭)이다. 허사의 수는 아주 적다.

❖ 실사는 어휘적 의미가 강하므로 사전에서 기술하고 조사, 어미는 문법기능이 강하

5) 자립명사와 의존명사에 대해서는 §2.3 참조. 본용언과 보조용언에 대해서는 §4.16, §4.24 참조.

므로 문법에서 기술한다. 단어 가운데 문법기능이 조금 강한 허사에 대한 기술도 문법에 포함하는 경우가 많다. 한편 사전에서 허사는 물론 조사, 어미에 대해서도 기술하는 것은 독자의 편의를 위한 것이다. 이들에 대한 정확하고 자세한 기술은 문법이 담당한다.

1.6. 단품사어와 다품사어

❖ 대부분의 문장소는 한 가지 품사로만 쓰인다. "사람처럼 걷는다."에서 '사람'은 명사로만 쓰이고 '처럼'은 조사로만 쓰이며 '걷-'은 동사로만 쓰이고 '-는다'는 어미로만 쓰인다. 이와 같이 한 가지 품사로만 쓰이는 문장소를 **단품사어**(單品詞語)라 부른다.

- 사람 : 명사
- 처럼 : 조사
- 걷- : 동사
- -는다 : 어미

❖ 소수의 문장소는 두 가지 이상의 품사로 쓰인다. 이러한 문장소를 **다품사어**(多品詞語)라 부른다.

1. 오늘 : 명사/부사
   - **오늘**이 토요일이다. *오늘 명
   - 철수를 **오늘** 만난다. *오늘 부
2. 순간적 : 명사/관형사
   - **순간적**인 판단 *순간적 명
   - **순간적** 판단 *순간적 관
3. 그 : 대명사/관형사
   - **그**보다는 며칠 더 기다리는 것이 낫다. *그 대
   - **그** 사람이 누군지 나도 안다. *그 관
4. 크다 : 동사/형용사
   - 강아지가 잘 **크다**. *크다 동

• 수박이 무척 **크다**. ＊크다 [형]

1.7. 조어법

❖ 한 언어에는 수만에서 수십만의 단어가 있다. 각 단어는 독립적인 의미를 표현한다.

❖ 어떤 단어는 의미를 가진 더 작은 요소들로 이루어져 있다. 단어를 이루는 최소의 의미 요소가 **형태소**(形態素)이다. 모든 단어는 하나 이상의 형태소로 이루어져 있다.

• 단어 ← 형태소(＋형태소＋…)

❖ 형태소들이 모여 단어를 형성하는 구조를 **조어구조**(造語構造)라 하고 조어구조에 관한 규칙을 **조어법**(造語法)이라 한다.

❖ 조어법과 문법은 각각 독립적인 체계를 이루지만 부분적으로는 밀접한 관계를 맺고 있다. 문법을 이해하는 데 도움이 되는 조어법의 개념 몇 가지를 살펴본다.

❖ 한 형태소로 이루어진 단어는 **단순어**(單純語)이고, 둘 이상의 형태소로 이루어진 단어는 **복합어**(複合語)이다.[6]

• 단순어 ← 형태소

• 복합어 ← 형태소＋형태소(＋형태소…)

❖ 복합어의 대부분은 **합성어**(合成語)와 **파생어**(派生語)로 나누어진다.

• 합성어 ← 어기＋어기

• 파생어 ← 어기=접사 / 접사=어기

❖ **어기**(語基)는 단어의 중심부이고 **접사**(接辭)는 단어의 주변부이다.[7]

❖ 어기 앞에 붙는 접사는 **접두사**(接頭辭), 어기 뒤에 붙는 접사는 **접미사**(接尾辭)이다.

❖ 단어 '손, 발, 소리, 웃-, 손발, 발소리, 맨손, 맨발, 웃음, 웃음소리'의 형성에 참여한 조어요소들을 분석한 결과는 다음과 같다.

---

6) '단순어'를 '단일어'라 부르는 것이 일반적이다.

7) '어기'를 '어근'이라 부르는 견해도 있다. 이 책에서 '어근'은 단순어로 쓰이지 않는 형태소로서 어기인 것을 가리킨다.

형태소			손, 발, 소리, 웃-, 맨=, =음
단어	단순어		손, 발, 소리, 웃-
	복합어	합성어	손발, 발소리, 웃음소리
		파생어	맨손, 맨발, 웃음

조어요소		
어기		손
		발
		소리
		웃-
		웃음
접사	접두사	맨=
	접미사	=음

⇨

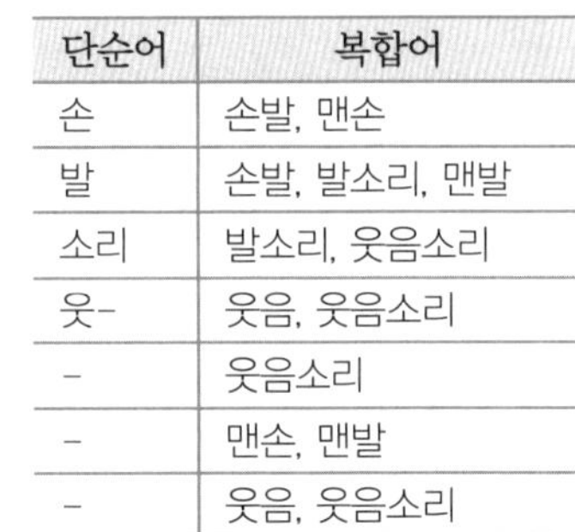

단순어	복합어
손	손발, 맨손
발	손발, 발소리, 맨발
소리	발소리, 웃음소리
웃-	웃음, 웃음소리
-	웃음소리
-	맨손, 맨발
-	웃음, 웃음소리

1.8. 지시물의 표현

❖ 언어는 세상의 모든 것, 즉 삼라만상(三羅萬像)을 가리키기 위해 사용하는 도구이다.

❖ 단어는 삼라만상을 고정적으로 가리키기 위해 만들어 놓은 말이다.

❖ 단어의 대부분을 차지하는 체언과 용언의 지시물을 정확히 표현하기 위해 이 책에서는 다음 용어들을 사용한다.

❖ 체언의 지시물은 **사물**(事物)이고 용언의 지시물은 **현상**(現象)이다.

체언의 지시물 : 사물

<table>
<tr><th colspan="6">사물</th></tr>
<tr><td>사람</td><td colspan="5">비인물</td></tr>
<tr><td rowspan="2">사람</td><td rowspan="2">동물</td><td rowspan="2">식물</td><td>물체</td><td>물질</td><td rowspan="2">추상물</td></tr>
<tr><td colspan="2">무생물</td></tr>
<tr><td colspan="2">유정물</td><td colspan="4">무정물</td></tr>
<tr><td colspan="3">생물</td><td colspan="3">비생물</td></tr>
<tr><td colspan="5">구체물</td><td>추상물</td></tr>
</table>

용언의 지시물 : 현상

현상	
동작	상태
동사의 지시물	형용사의 지시물

❖ 문장이 가진 의미의 중심은 명제이다. 명제의 지시물은 **사건**(事件)이다.

1.9. 변이형과 대표형

❖ 대부분의 문장소는 표기상 한 형태로만 나타난다. 즉 표기상으로 형태의 **변이**(變異)가 없다.[8)]

❖ 이 책에서는 언어자료를 **문어**(文語)로 제시하므로 **발음형태**가 아닌 **표기형태**를 기준으로 변이를 서술한다.

❖ 일부 문장소, 특히 상당수의 조사와 어미는 둘 이상의 **변이형**(變異形)을 가진다. 그러한 문장소를 표기할 때 이 책에서는 **대표형**(代表形)으로 표기한다.

❖ 예를 들어 주격조사는 '이'와 '가'라는 두 변이형을 가지는데, 둘 중 '이'를 대표형으로 정해 주격조사를 '이'로 표기한다. '이/가', '-(으)면'과 같이 변이형들을 모두 보여 주는 표기법을 채택하지 않는다.

❖ 언어자료를 문장소로 분석해서 보여 줄 때도 다음과 같이 대표형으로 표기한다.

- 일상적인 표기 : 곰이 사람처럼 걷는다.
- 문장소로 분석한 표기 : 곰+이 사람+처럼 걷-는다.
- 일상적인 표기 : 소가 말처럼 뛴다.
- 문장소로 분석한 표기 : 소+이 말+처럼 뛰-는다.

❖ 문장소의 형태의 변이는 문법이 다룰 내용이 아니므로 이 책에서 다루지 않는다.[9)]

8) 문장소나 형태소의 변이를 '교체(交替)'라 한다. 표기상으로는 형태의 변이가 없지만 발음상으로는 형태의 변이가 있는 문장소나 형태소가 꽤 많다. 음운론에서는 구어자료를 가지고 발음형태의 변이를 다룬다.

9) 문장소나 형태소의 변이 가운데 발음형태의 변이는 음운론에서, 표기형태의 변이는 문자론에서 기술한다.

그러나 언어자료에 쓰인 개별 문장소의 정체를 독자가 확인할 수 있도록 돕기 위해 문장소가 처음 등장할 때 '변이형의 쓰임'이라는 제목으로 형태의 변이를 간략히 설명한다. '변이형의 쓰임'의 목록은 〈찾아보기〉에 수록한다.

1.10. 모음어미와 매개모음어미의 변이

❖ 어미의 변이 가운데 모음어미와 매개모음어미의 변이는 매우 규칙적이므로 본문에서 일일이 언급하지 않고 여기서 설명한다.

❖ **모음어미**(母音語尾)는 대표형의 두음이 '어'로 표기된다.

- 선어말어미 : -었-, -었었-
- 부사형어미 : -어, -어다가, -어도, -어서, -어야
- 종결어미 : -어, -어라, -어야지

❖ 모음어미의 두음은 '어, 아, ∅, 여'로 변이한다. 여기서 '어'와 '아'의 변이가 이른바 **모음조화**(母音調和)이다.

❖ 부사형어미 '-어'의 변이양상을 예로 들면 다음과 같다.

- -여 : 하여 *'하다'에 붙을 때
- -∅ : 가, 서 *모음 'ㅏ, ㅓ' 뒤에 붙을 때
- -아 : 보아 *모음 'ㅗ' 뒤에 붙을 때
- -아 : 잡아, 좁아 *말음절 모음이 'ㅗ, ㅏ'인 자음용언 뒤에 붙을 때
- -아 : 잡잖아 *선어말어미 '-잖-' 뒤에 붙을 때
- -어 : 비어, 하시어, 베어, 배어, 쉬어, 되어, 두어, 써 *모음 'ㅣ, ㅔ, ㅐ, ㅟ, ㅚ, ㅜ, ㅡ' 뒤에 붙을 때
- -어 : 집어, 늦어 *말음절 모음이 'ㅗ, ㅏ' 이외의 모음인 자음용언 뒤에 붙을 때
- -어 : 잡았어, 잡았었어, 잡겠어 *선어말어미 '-었-, -었었-, -겠-' 뒤에 붙을 때

❖ '하다', 'ㅔ, ㅐ, ㅚ'로 끝난 용언에 모음어미가 붙은 활용형에서 모음어미의 두음을 분석해 내기 어려운 경우가 있다. 다음의 빗금 오른쪽 형태들이 그러한 예이다.

- 하여/해, 베어/베, 배어/배, 되어/돼

❖ 형용사 '이다', '아니다'에 모음어미가 붙은 활용형은 꽤 불규칙하다. 자세한 내용은

음운론 서적을 참조.

❖ **매개모음어미**(媒介母音語尾)는 대표형의 두음이 '으'로 표기된다.

- 선어말어미 : -으시-
- 명사형어미 : -음
- 관형사형어미 : -은, -을
- 부사형어미 : -으나, -으니까, -으러, -으려고, -으며, -으면, -으면서, -으므로, -을수록
- 종결어미 : -으라, -으려무나, -으리다, -으마, -으세, -으십시오, -으오, -을걸, -을게, -을까, -을라, -을래, -음세, -읍시다

❖ 매개모음어미의 두음은 '으, Ø'로 변이한다.

❖ 관형사형어미 '-은'과 부사형어미 '-으면'의 변이양상을 예로 들면 다음과 같다.

- -은 : 잡은 ＊ㄹ 이외의 자음 뒤에 붙을 때
- -ㄴ : 간, 만든 ＊모음이나 ㄹ 뒤에 붙을 때
- -으면 : 잡으면 ＊ㄹ 이외의 자음 뒤에 붙을 때
- -면 : 가면, 만들면 ＊모음이나 ㄹ 뒤에 붙을 때

2

체언

2.1. 체언의 개념

❖ **체언**(體言)은 사물을 가리키는 단어이다.

❖ 체언은 '무엇' 또는 '누구'로 표현할 수 있는 단어이다.

❖ 체언은 문장 안에서 주어, 목적어, 보어, 부사어, 호격어로 쓰인다. 또 대부분의 체언은 앞에 놓인 관형어의 수식을 받을 수 있고 뒤에 격조사가 붙을 수 있다.

❖ 『표준국어대사전』에 실린 문장소 35만여 개 가운데 체언은 27만여 개로서 약 77%를 차지한다.

2.2. 체언의 종류

❖ 체언은 명사, 대명사, 수사로 나누어진다.

체언의 분류

품사	특징	예
명사	발화현장과 관련지어 사물을 임시로 가리키지도 않고, 수나 차례를 가리키지도 않음	손, 창문, 기쁨, 목걸이, 것, 미터, 뜻밖
대명사	발화현장과 관련지어 사물을 임시로 가리킴	나, 너, 저, 자기, 이것, 무엇
수사	수나 차례를 가리킴	하나, 서넛, 셋째, 일, 삼십, 삼사, 제삼

❖ **대명사**(代名詞)는 발화현장과 관련지어 사물을 임시로 가리키는 체언이다. 같은 사물이라도 발화현장이 달라지면 다른 대명사로 표현할 수 있다.

❖ **수사**(數詞)는 수나 차례를 가리키는 체언이다.

❖ 대명사와 수사 이외의 체언이 **명사**(名詞)이다.

❖ 『표준국어대사전』의 체언 27만여 개 가운데 대명사는 350개, 수사는 179개에 불과하다. 그러므로 체언의 대부분이 명사이다.

❖ 대명사와 수사의 수가 매우 적기는 하지만 그 가운데 일부는 사용빈도가 매우 높다.

2.3. 명사의 종류

❖ 명사는 관형어의 수식을 받느냐에 따라 자립명사, 의존명사, 독립명사로 나누어진다.

명사의 분류

하위품사	특징	예
자립명사	관형어가 있어도 되고 없어도 됨	손, 창문, 기쁨, 목걸이, 한국, 영수(인명)
의존명사	관형어가 반드시 있음	것, 수, 듯, 대로, 개(個), 명(名), 원, 미터
독립명사	관형어가 반드시 없음	뜻밖, 근자(近者), 백방(百方), 어이, 거덜

❖ **자립명사**(自立名詞) 앞에는 관형어가 있을 수도 있고 없을 수도 있다. 대명사와 수사도 자립명사와 마찬가지이다. 예를 들어 자립명사 '사람', 대명사 '너', 수사 '칠(7)'은 관형어가 있을 수도 있고 없을 수도 있다. [ ] 부분이 관형어이다.

- **사람**은 누구나 늙는다. *자립명사
- [모자 쓴] **사람**이 내 친구다. *관형어#자립명사
- **너**를 만난 것은 행운이다. *대명사
- [똑똑한] **너**를 만난 것은 행운이다. *관형어#대명사
- 7이 정답이다. *수사
- [3에 4를 더한] 7이 정답이다. *관형어#수사

❖ 자립명사는 지시의 방식에 따라 보통명사와 고유명사로 나누어진다. **보통명사**(普通名詞)는 지시물이 지닌 성질을 근거로 사물을 가리키는 자립명사이고, **고유명사**(固

有名詞)는 지시물이 지닌 성질과 관계없이 사물의 개체를 가리키는 자립명사이다.

❖ 지시물이 지닌 성질과 관계없이 사물의 개체를 가리키는 명사구는 **고유명**(固有名)이다. **인명**(人名)과 **지명**(地名)은 대표적인 고유명이다.

❖ 고유명이 명사이면 고유명사가 된다. 예를 들어 특별한 날의 이름인 '설날'은 고유명사이고 '지구의 날'은 고유명사가 아닌 고유명이다. 또 대중가요 제목 '사랑'은 고유명사이고 '가을을 남기고 간 사랑'은 고유명사가 아닌 고유명이다.

❖ 고유명사의 예는 다음과 같다.

- 인명 : 홍길동, 석가모니, 공자(孔子), 아인슈타인
- 지명 : 대한민국, 서울, 종로구, 명동, 세종로, 한강, 금강산, 태평양
- 기타 : 설날, 삼국사기, 춘향전, 불국사, 광화문, 63빌딩, 신라면(제품명), 삼성(회사명)

❖ **의존명사**(依存名詞)는 반드시 관형어의 수식을 받아야 한다. 예를 들어 의존명사 '것' 앞에는 관형어가 반드시 있어야 한다. [ ] 부분이 관형어이다.

- 그림 속에 **것**이 많이 있다. (×) ＊의존명사
- 그림 속에 [낯설고 신기한] **것**이 많이 있다. ＊관형어 # 의존명사

❖ **독립명사**(獨立名詞)는 관형어의 수식을 받을 수 없다. 예를 들어 독립명사 '뜻밖' 앞에는 관형어가 반드시 없어야 한다.[10] [ ] 부분이 관형어이다.

- 유진이가 돈을 내놓은 것은 **뜻밖**이다. ＊독립명사
- 유진이가 돈을 내놓은 것은 [우리의] **뜻밖**이다. (×) ＊관형어#독립명사

2.4. 의존명사의 종류

❖ 의존명사는 일반 의존명사와 단위성 의존명사로 나누어진다.

10) 독립명사는 관형어의 수식을 받지 않는 것이 특징이므로 '수식 불허 명사'라 부르기도 한다.

의존명사의 분류

종류	특징	예
일반 의존명사	관형어가 수사가 아님	분, 것, 수, 듯, 채, 대로
단위성 의존명사	관형어가 수사임	분, 개(個), 명(名), 마리, 원, 미터

❖ 사람을 높여 가리키는 '분'은 일반 의존명사로도 쓰이고 단위성 의존명사로도 쓰인다. 나머지 의존명사는 두 종류 중 한쪽으로만 쓰인다.

의존명사에 따른 관형어의 종류

종류		관형어		
		수사	관형사	관형사절
일반 의존명사	것	다섯 것(×)	그런 것(○)	오늘 만난 것(○)
일반 의존명사	분		그런 분(○)	오늘 만난 분(○)
단위성 의존명사		다섯 분(○)		
단위성 의존명사	명	다섯 명(○)	그런 명(×)	오늘 만난 명(×)

2.5. 일반 의존명사의 통합관계

❖ 의존명사 가운데 관형어가 수사가 아닌 것이 **일반 의존명사**이다.

❖ 일반 의존명사는 그 앞뒤의 관형어, 격조사, 서술어와 일정한 통합관계를 맺고 있다.

의존명사의 통합관계

	관형어	의존명사	격조사	서술어
민수는	작은	것	을	골랐다.

❖ 모든 일반 의존명사는 관형어가 수사가 아니어야 한다는 제약을 가진다.

❖ 상당수의 일반 의존명사는 관형어, 격조사, 서술어에 관해 다양한 제약이 있다.

❖ '것'은 관형어, 격조사, 서술어에 관해 특별한 제약이 없다. 그 반면에 '비슷한 정도'의 의미를 가진 '만'은 관형어, 격조사, 서술어에 관한 제약이 심하다. 관형사형어미 '-을'이 붙은 관형어의 수식만 받고, 격조사가 붙을 수 없으며, 형용사 '하다'가 서술어로 쓰여야 한다. 즉 '-을 만(+보조사) 하다'의 구조로만 쓰인다.

2.6. 일반 의존명사의 의미

❖ 일반 의존명사의 기본적인 의미는 다음과 같다.

일반 의존명사의 의미

것 : 비인물	대신 : 역할의 넘김
분 : 사람에 대한 경어	지 : 동작이 일어난 후 지속된 시간의 길이
데 : 장소	만(시간) : 지나간 시간의 길이나 횟수
수 : 가능성, 능력	동안 : 동작이 일어나는 시간적 범위
줄 : 방법, 사실	채 : 이미 있는 상태로
터 : 상황	대로 : 같은 방식으로
때문 : 이유	듯 : 비슷한 모양
뿐 : 유일함	만(정도) : 비슷한 정도
마련 : 당연함	만큼 : 같은 수량이나 정도
바람 : 사건의 여파	

2.7. 일반 의존명사 '것, 분, 데'

❖ '것'은 관형어, 격조사, 서술어에 관해 제약이 없다.

- 영수 것 ＊명사 뒤
- 누구 것 ＊대명사 뒤
- 내 것 ＝나의 것 ＊'대명사＋관형격조사' 뒤
- 그런 것 ＊관형사 뒤
- 내가 영수를 만난 것은 지난 화요일이다. ＊관형사절 뒤
- 문제가 해결된 것으로 생각했는데 그렇지 않았다. ＊관형사절 뒤
- 지는 것이 이기는 것이다. (속담) ＊관형사절 뒤

변이형의 쓰임 : 의존명사 '것'

1. 구어체에서는 '것' 대신 변이형 '거'를 많이 쓴다. '거'에 주격조사 '이', 보격조사 '이'가 붙으면 '게'가 된다. 또 '거'에 부사격조사 '으로'가 붙은 형태로 '거로'보다 '걸로'를 많이 쓴다.
   - 자기 건 놔두고 내 걸 달라고 하는 거야. *거+은, 거+을, 거
   - 말씀드릴 게 있습니다. *거+이
   - 이건 내가 쓴 게 아니다. *거+이
   - 나는 못 들은 걸로 할게. *거+으로

❖ 관용표현 '-을 것이다'는 양태 의미 '추측, 의지'를 표시한다.[11]

- 영미는 이따 올 **겁**니다. *추측
- 나는 내일 집에서 쉴 **거**야. *의지

❖ 관용표현 '-는/-은/-었던 것이다'는 앞에 나온 사건에 대해 해석을 제시한다.

- 여기저기서 작은 웃음소리가 들린다. 어이가 없어서 웃는 **것**이다.
- 그날도 민수에게서 연락이 없었다. 민수도 잊은 **것**이다.
- 영미가 한걸음에 달려왔지 뭐야. 너무나 기뻤던 **거**지.

❖ 관용표현 '-는/-은/-었던/-을 것 같다'는 양태 의미 '추측'을 표시한다.

- 비가 오는 **것** 같다.
- 비가 온 **것** 같다.
- 비가 왔던 **것** 같다.
- 비가 올 **것** 같다.

❖ '관형사절 # 것'이 '-음' 명사절과 비슷한 뜻으로 쓰일 수 있다.[12]

- [영미가 한국에 온 **것**]이 확실하다. *관형사절 # 것
- [영미가 한국에 왔음]이 확실하다. *'-음' 명사절

❖ '것'이 다른 말 뒤에 붙어 만들어진 복합어들이 있다.

- 관형사 + 것 → 대명사 : 이것, 그것, 저것, 아무것

11) 양태에 대해서는 10장(양태) 참조.

12) 명사절에 대해서는 §14.2 참조. 관형사절에 대해서는 §14.4 참조.

• 관형사+것 → 자립명사 : 딴것, 별것, 새것, 헌것

• 접두사=것 → 자립명사 : 날것, 헛것

변이형의 쓰임 : '것'으로 끝난 복합어

1. 의존명사 '것'과 마찬가지로 '것'으로 끝난 복합어들도 구어체에서 '~것' 대신 '~거'를 많이 쓴다.
   • 아무거나 새거면 돼요. *아무거, 새거
   • 이거 말고 딴걸로 주세요. *이거, 딴거

❖ '분'은 관형어, 격조사, 서술어에 관해 제약이 없다.

• 한국 **분** *명사 뒤

• 그쪽 **분** *대명사 뒤

• 어느 **분** *관형사 뒤

• 어제 전화하셨던 **분**이지요? *관형사절 뒤

❖ '데'는 명사, 대명사 뒤에 쓰이지 않는다. 즉 관형어로 명사, 대명사가 쓰이지 않는다. '데' 뒤에 부사격조사가 결합한 '데+에, 데+에서'는 '데, 데서'로 쓰일 때가 많다.

• 그런 **데** *관형사 뒤

• 전에 몇 번 가 본 **데**라서 잘 알아요. *관형사절 뒤

• 너무 일찍 포기한 **데** 문제가 있었다. *관형사절 뒤, '데+에'

2.8. 관용표현에 쓰이는 일반 의존명사

❖ '수'는 서술어 '있다, 없다'와 어울린 다음 관용표현들에 쓰인다.

1. -을 수(가) 있다/없다
   • 그 정도면 걸어갈 **수** 있는 거리다.
   • 전화를 왜 안 받는지 알 **수** 없다.
2. -을 수밖에 없다

• 영수가 올 때까지 기다릴 **수**밖에 없다.

3. -는 수밖에 없다

• 늦지 않으려면 일찍 일어나는 **수**밖에 없다.

4. 할 수 없이, 하는 수 없이

• 파일이 지워져서 할 **수** 없이 다시 작업해야 한다.

• 파일이 지워져서 하는 **수** 없이 다시 작업해야 한다.

❖ '줄'은 서술어 '알다, 모르다'와 어울린 다음 관용표현들에 쓰인다.

1. -을 줄(을) 알다/모르다 *'줄'이 '방법'을 의미함. 동사 뒤에만 쓰임.

• 한글 읽을 **줄** 알아요?

• 수영할 **줄** 모르는데 괜찮을까?

2. -는/-은/-을 줄(을) 알다/모르다 *'줄'이 '사실'을 의미함.

• 지난여름은 그다지 더운 **줄** 모르고 지냈다. (←덥-는 줄)

• 영미가 떠난 **줄**을 나도 알고 있었다.

• 민수가 중간에 빠질 **줄** 몰랐다.

• 오늘은 손님이 적을 **줄** 어떻게 알았니?

3. -는/-은/-을 줄(로) 알다 *'줄'이 '사실'을 의미함.

• 실내가 더워서 미치는 **줄** 알았다.

• 영미가 떠난 **줄**로 알았는데 아니었다.

• 오늘은 손님이 적을 **줄** 알았더니 생각보다 많았다.

❖ '터'는 관용표현 '-을 터이다'에 쓰인다. '-을 터이다'는 '추측, 의지'를 나타낸다. '터이다'의 '이다'는 주로 종결형 '이다, 이야, 이지, 인데', 부사형 '이고, 이면, 이니까, 이지만, 인데'로 쓰인다.

1. -을 터이다

• 오늘은 문 안 열었을 **텐**데요. *추측

• 시차 때문에 피곤할 **테**니까 쉬라고 했다. *추측

• 제가 곧 갈 **테**니까 기다리고 계세요. *의지

• 내가 잘 숨겨 놨으니까 찾을 **테**면 찾아 봐. *의지

변이형의 쓰임 : '터#이다'

1. '-을 터이다'의 '터#이다'는 '테다'로 줄여 쓰는 것이 보통이다.
   - 터이다/테다, 터이야/테야, 터이지/테지, 터이지요/터이죠/테지요/테죠, 터인데/텐데, 터인데요/텐데요, 터이고/테고, 터이면/테면, 터이니까/테니까, 터이지만/테지만

❖ '때문'은 관용표현 '때문에, 때문이다, 때문이 아니다'에 쓰인다.

1. 명사구#때문에, 명사구#때문이다, 명사구#때문이 아니다

   -기 때문에, -기 때문이다, -기 때문이 아니다

   -었던 때문에, -었던 때문이다, -었던 때문이 아니다
   - 폭설 **때문**에 휴교령이 내려졌다.
   - 여기 온 건 갑자기 바다를 보고 싶었기 **때문**이다.
   - 태풍을 피한 것은 운이 좋았던 **때문**이 아니라 날씨정보를 잘 활용했기 **때문**이다.

❖ '뿐'은 관용표현 '-을 뿐(이고), -을 뿐이다, -을 뿐(만) 아니라'에 쓰인다. '-을 뿐이다'의 '이다'는 주로 종결형으로 쓰인다.

1. -을 뿐, -을 뿐이다, -을 뿐(만) 아니라
   - 그는 미소만 지을 **뿐** 말이 없었다.
   - 그들은 우리와 조금 다를 **뿐**이다.
   - 여기 물건이 값이 쌀 **뿐**만 아니라 품질도 좋다.

❖ '마련'은 관용표현 '-기/-게 마련이다'에 쓰인다. '-기/-게 마련이다'는 당연히 일어나는 일임을 나타낸다.

1. -기/-게 마련이다
   - 시간이 지나면 잊기 **마련**이다.

❖ '바람'은 관용표현 '-는 바람에'에 쓰인다. '-는 바람에'는 동사 뒤에만 쓰인다.

1. -는 바람에
   - 전화기를 놓고 오는 **바람**에 30분이나 늦었다.

❖ '대신'은 관용표현 '대신(에)'에 쓰인다. '-는 대신(에)' 앞에 쓰이는 관형사절의 사건이 일어난다는 뜻일 때도 있고 일어나지 않는다는 뜻일 때도 있다. §12.15 참조.

1. 명사구 # 대신(에)

   -는 대신(에)

   • 나 **대신** 영수가 갔다.

   • 내가 가는 **대신**에 영수가 갔다. *내가 가는 사건이 일어나지 않음.

   • 색이 고운 **대신** 때가 잘 탄다. *색이 고운 사건이 일어남.

❖ '지'는 관용표현 '-은 지(가)'에 쓰인다. 시간을 나타내는 표현이 뒤따른다. 동사 뒤에만 쓰인다.[13)]

1. -은 지(가)

   • 두 사람은 만난 **지** 2년이 되었다.

❖ '만(시간)'은 관용표현 '명사구 # 만에, 명사구 # 만이다'에 쓰인다. 기간이나 횟수를 나타내는 명사구 뒤에 쓰인다.

1. 명사구 # 만에, 명사구 # 만이다

   • 고향을 떠난 지 정확히 22년 **만**이었다.

   • 영미는 세 번 **만**에 합격했다.

❖ '동안'은 관용표현 '명사구 # 동안(에), -는/-을 동안(에)'에 쓰인다.

1. 명사구 # 동안(에) *기간을 나타내는 명사구 뒤에 쓰임.

   -는/-을 동안(에) *동사 뒤에만 쓰임.

   • 한 달 **동안** 다이어트를 했더니 효과가 있다.

   • 우리가 일생 **동안** 버는 돈이 얼마나 될까?

   • 엄마가 돈 계산을 하는 **동안** 영수는 아빠에게 전화를 했다.

   • 걱정할 **동안**에 공부를 하면 되지.

❖ '대로'는 관용표현 '-는/-은/-던/-을 대로'에 쓰인다.

1. -는/-은/-던/-을 대로

   • 어려워하지 말고 아는 **대로** 쓰면 돼.

   • 인터넷에서 본 **대로** 따라했더니 쉬웠다.

---

13) '-은 지(가)'가 쓰인 문장의 의미해석에 대해서는 §12.15 참조.

• 바라던 **대로** 올해 안에 이사를 갈 수 있게 되었다.

• 좋을 **대로** 하세요.

❖ '듯'은 관용표현 '-는/-은/-었던/-을 듯 (하다/싶다)'에 쓰인다. '싶다'가 '하다'보다 주관성이 강하다.

1. -는/-은/-었던/-을 듯 (하다/싶다)[14)]

• 비가 오는 **듯** 하다/싶다.

• 비가 온 **듯** 하다/싶다.

• 비가 왔던 **듯** 했다/싶었다.

• 비가 올 **듯** 하지만/싶지만 계획을 바꿀 수 없다.

• 비가 왔던 **듯** 땅이 젖어 있다.

• 비가 올 **듯** 하늘이 어둡다.

❖ '만(정도)'은 관용표현 '-을 만 하다'에 쓰인다.

1. -을 만 하다[15)]

• 시내에서 가 볼 **만** 한 곳이 어디예요?

• 약간 덥지만 참을 **만** 하다.

❖ '만큼'은 관용표현 '-는/-은/-을 만큼'에 쓰인다.

1. -는/-은/-을 만큼

• 아는 **만큼** 보인다.

• 노력한 **만큼**의 성과를 얻었다.

• 그 사이에 강이 흐르지만 건너편에서 부르면 들릴 **만큼** 가깝다.

❖ '척, 체'는 관용표현 '-는/-은 척/체 (하다)'에 쓰인다.

1. -는/-은 척/체 (하다)[16)]

---

14) 한글 맞춤법에서는 '듯하다, 듯싶다'와 같이 붙여쓴다. 이에 따라 규범문법에서는 '듯하다, 듯싶다'를 보조형용사로 본다.

15) 한글 맞춤법에서는 '만하다'와 같이 붙여쓴다. 이에 따라 규범문법에서는 '만하다'를 보조형용사로 본다.

16) 한글 맞춤법에서는 '척하다, 체하다'와 같이 붙여쓴다. 이에 따라 규범문법에서는 '척하다, 체하다'를 보조동사로 본다.

- 영수 너 자는 **척** 하는 거 다 알아.
- 곰을 만났을 때 죽은 **척** 하는 게 좋은가요?
- 잘난 **체** 하고 아는 **체** 하는 사람이 싫다.

❖ '뻔'은 관용표현 '-을 뻔 하다'에 쓰인다. '하다'는 '-었-, -었었-, -은, -었던'이 붙은 활용형만 사용한다.

1. -을 뻔 하다[17]
   - 친구랑 이야기하다가 차를 놓칠 **뻔** 했어.
   - 모르는 것이 좋았을 **뻔** 했다.
   - 작은 실수 때문에 죽을 **뻔** 한 이야기를 해 주었다.

2.9. 단위성 의존명사

❖ 의존명사 가운데 관형어가 수사인 것이 **단위성**(單位性) **의존명사**이다.

❖ 단위성 의존명사는 수사 뒤에 쓰여 사물의 수량을 나타낸다.[18]

- 한 **개**, 백 **명**, 삼천 **원**

❖ 몇몇 자립명사도 수사와 함께 쓰여 사물의 수량을 나타낸다. 그렇게 쓰일 수 있는 자립명사는 **단위성 자립명사**이다. 단위성 의존명사와 단위성 자립명사를 합친 것이 **단위명사**(單位名詞)이다.[19] 체언 가운데 독립명사, 대명사, 수사는 단위성인 것이 없다.

단위명사의 분류

종류	수사 # 단위명사
단위성 의존명사	두 개, 두 명, 두 마리, 삼백 원
단위성 자립명사	두 잔, 두 사람, 두 묶음, 삼백 시간

17) 한글 맞춤법에서는 '뻔하다'와 같이 붙여쓴다. 이에 따라 규범문법에서는 '뻔하다'를 보조동사로 본다.

18) 이 책의 2장(체언)의 용례에서는 고유어 수사가 쓰였는지 한자어 수사가 쓰였는지를 구별해 보여주기 위해서 수사를 모두 한글로 적는다. 현실에서는 그러한 수사를 한글 대신 아라비아숫자로, 즉 '백 명, 삼천 원' 대신 '100명, 3000원, 3천 원'과 같이 적는 일이 많음을 유의할 필요가 있다.

19) 단위명사를 '분류사(分類辭)'라 부르기도 한다.

2.10. 단위명사

❖ 단위명사는 단위성 의존명사와 단위성 자립명사로 나누어진다.

❖ 단위성 의존명사를 '(체언) # [수사 # 단위명사]'의 형태로 예시하면 다음과 같다.

고유어 수사 # 단위성 의존명사

두 **번째**, 두 **살**, 두 **시** 소원/장점/색깔 두 **가지**, 사과/컵/가방/우산/의자/상자/만두 두 **개**, 횡단보도/도시 두 **곳**, 횡단보도/도시 두 **군데**, 책 두 **권**, 밥 두 **끼**, 차/자전거/비행기/냉장고/피아노 두 **대**, 건물 두 **동**, 개/물고기 두 **마리**, 아이/한국인 두 **명**, 여행/우승/수술/회의 두 **번**, 할머니 두 **분**, 종이/사진/수건/김 두 **장**, 집 두 **채**, 배 두 **척**, 신발/장갑 두 **켤레**, 영화/소설/시 두 **편**

한자어 수사 # 단위성 의존명사

오 **세**, 오 **년** 오 **개월**, 오 **분** 오 **초**, 오 **미터**, 오 **킬로그램**, 오 **메가바이트**, 오 **퍼센트**, 오 **할**, 오만 **원**, 오 **동** 이백오 **호**, 오 **개국** 오 **번** 버스

❖ 단위성 자립명사를 '(체언) # [수사 # 단위명사]'의 형태로 예시하면 다음과 같다.

고유어 수사 # 단위성 자립명사

두 **가족**, 두 **걸음**, 두 **남매**, 두 **시간**, 두 **종류** 나무 두 **그루**, 밥 두 **그릇**, 운동장 두 **바퀴**, 물 두 **병**, 과자 두 **봉지**, 승객 두 **사람**, 사과 두 **상자**, 꽃/포도/바나나 두 **송이**, 밥 두 **숟가락**, 펜/칼/총 두 **자루**, 술 두 **잔**, 라면 두 **젓가락**, 우승/수술/회의 두 **차례**, 건물 두 **층**, 방/사무실 두 **칸**, 전화 두 **통화**

한자어 수사 # 단위성 자립명사

오 **층**, 오 **기압**, 이십일 **세기**, 오십 **달러**

❖ 과거에는 물건이나 물건의 묶음을 세는 단위명사가 매우 다양했으나 점점 단순화되어 가고 있다.

2.11. 수량표현

❖ **수량표현**(數量表現)은 사물의 수나 양을 표시하는 구성이다.

❖ 수량표현은 어순 및 단위명사의 참여 여부에 따라 다음 다섯 가지로 나누어진다.

수량표현의 유형

<table>
<tr><th colspan="3">유형</th><th>구조</th><th>예</th></tr>
<tr><td rowspan="2">동격
구성</td><td colspan="2">단위명사 없는
동격구성</td><td>체언#수사</td><td>아이 둘</td></tr>
<tr><td colspan="2">단위명사 있는
동격구성</td><td>체언#[수사#단위명사]</td><td>아이 두 명
승객 두 사람</td></tr>
<tr><td rowspan="3">수식
구성</td><td colspan="2">단위명사 없는
수식구성</td><td>수사#체언</td><td>두 아이</td></tr>
<tr><td rowspan="2">단위명사
있는
수식구성</td><td>단위명사 있는
단순 수식구성</td><td>수사#단위명사</td><td>두 종류
오만 원</td></tr>
<tr><td>단위명사 있는
복합 수식구성</td><td>[수사#단위명사+의]#체언</td><td>두 명의 아이
두 사람의 승객</td></tr>
</table>

❖ 수량표현의 구조에서 '체언'으로는 대개 자립명사가 쓰이고 일부 대명사나 일부 수사가 쓰일 수 있으며 독립명사는 쓰일 수 없다. 대명사나 수사가 쓰인 표현의 예는 다음과 같다.

- 대명사#수사 : 너희 둘
- 대명사#[수사#단위명사] : 너희 두 명/사람
- 수사#수사 : 8 다섯
- 수사#[수사#단위명사] : 8 다섯 개[20)]

❖ **동격구성**(同格構成)에서는 사물을 가리키는 체언이 선행하고 수량을 나타내는 수사나 '수사#단위명사'가 후행한다. 선행 요소인 체언과 후행 요소가 동격을 이룬다.

❖ **수식구성**(修飾構成)에서는 수사가 선행한다. 수사가 후행 요소를 수식하는 구성은

20) '8 다섯', '8 다섯 개'는 구어에서 '88888'을 '팔팔팔팔팔'로 말하는 대신에 청자가 8의 개수를 확인하기 쉽도록 말한 것이다.

단순 수식구성이다. 한편 '[수사#단위명사+의]#체언' 구성은 복합 수식구성이다. 수사가 단위명사를 수식하고 또 관형어 '수사#단위명사+의'가 체언을 수식하므로 수식이 두 번 이루어지는 것이다.

❖ 단위명사 없는 수식구성은 부자연스러운 경우도 있다. 다음에서 '사과, 콩, 부모, 자식'은 단위명사가 아니다.

- 시장에서 **세 사과**를 샀다. (?)
- 시장에서 사과 세 개를 샀다.
- 그릇에 **세 콩**이 남았다. (?)
- 그릇에 콩 세 개가 남았다.
- 사과 네 개를 샀는데 **한 사과**는 맛있고 다른 **세 사과**는 보통이다.
- **한 부모**는 **열 자식**을 거느려도 **열 자식**은 **한 부모**를 못 거느린다. (속담)

2.12. 독립명사

❖ **독립명사**는 관형어의 수식을 받을 수 없다.

❖ 독립명사는 소수의 관용표현에만 쓰이는 경향이 있다. 즉 그 뒤에 소수의 격조사만 붙거나 소수의 서술어와만 어울린다.

- **뜻밖**+의/에/으로, **뜻밖**#이다
- **미지**(未知)/**소정**(所定)/**만반**(萬般)/**희대**(稀代)+의
- **근자**(近者)/**내친김**/**단숨**/**비밀리**(秘密裏)/**성공리**(成功裏)/**홧김**+에
- **백방**(百方)/**시쳇말**/**통째**+으로
- **어이**/**여념**(餘念)+이 없다
- **부산**+을 떨다
- **거덜**+이 나다, **거덜**+을 내다

2.13. 대명사의 종류

❖ **대명사**(代名詞)는 발화현장과 관련지어 사물을 임시로 가리키는 체언이다. 같은 사물이라도 발화현장이 달라지면 다른 대명사로 가리킬 수 있다.

❖ 대명사는 1인칭대명사, 2인칭대명사, 3인칭대명사로 나누어진다.

❖ **1인칭대명사**(一人稱代名詞)는 화자를, **2인칭대명사**(二人稱代名詞)는 청자를, **3인칭대명사**(三人稱代名詞)는 화자나 청자 이외의 사물을 가리킨다.

대명사의 분류

하위품사			예
1인칭대명사			나, 우리, 저, 저희
2인칭대명사			너, 너희, 당신, 그대
3인칭 대명사	지시대명사	직시대명사	이것, 이애, 이분, 여기, 이쪽, 이 그것, 그애, 그분, 거기, 그쪽, 그, 그녀 저것, 저애, 저분, 저기, 저쪽, 저
		의문대명사	누구, 무엇, 언제, 어디, 얼마
		비한정대명사	누구, 무엇, 언제, 어디, 얼마, 아무, 아무것
	재귀대명사		저, 저희, 자기, 당신

2.14. 1인칭대명사

❖ 1인칭대명사는 화자를 가리키는 대명사이다.

1인칭대명사의 분류

유형	단수	복수
평어	나	우리 *우리=들
겸양어	저	저희 *저희=들

❖ 단수 1인칭대명사는 화자 한 사람만 가리킨다.

❖ 복수 1인칭대명사는 화자를 포함한 둘 이상의 사람을 한 집단으로 묶어 가리킨다.

변이형의 쓰임 : 1인칭대명사 '나, 저'

1. 1인칭대명사 '나, 저'에 주격조사 '이'를 붙인 형태는 '내가, 제가'이다.
   - 내가 도와줄게.
   - 제가 도와드릴게요.
2. 1인칭대명사 '나, 저'에 관형격조사 '의'를 붙인 '나의, 저의'는 준말 '내, 제'로 많이 쓰인다.
   - 내 생각 ＝나의 생각
   - 제 가방 ＝저의 가방
3. 1인칭대명사 '나, 저'에 부사격조사 '에게'를 붙인 '나에게, 저에게'는 준말 '내게, 제게'로도 쓰인다.
   - 철수는 모자를 나에게/내게 주었다.
   - 잘못은 저에게/제게 있습니다.

❖ 1인칭대명사 **겸양어**(謙讓語) '저, 저희'와 재귀대명사 '저, 저희'는 형태가 똑같지만 문법기능이 다르다. 즉 각각 동형어이다.

❖ 복수 1인칭대명사 '우리, 저희'에 접미사 '-들'을 붙인 '우리들, 저희들'은 복수의 의미를 강조할 때 쓴다.

- 청중이 **우리를** 기다린다.
- 청중이 **우리들**을 기다린다.

❖ **평어**(平語) '나, 우리'는 하라체, 해라체, 하게체, 하오체, 해체, 해요체에 쓰인다.[21)]

- **나**를 보라. / **나**는 수학을 전공한다. ＊하라체
- **나**를 봐라. / **나**는 수학을 전공한다. ＊해라체
- **나**를 보게. / **나**는 수학을 전공하네. ＊하게체
- **나**를 보오. / **나**는 수학을 전공하오. ＊하오체
- **나**를 봐. / **나**는 수학을 전공해. ＊해체
- **나**를 봐요. / **나**는 수학을 전공해요. ＊해요체

❖ 겸양어 '저, 저희'은 해요체, 합쇼체에 쓰인다.

21) 청자경어법의 등급은 §8.4 참조.

- **저**를 보세요. / **저**는 수학을 전공해요. *해요체
- **저**를 보십시오. / **저**는 수학을 전공합니다. *합쇼체

❖ 해요체에는 평어 '나'와 겸양어 '저'가 모두 쓰인다. 합쇼체에 평어 '나'를 쓰면 부자연스럽다.

- 영미도 **나**를 알아요. *평어
- 영미도 **저**를 알아요. *겸양어
- **나**는 하영숩니다. (?) *평어
- **저**는 하영숩니다. *겸양어

❖ 겸양어 '저희'는 청자를 제외하고 화자와 다른 사람(들)을 한 집단으로 묶어서 가리킨다.

- **저희**는 사장님 의견을 따르겠습니다. *청자를 제외
- **저희**도 저 앞에 가서 앉을까요? *청자를 제외

❖ 평어 '우리'는 화자와 다른 사람(들)을 한 집단으로 묶되 청자를 제외하는 경우도 있고 포함하는 경우도 있다. 청자를 포함하여 겸양어 '저희'를 쓰는 것은 청자에게 무례한 말이 된다.

- **우리**는 네 의견을 따를게. *청자를 제외
- **우리**도 저 앞에 가서 앉을까요? *청자를 포함
- 오늘 **우리**가 토론할 문제는 두 가지입니다. *청자를 포함
- 오늘 **저희**가 토론할 문제는 두 가지입니다. (×) *청자를 포함
- 교장 선생님. **우리** 학교도 야구팀 만들어 주세요. *청자를 포함
- 교장 선생님. **저희** 학교도 야구팀 만들어 주세요. (×) *청자를 포함

2.15. 2인칭대명사

❖ 2인칭대명사는 청자를 가리키는 대명사이다.

2인칭대명사의 분류

유형	단수	복수
평어	너	너희 *너희=들
경어	×	여러분 *여러분=들
	당신	× *당신=들
	그대	× *그대=들

변이형의 쓰임 : 2인칭대명사 '너'

1. 2인칭대명사 '너'에 주격조사 '이'를 붙인 형태는 '네가'이다. '네가'를 [니가]로 발음할 때가 많다.
   • 네가 먼저 가.
2. 2인칭대명사 '너'에 관형격조사 '의'를 붙인 '너의'는 준말 '네'로 많이 쓰인다. '네'를 [니]로 발음할 때가 많다.
   • 네 생각 =너의 생각
3. 2인칭대명사 '너'에 부사격조사 '에게'를 붙인 '너에게'는 준말 '네게'로도 쓰인다.
   • 철수가 너에게/네게 모자를 주라고 했다.

❖ 복수의 의미를 표현하기 위해 단수 2인칭대명사 '당신, 그대'에 접미사 '=들'을 붙인 '당신들, 그대들'을 쓸 수 있다.

❖ 복수 2인칭대명사 '너희, 여러분'에 접미사 '=들'을 붙인 '너희들, 여러분들'은 복수의 의미를 강조할 때 쓴다.

❖ **평어** '너, 너희, 너희들'은 하라체, 해라체, 해체에 쓰인다.[22)]

• **너** 자신을 알라 . *하라체

• 나는 **너**를 믿는다. *해라체

• 나는 **너**를 믿어. *해체

❖ **경어** '여러분'을 호격어로 쓸 때는 그 앞에 동격 명사를 두기도 한다.

22) 청자경어법의 등급은 §8.4 참조.

• 청중 **여러분**, 가수 김나나 씨를 소개합니다. *'청중'과 '여러분'이 동격

• 어린이 **여러분**, 내가 누군지 알아요? *'어린이'와 '여러분'이 동격

❖ 경어 '당신'은 하라체에 쓰이거나 부부간의 해체, 해요체에 쓰인다.

• 이 문제에 대한 **당신**의 생각을 말해 보라. *하라체

• 나보다는 **당신**이 얘기하는 게 좋겠어. *부부간의 해체

• 나보다는 **당신**이 얘기하는 게 좋겠어요. *부부간의 해요체

❖ 경어 '그대'는 고어투에서 성인 청자를 대상으로 하게체, 하오체에 쓰인다.

• **그대**는 이 문제를 어떻게 생각하나? *하게체 (고어투)

• **그대**는 이 문제를 어떻게 생각하오? *하오체 (고어투)

❖ '당신, 그대'를 쓸 상황이 아닌 상황에서 합쇼체, 해요체, 하오체, 하게체에 쓸 수 있는 2인칭대명사는 없다. 이때는 2인칭대명사 없이 표현하거나 청자를 가리키는 명사구를 이용하여 표현한다.

• 한국에 오셨다는 소식을 들었습니다. *합쇼체 (청자를 가리키는 주어를 생략함)

• 제가 모셔다 드릴게요. *해요체 (청자를 가리키는 목적어를 생략함)

• 저는 **영미씨**를 사랑합니다. *합쇼체 (청자를 가리키는 명사구, 즉 청자의 이름에 접미사 '=씨'를 붙여 표현함)

• **김영수씨**는 어떻게 생각해요? *해요체 (청자를 가리키는 명사구, 즉 청자의 성명에 접미사 '=씨'를 붙여 표현함)[23)]

• 제가 **사장님**께 직접 연락드리겠습니다. *합쇼체 (청자를 가리키는 명사구, 즉 청자의 직함에 접미사 '=님'을 붙여 표현함)

2.16. 직시대명사

❖ **지시대명사**(指示代名詞)는 발화현장의 사물, 질문의 대상인 사물을 가리키거나, 비한정적으로 사물을 가리키는 대명사이다.

❖ **직시대명사**(直示代名詞)는 발화현장에서 화자와 청자로부터 떨어진 거리를 이용해

23) 인명 뒤에 붙어 사람을 대우하는 접미사 '=씨(氏), =군(君), =양(孃)'을 규범문법에서는 의존명사로 처리하고 앞말과 띄어쓴다.

사물을 가리키는 대명사이다.

직시대명사의 분류

유형		사람		비인물	장소
		평어	경어		
'이' 계열	근칭	이애	이분	이것, 이	여기, 이쪽
'그' 계열	중칭	그애, 그, 그녀	그분	그것, 그	거기, 그쪽
'저' 계열	원칭	저애	저분	저것, 저	저기, 저쪽

변이형의 쓰임 : 직시대명사 '이것, 그것, 저것'과 '이애, 그애, 저애'

1. '이것, 그것, 저것'은 준말 '이거, 그거, 저거'로도 쓰인다. 전자는 문어체에, 후자는 구어체에 많이 쓰인다.
   - 이것은 무엇인가? *문어체
   - 이건 뭐냐? *구어체
2. '이거, 그거, 저거'에 주격조사 '이', 보격조사 '이'가 붙으면 '이게, 그게, 저게'가 된다.
   - 이게 뭡니까?
   - 내가 말한 건 그게 아니고 이거야.
3. '이애, 그애, 저애'는 준말 '얘, 걔, 쟤'로도 쓰인다.

❖ 직시대명사는 대부분 직시관형사 '이, 그, 저'를 바탕으로 만들어진 말들이다. 그래서 발화현장에서의 위치를 표현하는 방식이 '이, 그, 저'와 똑같다. 즉 '이' 계열은 화자에게 가까운 사물을, '그' 계열은 청자에게 가까운 사물을, '저' 계열은 화자와 청자 모두에게 먼 사물을 가리킨다. 또 '그' 계열은 발화현장에 없는 사물 중에서 화자와 청자가 모두 알고 있는 사물을 가리킬 때도 널리 쓰인다.

- **이건** 뭐고 **그건** 뭐예요? ― **그건** 논문이고 **이건** 신문기사야.
- **이분**은 저희 회사 사장님이십니다.
- 아니요. **거기** 계세요. 제가 **그쪽**으로 갈게요.
- 15층까지 가는 엘리베이터는 **이쪽**이 아니라 **저쪽**입니다.

❖ 화자와 청자 이외의 사람을 가리키는 가장 일반적인 표현은 직시대명사가 아니라 직시관형사 '이, 그, 저'에 명사 '사람'을 연결한 '이 사람, 그 사람, 저 사람'이다. 성별을 표시한 '이 남자, 그 남자, 저 남자, 이 여자, 그 여자, 저 여자'도 많이 쓴다.

- 가운데 있는 **이 사람**이 윤동줍니다.
- 요즘도 **그 남자** 만나니?
- **저 여자** 어디서 본 여잔데….

❖ 화자와 청자 이외의 사람을 가리킬 때 직시관형사 '이, 그, 저'와 사람을 뜻하는 의존명사 '이'를 결합한 직시대명사 '이이, 그이, 저이'를 쓰는 경우도 있으나 고어투이다. 여자가 남편이나 애인을 가리킬 때 쓰는 '이이, 그이, 저이'는 고어투 느낌이 약하다.

- **저이**는 누가 데려왔소? ＊고어투
- **그이**가 오늘 아버님 모시러 간다고 했어요. ＊여자가 남편을 가리킴.

❖ '이애, 그애, 저애'는 어른이 아이를 가리킬 때 또는 여자 어른이 손아래나 또래의 여자 어른을 편하게 가리킬 때 쓴다. 비인물을 친근하게 가리킬 때 쓰기도 한다.

- **쟤**들은 누구죠? — **쟤**들이 **걔**들이에요. 쉬는 시간에 도망간 애들. ＊어른이 아이를 가리킴.
- **이애**가 환갑이 낼모레면서 무슨 소리야? ＊여자 어른이 또래의 여자 어른을 가리킴.
- **얘**는 통 짖지를 않아. ＊개를 가리킴.

❖ '그, 그녀'는 문어체이다. 주로 문학작품에 쓰인다. '그'는 남자, '그녀'는 여자를 가리킨다.

- 그날부터 **그녀**는 **그**의 전화를 받지 않았다. ＊소설에서

❖ 직시대명사 '이, 그, 저'에 복수접미사 '=들'을 붙인 '이들, 그들, 저들'은 성별과 관계없이 복수의 사람을 가리킨다. 문어체로서 문학작품이 아닌 글에도 쓰인다.[24)]

- **이들**이 바로 개화파이다.
- 우리가 **그들**보다 나은 것이 무엇인가?

24) §2.26에서 보듯이 접미사 '=들'이 붙은 형태는 단어가 아니다. 그러나 직시대명사 '이들, 그들, 저들'은 단어이다.

❖ '이들'은 비인물을 가리킬 수 있다.

• **이들**을 문학 작품으로 인정하는 연구자는 많지 않다.

❖ '이들 # 명사'는 '이 # 명사 = 들' 대신에 자주 쓰인다.

• **이들** 작품은 오랫동안 구전되어 왔을 것으로 보인다. *'이 작품들' 대신 '이들 작품'으로 표현함.

❖ 비인물을 가리키는 일반적인 직시대명사는 '이것, 그것, 저것'이다.

• **이게** 생각보다 튼튼하고 좋아요.

• 지금 **그걸** 말이라고 하니?

• **저것**으로 작업하면 한 시간 안에 끝납니다.

❖ 비인물을 가리키는 직시대명사 '이, 그, 저'는 다음과 같은 일부 경우에 제한적으로 쓰인다.

• **이** + 대로/만큼/처럼/보다/과, **그** + 대로/만큼/처럼/보다/과, **저** + 대로/만큼/처럼/보다/과[25)]

• **이** + 을/에/으로/으로써, **그** + 에/으로/으로써

• **이**/**그**/**저** + 만 하다[26)]

• **이**도 **저**도 아니다

• **그**도 그럴 것이

• **이**와 같은 결말은 너무 뻔해서 재미가 없다.

• **그**에 대한 연구는 더 이상 이어지지 않고 있다.

• 크기는 **이**만 해요. 조금 더 클 수도 있고.

• **그**만 한 일 가지고 연락할 것은 없다.

❖ 하라체 종결형으로 끝난 절 뒤에 '이것 # 이다, 그것 # 이다'를 이어서 그 절의 내용을 강조할 수 있다. §15.15 참조.

• 그러면 그냥 덮어두자 **이거야**?

---

25) 규범문법에서는 '이대로, 그대로, 저대로, 이만큼, 그만큼, 저만큼'을 부사로 처리한다.

26) 규범문법에서는 '이만하다, 그만하다, 저만하다'를 형용사로 처리하고 붙여쓴다. 한편 부사 '이만, 그만'은 직시대명사 '이, 그'에 보조사 '만이 붙어 형성된 단어들이다.

• 결국 그 시간에는 사무실에 아무도 없었다 **그겁니다.**

2.17. 의문대명사

❖ 의문대명사(疑問代名詞)는 질문의 대상인 사물을 가리키는 대명사이다.

의문대명사의 지시물

지시물	사람	비인물	수량	시간	장소
의문대명사	누구	무엇	얼마	언제	어디

변이형의 쓰임 : 의문대명사 '누구, 무엇'

1. 주격조사 '이', 보격조사 '이'가 붙을 때 '누구'의 변이형은 '누'이다. 즉 '누구'에 이들 조사가 붙은 형태는 '누가'이다.
   • 누가 왔어요?
2. '무엇'은 문어체에, 준말 '무어, 뭣, 뭐, 머'는 구어체에 많이 쓰인다. 구어체에서는 '뭐, 머'를 가장 많이 쓴다. 또 '무어, 뭐, 머'에 부사격조사 '으로'가 붙은 형태로 '무어로, 뭐로, 머로'보다 '무얼로, 뭘로, 멀로'를 많이 쓴다.
   • 그 원인이 무엇인지 아직 밝혀 내지 못했다. *문어체
   • 그 원인이 뭔지는 아직 모른다네요. *구어체
   • 이게 뭐예요? *구어체
   • 점심은 뭘 먹을까? *구어체
   • 전화기는 뭘로 바꿨니? *구어체

❖ '누구'는 사람을 묻는 말이다.

• '고모'는 **누**가 **누구**한테 하는 말이에요?

❖ '무엇'은 비인물, 즉 동물, 식물, 무생물, 추상물을 묻는 말이다.

• 저 동물은 **뭐**예요? — 그건 오리너구리예요.

• 오늘 저녁으로 **뭘** 먹을까?

• **뭐** 생각해?

❖ '얼마'는 수량을 묻는 말이다. 의문대명사 '얼마'에 보조사 '이나'가 결합하면 의문부

사 '얼마나'가 만들어진다.[27)]

• 이건 **얼마**예요? ＊값

• **얼마**를 더 가야 합니까? ＊거리

❖ '언제'는 시간을 묻는 말이다. '언제'에 부사격조사 '에'를 붙이지 않는다. '언제＋에' 대신 의문부사 '언제'를 사용한다.

• **언제**가 좋을까요?

• 휴가는 **언제**부터 **언제**까지예요?

❖ '언제'에 보조사 '이나'가 붙은 '언제나'는 '항상, 늘'을 뜻하는 부사 '언제나'와 형태가 같지만 의미는 다르다.

• **언제**나 만날 수 있을까요? ＊의문대명사 '언제'와 보조사 '이나'의 결합

• 민수는 나를 보면 **언제나** 웃는다. ＊부사 '언제나'

❖ '어디'는 장소를 묻는 말이다.

• **어디**가 **어딘**지 모르겠네.

• **어디**를 가면 다람쥐를 볼 수 있을까요?

• 민수가 **어디**에 사는지 나는 모른다.

❖ '누구, 언제, 어디'는 체언 앞에서 관형어로 쓰일 수 있다.

• 이건 **누구** 가방이에요?

• 그거 **언제** 신문이에요?

• 이건 **어디** 제품이에요?

❖ '언제, 어디'는 의문부사로도 쓰인다.

• 한국에는 **언제** 도착했어요?

• 내 가방이 **어디** 있지?

2.18. 비한정대명사

❖ **비한정대명사**(非限定代名詞)는 비한정적(非限定的)으로, 즉 범위를 한정하지 않은

27) 의문부사는 §6.9, §7.10 참조.

채 사물을 가리키는 대명사이다.

❖ 의문대명사가 비한정대명사로도 쓰인다.

비한정대명사의 지시물

지시물	사람	비인물	값	시간	장소
비한정대명사	누구, 아무	무엇, 아무것	얼마	언제	어디

❖ '누구'는 비한정적으로 사람을 가리킨다.

- 아까 **누**가 널 찾더라.
- **누구**한테 물어봐야겠어요.

❖ '무엇'은 비한정적으로 비인물을 가리킨다.

- 얼굴에 **뭐**가 났어.
- 시간이 늦었는데 **뭘** 좀 드셔야지요.

❖ '얼마'는 비한정적으로 수량을 가리킨다.

- 돈은 **얼마** 안 들었습니다.
- 해가 지고 **얼마** 지나지 않아서 그가 왔다.

❖ '언제'는 비한정적으로 시간을, '어디'는 비한정적으로 장소를 가리킨다. '언제'에 부사격조사 '에'를 붙이지 않는다. '언제+에' 대신 비한정부사 '언제'를 사용한다.

- 먼저 날짜와 시간을 **언제**로 정하고 장소를 알아봅시다.
- 며칠 전에 내가 **어디**를 가는데 갑자기 영미한테서 전화가 왔어.

❖ '언제, 어디'는 비한정부사로도 쓰인다.

- **언제** 한국에 오면 꼭 연락해요. *비한정부사
- 이 근처 **어디** 있겠지. *비한정부사

❖ 비한정대명사 '아무, 아무것'은 어느 사물인지를 가리지 않음을 표현한다.

변이형의 쓰임 : 비한정대명사 '아무것'

1. '아무것'은 준말 '아무거'로도 쓰인다. 다만 보조사 '도' 앞에서는 준말 '아무거'를 쓰지 않고 본말 '아무것'을 쓴다. 즉 '아무거도'라 하지 않고 '아무것도'라 한다. 또 준말 '아무거'에 부사격조사 '으로'가 붙은 형태로 '아무거로'보다 '아무걸로'를 많이 쓴다.

❖ '아무'는 보조사 '도, 이나, 이라도'가 붙은 형태로만 쓰인다. 보조사 앞에 격조사 '에게, 한테'가 쓰일 수 있다.

- 이 사실은 **아무**도 모른다. *아무 + 도
- 김치찌개는 **아무**나 만들 수 있는 음식이다. *아무 + 이나
- **아무**라도 내 얘기를 들어 주었으면 좋겠다. *아무 + 이라도
- **아무**한테도 말하지 마. *아무 + 한테 + 도

❖ '아무것'은 보조사 '도, 이나, 이라도'가 붙은 형태로만 쓰인다. 보조사 앞에 격조사 '에, 으로'가 쓰일 수 있다.

- **아무것**도 변한 게 없다. *아무것 + 도
- **아무거**나 골라도 돼요? *아무것 + 이나
- 한식이라면 **아무거**라도 좋습니다. *아무것 + 이라도
- 이 테이프는 **아무것**에나 잘 붙는다. *아무것 + 에 + 이나
- 여기 있는 것 중에서 **아무걸**로나 바꿔도 됩니다. *아무것 + 으로 + 이나

❖ 비한정대명사 '아무, 아무것'에 보조사 '도'가 붙은 '아무/아무것+도'는 부정문에만 쓰인다.

- 이 사실은 **아무도** 모른다.
- 나는 우리 모임에서 **아무도** 미워하지 않는다.
- **아무것도** 변한 게 없다.
- 배탈이 나서 하루종일 **아무것도** 못 먹고 있었다.

❖ '아무'는 비한정관형사로도 쓰인다.

2.19. 재귀대명사

❖ **재귀대명사**(再歸代名詞)는 주어가 가리키는 사람이나 동물을 다시 가리킨다(주어가 생략되더라도 관계없다). 그 사람이나 동물에게 시점(視點)이 옮아간다.

재귀대명사의 분류

구분	평어		평어	경어
	단수	복수		
재귀대명사	저	저희 *저희=들	자기	당신

변이형의 쓰임 : 재귀대명사 '저'

1. 재귀대명사 '저'에 주격조사 '이', 보격조사 '이'를 붙인 형태는 '제가'이다.
2. 재귀대명사 '저'에 관형격조사 '의'를 붙인 '저의'는 준말 '제'로 많이 쓰인다.
3. 재귀대명사 '저'에 부사격조사 '에게'를 붙인 '저에게'는 준말 '제게'로도 쓰인다.

❖ 가장 널리 쓰이는 재귀대명사는 '자기'이다.

- 영미가 **자기** 우산을 내게 건넸다.
- 그 사람들이 **자기**들한테 손해가 가는 일을 할 리가 없다.

❖ '저, 저희'는 다소 낮추는 뜻이 있으나 속담 등 관용표현에서는 낮추는 뜻과 관계없이 널리 쓰인다.

- 민수는 **저**만 100점인 줄 알고 우쭐거렸다.
- **제** 앞가림도 못하는 주제에 남의 걱정을 한다.
- 평양감사도 **저** 싫으면 그만이다. (속담)
- **저희**한테 꼭 필요한 일이라면 **저희**가 알아서 하겠지요.

❖ '당신'은 높임의 정도가 강하며 고어투 느낌이 있다.

- 할머니께서는 **당신**이 평생 모은 돈을 기부하시겠다고 하십니다.
- 어떤 할머니가 와서 **자기**가 평생 모은 돈을 기부하겠다고 했다.

2.20. 수사의 종류

❖ **수사**(數詞)는 수나 차례를 가리키는 체언이다.

❖ 수사는 관형어로 쓰이기도 하고 관형어가 아닌 성분으로 쓰이기도 한다. 이 두 경우에 형태가 다른 수사도 있다. 예를 들어 수사 '둘'은 관형어 형태가 '두'이다.[28)]

- **두** 사람은 즐겁게 이야기했다. *수사(관형어)#명사
- **둘**은 즐겁게 이야기했다. *수사

❖ 수사는 가리키는 대상에 따라 수를 가리키는 **양수사**(量數詞)와 차례를 가리키는 **서수사**(序數詞)로 나누어진다.

❖ 양수사는 단독으로 쓰이기보다 명사와 함께 **수량표현**을 형성하는 일이 많다.[29)]

❖ 서수사는 양수사에 접미사 '=째'나 접두사 '제(第)='를 붙인 파생어이다.

❖ 수사는 수나 차례를 가리키는 방식에 따라 **일반수사**와 **지시수사**로 나누어진다.

수사의 분류

하위품사	종류	양수사	서수사
일반수사	단칭수사	하나, 일	첫째, 제일
	복칭수사	한둘, 일이	한두째
지시수사	의문수사	몇	몇째
	비한정수사	몇	몇째

❖ 일반수사는 가리키는 수나 차례의 개수에 따라 단칭수사와 복칭수사로 나누어진다.[30)]

❖ **단칭수사**(單稱數詞)는 수나 차례 하나만을 가리키는 수사이다.

❖ **복칭수사**(複稱數詞)는 둘 이상의 수나 차례를 불확실하게 가리키는 수사이다.

❖ **의문수사**는 질문의 대상인 수나 차례를 가리키는 수사이다.

---

28) 수사의 관형어 형태 '한, 두, 세, 네' 등을 수관형사로 처리하는 견해도 있다.

29) 수량표현에 대해서는 §2.11 참조.

30) 단칭수사, 복칭수사는 각각 '정수사(定數詞), 부정수사(不定數詞)'에 대한 새 용어이다.

❖ **비한정수사**는 비한정적으로, 즉 범위를 한정하지 않은 채 수나 차례를 가리키는 수사이다.

2.21. 어종별 수사

❖ 수사는 어종에 따라 고유어, 한자어, 혼종어로 나누어진다. 지시수사 '몇, 몇째'는 고유어이다. 일반수사는 고유어, 한자어, 혼종어로 나누어진다.

- 고유어 수사 : 하나, 둘, 셋, 넷, 다섯 … 아흔아홉
- 한자어 수사 : 영, 일, 이, 삼, 사, 오 … 구십구, 백, 백일 …

❖ 고유어 수사는 1을 나타내는 '하나'부터 99를 나타내는 '아흔아홉'까지만 있다. 그래서 100 이상의 수를 가리킬 때는 한자어와 고유어를 결합한 혼종어를 사용한다.

- 혼종어 수사 : 백하나(101), 백둘(102), 백셋(103) … 삼백예순다섯(365) …

❖ 같은 단위명사 앞에서 양수사를 고유어로, 서수사를 한자어로 쓰는 경우도 있다.

- 고유어 양수사 : **두** 학년, **두** 학기, **두** 층, 동녘아파트 **열다섯** 동, 회의 **세** 번
- 한자어 서수사 : **이** 학년, **이** 학기, **이** 층, 동녘아파트 **십오** 동, **삼** 번 버스

❖ 한자어 수사는 한글 대신 아라비아숫자로 적을 때가 많다.[31)]

- **삼십오** 명, **이천이십** 년, **백육십오** 센티미터 *한글로 표기 (잘 쓰이지 않음)
- **35**명, **2020**년, **165**cm *아라비아숫자로 표기 (많이 쓰임)

❖ 고유어 수사도 아라비아숫자로 적을 때가 있다. 이 경우에 아래의 '35, 7, 3'을 각각 '삼십오, 칠, 삼'으로 읽지 않고 '서른다섯, 일곱, 세'로 읽는 것은 불합리해 보일 수 있다. 그럼에도 불구하고 표기의 편의 또는 시각적 효과 때문에 이 수사들을 아라비아숫자로 적고 '서른다섯, 일곱, 세'로 읽는 사람이 많다.

- **서른다섯** 살, **일곱** 명, **세** 군데 *한글로 표기
- **35**살, **7**명, **3**군데 *아라비아숫자로 표기

---

31) 이 책의 2장(체언)의 예문에서는 고유어 수사가 쓰였는지 한자어 수사가 쓰였는지를 구별해 보여주기 위해서 수사를 모두 한글로 적는다. 현실에서는 한자어 수사를 한글 대신 아라비아숫자로, 즉 '2학년, 2학기, 100명, 3000원, 3천 원'과 같이 적는 일이 많음을 유의할 필요가 있다.

2.22. 단칭수사

❖ 단칭수사는 수나 차례를 하나만 가리킨다. 예를 들어 '다섯'은 5라는 수 하나만 가리킨다.

- 강아지 **다섯** 마리 ＊5만 가리킴
- 아이들 **다섯**이 모여 놀고 있다. ＊5만 가리킴

단칭 양수사 1

수	고유어	한자어
0	—	영
1	하나/한	일
2	둘/두	이
3	셋/세	삼
4	넷/네	사
5	다섯	오
6	여섯	육
7	일곱	칠
8	여덟	팔
9	아홉	구
10	열	십

단칭 양수사 2

수	고유어	한자어
11	열하나/열한	십일
12	열둘/열두	십이
13	열셋/열세	십삼
14	열넷/열네	십사
…	…	…
20	스물/스무	이십
21	스물하나/스물한	이십일
…	…	…
99	아흔아홉	구십구

단칭 양수사 3

수	고유어	혼종어	한자어
20	스물/스무	—	이십
30	서른	—	삼십
40	마흔	—	사십
50	쉰	—	오십
60	예순	—	육십
70	일흔	—	칠십
80	여든	—	팔십
90	아흔	—	구십
100	—	—	백
101	—	백하나/백한	백일
…	—	…	…
1,000	—	—	천
10,000	—	—	만
100,000,000	—	—	일억
…	—	—	…

변이형의 쓰임 : 단칭수사의 관형어 형태와 수사 '육'

1. 위의 표에서 빗금 양쪽에 두 형태가 있는 수사는 관형어일 때와 아닐 때 형태가 다른 수사이다. 빗금 왼쪽은 관형어가 아닐 때, 빗금 오른쪽은 관형어일 때의 형태이다. 예를 들어 '하나/한'은 관형어가 아닐 때 '하나'로, 관형어일 때 '한'으로 쓰인다는 뜻이다.
   - 사과 하나 *관형어 아님
   - 사과 한 개 *관형어
2. 다음과 같은 전통적인 표현들에서 관형어 형태 '세, 네, 다섯, 여섯'을 각각 '석/서, 넉/너, 닷, 엿'으로 쓰기도 한다.
   - 석삼년, 석새베, 석동무니, 넉사밀, 넉잠누에
   - 쌀 서 말, 쌀 너 말, 쌀 닷 되, 쌀 엿 되, 이름 석 자, 엽전 열닷 냥
   - 중매는 잘하면 술이 석 잔이고 못하면 뺨이 세 대라. (속담)
3. 6을 가리키는 수사 '육'은 원래 한자음이 '륙'이다. 두음법칙에 따라 어두에서 '육'이고 비어두에서 '륙'이 되는 것이 원칙이다. 그러나 한글 맞춤법에서는 비어두에서도 '육'으로 적는 경우가 많다. 예를 들어 16을 가리키는 수사를 '십륙'이 아닌 '십육'으로 적는다.
   - 십육진법(十六進法), 루이 십육세(Louis十六世)

단칭 서수사 1

수	고유어	한자어
1	첫째	제일
2	둘째	제이
3	셋째	제삼
4	넷째	제사
5	다섯째	제오
6	여섯째	제육
7	일곱째	제칠
8	여덟째	제팔
9	아홉째	제구
10	열째	제십

단칭 서수사 2

수	고유어	한자어
11	열한째	제십일
12	열두째	제십이
13	열셋째	제십삼
…	…	…
20	스무째	제이십
21	스물한째	제이십일
22	스물두째	제이십이
23	스물셋째	제이십삼
…	…	…
99	아흔아홉째	제구십구

단칭 서수사 3

수	고유어	혼종어	한자어
20	스무째	—	제이십
30	서른째	—	제삼십
40	마흔째	—	제사십
50	쉰째	—	제오십
60	예순째	—	제육십
70	일흔째	—	제칠십
80	여든째	—	제팔십
90	아흔째	—	제구십
100	—	백째	제백
101	—	백한째	제백일
102	—	백두째	제백이
…	—	…	…

❖ 단칭 서수사 가운데 한자어보다 고유어가 다양한 구성에 널리 쓰인다.

- 중요한 것은 **첫째**도 건강, **둘째**도 건강, **셋째**도 건강이다.
- **첫째**부터 **넷째**까지는 남자, 여자에 다 관련되고 **다섯째**는 여자에만 관련된다.
- **첫째** 날에는 휴식하고 **둘째** 날 출발할 계획입니다.

❖ 고유어 단칭 서수사는 자녀 가운데 한 명을 차례로써 가리키는 명사로 쓰일 수 있다.

- 우리 집 **첫째**가 이번에 초등학교 들어가.
- **셋째**보다 막내가 키가 커요.

❖ 한자어 단칭 서수사는 단위명사 앞에만 쓰인다.

- **제일** 차 세계대전
- **제십삼** 회 농구 대회
- **제오** 공장

❖ 한자어 단칭 서수사의 접두사 '제='를 생략하기도 한다.

- **일** 차 세계대전
- **십삼** 회 농구 대회
- **오** 공장

❖ 다음과 같은 경우에는 한자어 단칭 서수사의 접두사 '제='를 아예 쓰지 않는다.

- **오** 층
- 지난달 **팔** 일

❖ '제일'은 명사와 부사로도 쓰인다.

- 과일은 사과가 **제일**이야. *명사
- 나는 사과를 **제일** 좋아해. *부사

2.23. 복칭수사

❖ 복칭수사는 둘 이상의 수를 불확실하게 가리킨다. 예를 들어 '대여섯'은 5일 수도 있고 6일 수도 있는 어떤 불확실한 수를 가리킨다.

- 강아지 **대여섯** 마리 *5 또는 6을 가리킴
- 아이들 **대여섯**이 모여 놀고 있다. *5 또는 6을 가리킴

❖ 표 〈복칭 양수사 2〉, 〈복칭 양수사 3〉, 〈복칭 양수사 4〉에서 복칭 양수사가 가리키는 수를 숫자로 표시한 것이 정확한 것은 아니다. 복칭수사는 원래 불확실한 수를 가리키므로 이와 같이 숫자로 명시하기에 다소 부적절한 것이다.

복칭 양수사 1

수	고유어	한자어
1 또는 2	한둘/한두	일이
2 또는 3	두셋/두세	이삼
3 또는 4	서넛/서너	삼사
4 또는 5	너덧	사오
5 또는 6	대여섯	오륙
6 또는 7	예닐곱	육칠
7 또는 8	일고여덟	칠팔
8 또는 9	여덟아홉	팔구

복칭 양수사 2

수	고유어	한자어
3~9	여럿/여러	—
11~15	여남은	십여
21~25	스무남은	이십여
31~35	—	삼십여
…	—	…
101~109	—	백여
…	—	…
1001~1099	—	천여
…	—	…

복칭 양수사 3

수	고유어	한자어
20~99	—	수십
200~999	—	수백
2000~9999	—	수천
…	—	…

복칭 양수사 4

수	고유어	한자어
20~30	—	이삼십
30~40	—	삼사십
…	—	…
80~90	—	팔구십
200~300	—	이삼백
300~400	—	삼사백
…	—	…
800~900	—	팔구백
…	—	…

변이형의 쓰임 : 복칭수사

1. 단칭수사의 경우와 마찬가지로, 위의 표에서 빗금 양쪽에 두 형태가 있는 수사는 관형어일 때와 아닐 때 형태가 다른 수사이다. 빗금 왼쪽은 관형어가 아닐 때, 빗금 오른쪽은 관형어일 때의 형태이다.
   - 사과 한둘 *관형어 아님
   - 사과 한두 개 *관형어
2. '한둘'은 준말이고 '하나둘'이 본말이다.
3. 단칭수사 둘을 이어서 만든 복칭수사의 형태가 불규칙한 경우 규칙화한 형태를 쓰기도 한다. 다음 규칙형들(화살표 오른쪽 형태들) 중에서 '네다섯'만 표준어형으로 인정하고 있다.
   - 서넛/서너 → 세넷/세네
   - 너덧 → 네다섯
   - 대여섯 → 다서여섯
   - 예닐곱 →여서일곱

❖ '십여, 이십여, 삼십여, 백여, 천여' 등은 관형어로만 쓰인다. 이들은 단칭수사 '십, 이십, 삼십, 백, 천' 등에 접미사 '=여(餘)'가 붙어 만들어진 것이다. 어원적으로 접미사 '=여'는 어기가 가리키는 수보다 조금 더 많은 수를 대략적으로 가리키지만, 일상적으로 '십여, 이십여, 삼십여, 백여, 천여' 등은 어기가 가리키는 수보다 많든 적든 그 수에 가까운 수를 대략적으로 가리킨다.

• **십여** 일, **이십여** 년, **삼십여** 미터, **백여** 군데, **천여** 명

❖ 복칭수사의 의미를 의존명사 '남짓'을 이용해서 표현할 수도 있다. '남짓'은 수사가 가리키는 수보다 조금 더 많은 수를 대략적으로 나타낸다.

• 여덟 **남짓**

• 열 **남짓** =여남은

• 스물 **남짓** =스무남은

• 서른 **남짓**

• 백 **남짓**

• 열 달 **남짓** =여남은 달

• 스무 살 **남짓** =스무남은 살

• 백 개 **남짓**

❖ 복칭 양수사의 경우와 마찬가지로, 복칭 서수사 '여남은째, 스무남은째'가 가리키는 수를 숫자로 표시한 것이 정확한 것은 아니다.

복칭 서수사

수	고유어
1 또는 2	한두째
2 또는 3	두셋째
3 또는 4	서넛째
4 또는 5	너덧째
5 또는 6	대여섯째
6 또는 7	예닐곱째
7 또는 8	일고여덟째
8 또는 9	여덟아홉째
11~15	여남은째
21~25	스무남은째

2.24. 의문수사와 비한정수사

❖ 지시수사는 의문수사와 비한정수사로 나누어진다.

지시수사의 분류

종류	양수사	서수사
의문수사	몇	몇째
비한정수사	몇	몇째

❖ '몇'은 유일한 의문 양수사이자 유일한 비한정 양수사이다.

• 지금 **몇** 시 **몇** 분이에요? *의문수사

• 십구 곱하기 십구가 **몇**인지 아는 사람? *의문수사

• 민수는 **몇** 시간 뒤에 올 거야. *비한정수사

• 동창 **몇**이 연락이 됐다. *비한정수사

❖ 비한정수사 '몇'은 3~9 정도의 한정되지 않은 수를 가리킨다. 복칭수사 '여럿'도 3~9 정도의 수를 가리키는 점에서 비한정수사 '몇'과 같지만, '여럿'은 수가 적지 않음 또는 대상이 다양함을 암시하는 데 비해 '몇'은 정확한 수를 모르거나 밝히지 않음을 나타낸다.

• **여러** 사람이 모였다. *수가 적지 않음 또는 다양한 사람일 가능성을 암시함.

• **몇** 사람이 모였다. *정확한 수를 모르거나 밝히지 않음을 나타냄.

❖ 수학과 같이 다양한 수의 가능성을 다루는 문맥에서는 비한정수사 '몇'이 어떤 수든지 나타낼 수 있다.

• 원주율은 삼점 **몇**이다.

• 이 곱셈의 답이 **몇**이라고 나오면 나머지 계산은 간단하다.

❖ 비한정수사 '몇'이 쓰인 '몇 십, 몇 백, 몇 천' 등은 '수십, 수백, 수천' 등과 같은 뜻이다.

• 한 달 수입이 **몇 천만** 원이라고 한다.

• 한 달 수입이 **수천만** 원이라고 한다.

❖ '몇째'는 유일한 의문 서수사이자 유일한 비한정 서수사이다. 의문대명사/비한정 대명사 '몇' 뒤에 단위성 의존명사 '번째'를 붙인 '몇 번째'가 '몇째'보다 더 널리 쓰인다.

• 달리기에서 **몇째**로 들어왔니? *의문 서수사

- 달리기에서 **몇 번째**로 들어왔니? *의문대명사 + 의존명사
- 명단을 보니 내 **몇째** 뒤에 영미가 있었다. *비한정 서수사
- 명단을 보니 내 **몇 번째** 뒤에 영미가 있었다. *비한정대명사 + 의존명사

2.25. 단수와 복수

❖ 체언이 가리키는 사물이 한 개인지 두 개 이상인지를 구별해 표현하는 것이 **단수**(單數)와 **복수**(複數)이다.

❖ 수사는 그 뜻에 단수인지 복수인지가 드러나 있으므로 단수와 복수를 구별해 표현할 필요가 없다.

❖ 명사는 문맥에 따라 단수로 해석될 수도 있고 복수로 해석될 수도 있다.

- 그는 부산에 **건물**이 하나 있다. *'하나' 때문에 '건물'이 단수로 해석됨
- 그는 **건물**을 일곱 채나 가진 부자다. *'일곱' 때문에 '건물'이 복수로 해석됨

❖ 명사가 복수임을 분명히 표현하는 방법은 복수접미사 '=들'이나 복수보조사 '들'을 사용하는 것이다.

❖ 대명사 가운데 다음 대명사들은 단수대명사와 복수대명사가 구분되어 있다.

단수대명사와 복수대명사

구분	단수대명사	복수대명사
1인칭대명사	나, 저	우리, 저희
2인칭대명사	너	너희, 여러분
재귀대명사	저	저희

❖ 나머지 대명사들은 복수접미사 '=들'이 붙어 있으면 복수, 그렇지 않으면 단수이다.

2.26. 복수접미사

❖ **복수접미사** '=들'은 명사나 대명사의 뒤에 붙으며, 수사 뒤에 붙지 않고 '수사 # 명사' 뒤에도 붙지 않는다.

복수접미사의 분포

명사=들	사람들, 책들, 질문들
대명사=들	우리들, 그애들, 그들, 그녀들, 그분들, 그것들
수사=들	셋들 (×)
[수사#명사]=들	세 명들 (×), 세 사람들 (×)

❖ 접미사 '=들'은 앞의 명사나 대명사가 복수임을 나타낸다. 예를 들어 '사람들, 질문들, 그애들'은 각각 '사람, 질문, 그애'가 둘 이상임을 나타낸다.[32)]

❖ 복수대명사에 '=들'을 붙인 다음 형태들은 복수의 의미를 강조한다.

- 복수/복수(강조) : 우리/우리들, 너희/너희들, 저희/저희들, 여러분/여러분들

❖ 복수를 함의하는 단어가 문맥에 있으면 '=들'이 불필요하게 된다. 이때는 '=들'을 쓰지 않는 것이 자연스럽다.

- **책**을 여러 권 샀다. ∗'여러'가 '책'이 복수임을 함의함
- **사람**이 많이 모였다. ∗'많이'가 '사람'이 복수임을 함의함
- 이 **참외** 세 개에 얼마예요? ∗'세'가 '참외'가 복수임을 함의함
- 정전이 돼서 **전등**이 모두 꺼졌다. ∗'모두'가 '전등'이 복수임을 함의함

❖ 다음과 같은 경우에는 '=들'이 적극적으로 복수를 표시한다.

- 책상에 **책**이 놓여 있다. ∗단수/복수
- 책상에 **책들**이 놓여 있다. ∗복수
- 책상에 그 **책**이 놓여 있다. ∗단수 ('그 책'은 특정한 책 한 권을 가리킴)
- 책상에 그 **책들**이 놓여 있다. ∗복수 ('그 책들'은 특정한 책 여러 권을 가리킴)
- 정전이 돼서 **전등**이 꺼졌다. ∗단수/복수
- 정전이 돼서 **전등들**이 꺼졌다. ∗복수

32) 접미사는 일반적으로 파생어를 만들지만 접미사 '=들'은 파생어를 만드는 기능이 없다. 그러므로 '=들'이 붙은 '사람들, 질문들, 그애들' 등은 단어가 아니다.

2.27. 복수보조사

❖ **복수보조사** '들'은 다양한 말 뒤에 붙는다.

복수보조사의 분포

앞말	예
복합용언의 앞 어기	**출발**들 합시다. 당장 **돌아**들 가시오. 참 **뻔뻔**들 하구나. 역시 **군인**들 다운 모습이다.
보조용언 구성에서 본용언의 부사형	**먹어**들 봐. 서 **있지**들 말고 이쪽에 와서 앉아요.
목적어	**점심**들은 드셨어요? **물**들 마셔.
부사어	**어서**들 와. 모두 **어디**들 갔어요? **바보같이**들 웃네요. 그렇게 일찍은 못 **온다고**들 합니다.
용언의 종결형	**출발합시다**들. 참 뻔뻔도 **하구나**들. 당장 **돌아가시오**들.

❖ 위 표에서 복합용언은 '출발하다, 돌아가다'와 같은 복합동사와 '뻔뻔하다, 군인답다'와 같은 복합형용사를 말한다. 이 복합용언들의 앞 어기는 각각 '출발, 돌아, 뻔뻔, 군인'이다.

❖ 보조사 '들'은 그 문장의 주어가 가리키는 사물, 즉 주체가 복수임을 나타낸다. 주어는 생략되는 것이 일반적이다.

- 연필**들** 집었니? ＊연필을 집은 주체가 복수임을 나타냄. 주어 '너희/너희들'이 생략됨
- 참 뻔뻔**들** 하구나. ＊뻔뻔한 주체가 복수임을 나타냄. '그 사람들'과 같은 주어가 생략됨

❖ 보조사 '들'은 다른 보조사보다 앞에 놓인다.

- 점심**들**은 드셨어요? *점심 + 들 + 은
- 물**들**만 마시고 이쪽으로 모여. *물 + 들 + 만
- 참 뻔뻔**들**도 하구나. *뻔뻔 + 들 + 도

3

조사

3.1. 조사의 개념

❖ **조사**(助詞)는 체언, 부사, 감탄사, 활용형, 조사 뒤에 붙어 문법기능을 표시하거나 특별한 의미를 표현하는 문법소이다.[33)]

❖ 조사는 문장소 가운데 관형사 뒤에 붙지 않는다. 또 활용형 중에서 관형사형 뒤에 붙지 않는다.

3.2. 조사의 종류

❖ 조사는 격조사, 접속조사, 보조사로 나누어진다.

조사의 분류

하위품사	기능	예
격조사	격을 표시	이, 을, 의, 에…
접속조사	두 말을 대등하게 접속	과, 하고, 이랑
보조사	함의, 복수, 높임, 반전 등의 의미를 표현	은, 도, 만, 이나…

❖ **격조사**(格助詞)는 **격**(格)을 표시한다. 격은 문장 안의 다른 체언이나 용언과의 문법적 관계에 관한 자격이다.

❖ **접속조사**(接續助詞)는 앞뒤의 말을 대등하게 묶어 한 문장성분을 만든다.

33) 조사는 '체언=복수접미사' 뒤에도 붙으므로 '체언' 대신 '체언(=복수접미사)'로 표시하는 것이 정확하나 편의상 '체언'으로만 표시한다.

❖ **보조사**(補助詞)는 함의, 복수, 높임, 반전 등 특별한 의미를 표현한다.[34)]

3.3. 격조사의 종류

❖ 격조사는 표시하는 격에 따라 여러 종류로 나누어진다.

격조사의 분류

종류	기능	예
주격조사	주어 표시	이, 이란, 께서
보격조사	보어 표시	이
목적격조사	목적어 표시	을, 일랑
관형격조사	관형어 표시	의, 이라는
부사격조사	부사어 표시	에, 에게, 에서, 으로, 보다…
호격조사	호격어 표시	아, 이여

3.4. 주격조사와 보격조사

❖ **주격조사**(主格助詞) '이, 이란'은 평어이고 '께서'는 경어이다. '께서'는 주체를 높인다. 즉 주체경어법를 표시한다.[35)]

- 눈**이** 온다.
- 인생**이란** 무엇인가?
- 할머니**께서** 오신다.

❖ 주격조사는 체언, 명사형, 조사 뒤에 붙어 주어를 표시한다. 다음에서 [ ] 안의 말이 주어이다.

- [연필]**이** 필요하다. *명사 뒤
- [연필을 찾을 수]**가** 없다. *명사 뒤
- [뭐]**가** 뭔지 모르겠다. *대명사 뒤

34) '보조사'는 '보조조사(補助助詞)'의 준말이다. '특수조사'라 부르기도 한다.

35) 주체경어법에 대해서는 §8.2 참조.

• [연필 하나]**가** 모자란다. ＊수사 뒤

• [글자를 알아보기]**가** 어렵다. ＊명사형 뒤

• [어제 비가 왔음]**이** 분명하다. ＊명사형 뒤

• [현장에서]**가** 문제다. ＊조사 뒤

• [앞으로]**가** 중요하다. ＊조사 뒤

변이형의 쓰임 : 주격조사 '이', 보격조사 '이'

1. 주격조사 '이', 보격조사 '이'는 모음 뒤에서 '가'로 쓰인다.
   • 자음 뒤 : 말+이, 닭+이
   • 모음 뒤 : 소+가, 토끼+가

❖ 주격조사 '이란'은 주체의 본질적 속성을 규정할 때 쓰인다. 관형격조사 '이라는'이 포함된 '이라는 것+은'의 준말로부터 형성된 조사이다. 주격조사 '이란'이 쓰인 문장의 서술어로 접미형용사 '이다'가 많이 쓰인다.

• 인생**이란** 무엇인가?

• 좋은 여행**이란** 자기 자신을 찾는 것이다.

• 쉬지 않고 2시간을 뛰기**란** 결코 쉽지 않다.

변이형의 쓰임 : 주격조사 '이란'

1. 주격조사 '이란'은 모음 뒤에서 '란'으로 쓰인다.
   • 자음 뒤 : 사람+이란
   • 모음 뒤 : 남자+란

❖ 주어에 주격조사가 붙지 않을 수도 있다.

• [영수] 어디 갔어?

• [비] 오는 소리에 잠이 깼다.

• [바람]만 불면 문이 닫힌다.

❖ **보격조사**(補格助詞) '이'는 체언, 조사 뒤에 붙어 보어를 표시한다. 다음에서 [ ] 안의 말이 보어이다.

- 민수는 [아빠]**가** 되었다. ＊명사 뒤
- 칭찬할 것이 [하나둘]**이** 아니다. ＊수사 뒤
- 행사는 [오늘부터]**가** 아니라 내일부터다. ＊조사 뒤
- 밭에 심어 놓은 것이 [상추만]**이** 아니었다. ＊조사 뒤

❖ 보어에 보격조사가 붙지 않을 수도 있다.

- 영수가 [아빠] 됐다고 얘기했다.
- 이건 [죽]도 [밥]도 아니다.

❖ 접미형용사 '이다'의 보어에는 보격조사가 붙지 않는다. 보어에 '이다'가 직접 붙는다.[36)]

- 이것은 [책]이다.
- 음식 맛이 [별로]다.

3.5. 목적격조사

❖ **목적격조사**(目的格助詞)는 '을'과 '일랑'이다.

❖ 목적격조사는 체언, 명사형, 조사 뒤에 붙어 목적어를 표시한다. 다음에서 [ ] 안의 말이 목적어임을 표시한다.

- 영미는 [가방]**을** 새로 샀다. ＊명사 뒤
- 부디 [좋은 친구가 생기기]**를** 바란다. ＊명사형 뒤
- [어제 비가 왔음]**을** 알고 있다. ＊명사형 뒤
- 사람들이 [너만]**을** 기다리고 있다. ＊조사 뒤
- [아이들]**일랑** 우리한테 맡기고 다녀와요. ＊'명사=복수접미사' 뒤

❖ 목적어에 목적격조사가 붙지 않을 수도 있다.

- [그 음식점 이름] 아니?

---

36) 접미형용사 '이다'에 대해서는 §4.22 참조.

• [신발] 신고 들어오세요.

• [굿]이나 보고 [떡]이나 먹으면 된다. (속담)

❖ 목적격조사 '일랑'은 보조사 '은'과 마찬가지로 소극적 배제의 의미를 가진다. 목적어에 붙은 보조사 '은'보다 지시물을 더 강조한다.

• 아이들**일랑** 우리한테 맡기고 다녀와요.

• 일단 결정했으면 미련**일랑** 버리는 게 좋다.

변이형의 쓰임 : 목적격조사 '을'

1. 목적격조사 '을'은 모음 뒤에서 '를' 또는 'ㄹ'로 쓰인다.
   • 자음 뒤 : 말+을, 닭+을
   • 모음 뒤 : 소+를, 솔(소+ㄹ), 토끼+를, 토낄(토끼+ㄹ)

변이형의 쓰임 : 목적격조사 '일랑'

1. 목적격조사 '일랑'은 모음 뒤에서 'ㄹ랑'으로 쓰인다.
   • 자음 뒤 : 말+일랑, 닭+일랑
   • 모음 뒤 : 솔랑(소+ㄹ랑), 토낄랑(토끼+ㄹ랑)

3.6. 관형격조사

❖ **관형격조사**(冠形格助詞)는 '의'와 '이라는'이다.

❖ 관형격조사 '의'는 체언, 조사 뒤에 붙어 관형어를 표시한다. 다음에서 [ ] 안의 말이 관형어이다.

• [우리]**의** 의견 ＊대명사 뒤

• [낮과 밤]**의** 길이 ＊명사 뒤

• [두 사람이 알고 있는 정보]**의** 빠른 교환 ＊명사 뒤

• [2]**의** 제곱 ＊수사 뒤

• [공원에서]**의** 행동 ＊조사 '에서' 뒤

• [미국으로]**의** 이주 ＊조사 '으로' 뒤

- [아이들과]**의** 약속 *조사 '과' 뒤

❖ 다음과 같은 표현에서는 어미 뒤에 '의'가 붙기도 한다.

- [있고 없고]**의** 문제 *어미 '-고' 뒤
- [마지막 회에 주인공이 죽냐]**의** 문제 *어미 '-냐' 뒤

❖ 관형어에 관형격조사 '의'가 붙지 않을 수도 있다.

- [우리] 의견
- [내일] 날씨

❖ 관형격조사 '이라는'은 인용표현에서 원발화 뒤에 붙어 직접인용을 나타낸다.[37]

- "그 정도는 나도 알거든."**이라는** 말
- '시의성'**이라는** 단어
- A**라는** 글자

변이형의 쓰임 : 관형격조사 '이라는'

1. 관형격조사 '이라는'은 준말 '이란'으로도 쓰인다.
   - '시의성'이란 단어
   - A란 글자
2. 관형격조사 '이라는/이란'은 모음 뒤에서 '라는/란'으로 쓰인다.
   - 자음 뒤 : 말+이라는, 닭+이라는
   - 모음 뒤 : 소+라는, 토끼+라는

3.7. 부사격조사

❖ **부사격조사**(副詞格助詞)는 체언, 명사형, 조사 뒤에 붙어 부사어를 표시한다. 다음에서 [ ] 안의 말이 부사어이다.

❖ 부사격조사는 수가 많다. 다양한 의미를 표현한다. 부사격조사가 표현하는 의미는 크게 '위치, 도구, 비교, 공동, 인용'으로 나누어진다.

37) 인용에 대해서는 15장(인용) 참조.

부사격조사의 의미별 분류

의미	부사격조사
위치	에, 에게, 한테, 께, 에서, 에게서, 한테서
도구	으로, 으로서, 으로써
비교	보다, 만, 만큼, 같이, 처럼, 대로
공동	과, 하고, 이랑
인용	이라고

❖ '위치'의 부사격조사는 다음과 같다.

'위치'의 부사격조사

에	도달점(무정물)
	시간적 위치
	단위
	원인
에게	도달점(유정물) *문어체
한테	도달점(유정물) *구어체
께	도달점(경어)
에서	무대, 출발점(무정물), 시작 시간
에게서	출발점(유정물) *문어체
한테서	출발점(유정물) *구어체

- [회사]**에** 간다. *도달점(무정물)
- [이쪽]**에** 앉으세요. *도달점(무정물)
- 문은 [아홉 시]**에** 닫습니다. *시간적 위치
- [축제 기간]**에**는 차가 좀 막힌다. *시간적 위치
- [한 개]**에** 2000원, [두 개]**에** 3000원입니다. *단위
- [종일 계속된 바람]**에** 나뭇가지가 부러졌다. *원인
- [저]**한테**도 보내 주세요. *도달점(유정물)

- [중학교 때 선생님]**께** 카드를 보냈다. *도달점(경어)
- [지하철역 계단]**에서** 넘어졌다네요. *무대
- [공항]**에서** 오는 길입니다. *출발점(무정물)
- [두 시]**에서** 네 시까지는 낮잠을 잔다. *시작 시간
- [회사 대표]**에게서** 이메일을 받았다. *출발점(유정물)
- 어제 [저희 엄마]**한테서** 들었어요. *출발점(유정물)

❖ 도달점(무정물)을 뜻하는 부사어에 조사 '에'가 붙지 않을 수도 있다.

- [회사] 간다.
- [이 자리] 앉으세요.

❖ '도구'의 부사격조사는 다음과 같다.

'도구'의 부사격조사

으로	도구, 재료
	원인
	방향
	자격
으로서	자격
으로써	도구, 재료 (문어체)

변이형의 쓰임 : 부사격조사 '으로, 으로서, 으로써'

1. 부사격조사 '으로, 으로서, 으로써'는 모음이나 ㄹ 뒤에서 '로, 로서, 로써'로 쓰인다.
   - ㄹ 이외의 자음 뒤 : 집+으로, 왕+으로서, 힘+으로써
   - 모음이나 ㄹ 뒤 : 차+로, 말+로, 저+로서, 말+로써

- [차]**로** 한 시간쯤 걸려요. *도구
- [손바닥]**으로** 하늘을 가릴 수는 없다. *도구
- [종이]**로** 만든 것 같지 않네요. *재료

• 영수는 [감기]**로** 이틀째 결석이다. *원인

• 서점 들렀다가 바로 [집]**으로** 가려고요. *방향

• 논밭이 [주택단지와 공원]**으로** 바뀌었다. *방향

• 그는 [선수]**로** 12년간 있던 팀에 감독으로 돌아왔다. *자격

• [저]**로서**는 더 도와드릴 수가 없습니다. *자격

• 그는 독재정권에 [죽음]**으로써** 저항했다. *도구

❖ '비교'의 부사격조사는 다음과 같다.

'비교'의 부사격조사

보다	비교 : 차등
만	비교 : 정도의 동일. '하다, 못하다'가 이어짐
만큼	비교 : 정도의 동일
같이	비교 : 모양의 동일
처럼	비교 : 모양의 동일
대로	비교 : 방법의 동일

• 오늘은 [어제]**보다** 춥네요. *차등

• 그는 [말]**보다** 행동이 앞선다. *차등

• [형]**만** 한 아우 없다. *정도의 동일

• 올해 농사는 [작년]**만** 못하다. *정도의 동일

• 우리 회사에 [영미]**만큼** 성실한 사원도 드물다. *정도의 동일

• 영수 마음은 [바다]**같이** 넓다. *모양의 동일

• 민수는 [며칠 굶은 사람]**처럼** 야위어 보인다. *모양의 동일

• [예정]**대로** 모레까지는 보고서를 완성해야 돼요. *방법의 동일

❖ '보다'는 부사로도 쓰인다. 부사 '더'와 뜻이 비슷하다.

• **보다** 나은 삶

❖ '만, 만큼'은 의존명사 '만'(비슷한 정도)과 어원적으로 관련이 있다. 한편 '만'과 형태

가 같은 보조사 '만'은 유일함을 뜻한다.

❖ '같이'는 부사로도 쓰인다. '함께'와 뜻이 비슷하다.

- 저랑 **같이** 가시지요.

❖ '대로'는 의존명사로도 쓰인다.

- 아는 **대로** 대답해.

❖ '공동'의 부사격조사는 다음과 같다.

'공동'의 부사격조사

과	공동 (문어체)
하고	공동 (구어체)
이랑	공동 (구어체)

변이형의 쓰임 : 부사격조사 '과', '이랑'

1. 부사격조사 '과'는 모음 뒤에서 '와'로 쓰인다.
   - 사슴+과, 토끼+와
2. 부사격조사 '이랑'은 모음 뒤에서 '랑'으로 쓰인다.
   - 사슴+이랑, 토끼+랑

❖ '공동'의 부사격조사는 접속조사와 형태가 같다.

- 영미가 [민수]**하고** 결혼했다. ＊'공동'의 부사격조사
- [영미**하고** 민수]가 결혼했다. ＊접속조사
- 영미가 [유진이]**랑** 대구에 갔다. ＊'공동'의 부사격조사
- [영미**랑** 유진이]를 역에서 봤다. ＊접속조사

❖ '인용'의 부사격조사는 다음과 같다.

'인용'의 부사격조사

이라고	인용 : 직접인용

변이형의 쓰임 : 부사격조사 '이라고'

1. 부사격조사 '이라고'는 모음 뒤에서 '라고'로 쓰인다. 또 '이라고, 라고'는 각각 '이라, 라'로도 쓰인다. 다만 보조사가 붙을 때는 '이라, 라'를 쓰지 않는다.
   - "여긴가 보군."이라고/이라 중얼거렸다.
   - "여긴가 봐."라고/라 중얼거렸다.
   - 그는 "더 필요한 것은요?"라고도 물었다. (○)
   - 그는 "더 필요한 것은요?"라도 물었다. (×)

❖ '인용'의 부사격조사 '이라고'는 원발화에 붙어 직접인용을 나타낸다.[38)]

- 영수는 "여긴가 보군."**이라고** 중얼거렸다.
- 영미는 아이들에게 "춥지 않아요?"**라고** 물었다.
- 여백에 "A"**라고** 썼다.

3.8. 호격조사

❖ **호격조사**(呼格助詞)는 호격어(부름말)를 표시한다. 즉 체언의 지시물이 청자임을 표시하고 청자의 주의를 환기하며 청자를 담화에 참여하게 한다.

❖ 호격조사는 고유명사인 인명에 붙을 때가 많지만 보통명사나 대명사에 붙는 경우도 있다.

호격조사

아, 이여, 이시여

38) 인용에 대해서는 15장(인용) 참조.

변이형의 쓰임 : 호격조사 '아, 이여, 이시여'

1. 호격조사 '아, 이여'는 모음 뒤에서 각각 '야, 여'로 쓰인다.
   • 자음 뒤 : 수민아, 하늘이여
   • 모음 뒤 : 민수야, 바다여
2. 호격조사 '이시여'는 모음 뒤에서 '이시여' 또는 '시여'로 쓰인다.
   • 자음 뒤 : 하늘이시여
   • 모음 뒤 : 바다이시여, 바다시여

❖ '아'는 청자에게 해체, 해라체를 쓸 수 있는 상황에서 쓰인다.

• 영미**야**, 이것 봐.

• 유진**아**, 이것 봐라.

• 얘**야**, 조심해라. ＊대명사 뒤

• 그걸 놓으면 안 되지, 이 바보**야**. ＊보통명사 뒤

• 여우**야** 여우**야**, 뭐 하니? ＊보통명사 뒤

❖ '이여'는 문학적인 글에 쓰이는 문어체이며 조금 높이는 뜻이 들어 있다. 고유명사에 붙지 않고 보통명사에 붙는 것이 일반적이다. 대명사 '그대'에도 붙는다.

• 한민족**이여**! 세계 평화에 앞장서자!

• 친구**여**, 또 만나세.

• 그대**여**, 이것을 보라.

❖ '이시여'도 문학적인 글에 쓰이는 문어체이며 아주 높이는 뜻이 들어 있다. '하늘, 왕, 신(神)' 등 권위 있는 사물에 붙는다.

• 하늘**이시여**! 우리를 구해 주소서!

3.9. 접속조사

❖ **접속조사**(接續助詞)는 체언, 조사 뒤에 붙어 앞뒤의 말을 대등하게 묶어 한 문장성분으로 만든다. 다음에서 [ ] 부분이 접속조사로 묶인 한 문장성분이다.

• [영미**와** 민수]가 결혼했다.

• [산에서**하고** 평지에서] 걷는 속도가 당연히 다르다.

• [영미**랑** 유진이]를 역에서 봤다.

❖ 접속조사 '과'는 문어체, '하고, 이랑'은 구어체에 쓰인다.

접속조사

과	문어체
하고	구어체
이랑	구어체

변이형의 쓰임 : 접속조사 '과', '이랑'

1. 접속조사 '과'는 모음 뒤에서 '와'로 쓰인다.
   • 사슴+과, 토끼+와
2. 접속조사 '이랑'은 모음 뒤에서 '랑'으로 쓰인다.
   • 사슴+이랑, 토끼+랑

❖ 접속조사는 '공동'의 부사격조사와 형태가 같다. 다음의 '과, 하고, 이랑'은 '공동'의 부사격조사이다. 다음에서 [ ] 부분이 부사어이다.

• 영미가 [민수]**와** 결혼했다.

• 산에서 걷는 속도는 [평지에서]**하고** 당연히 다르다.

• 영미가 [유진이]**랑** 대구에 갔다.

3.10. 보조사의 종류

❖ 보조사는 함의, 복수, 높임, 반전 등의 특별한 의미를 표현한다.

보조사의 분류

종류		예	특징
함의보조사	배제보조사	은	용언의 종결형 뒤에는 안 쓰임
		만	
		밖에	
		이나	
		이라도	
		이야	
	포함보조사	도	
		부터	
		까지	
		조차	
		마저	
	중립보조사	이	
		을	
복수보조사		들	용언의 종결형 뒤에도 쓰임
높임보조사		요	
반전보조사		만	용언의 종결형 뒤에만 쓰임

3.11. 함의보조사와 자매항목

❖ **함의보조사**(含意補助詞)는 모두 자매항목의 존재를 전제한다. **자매항목**(姉妹項目)은 주어진 항목과 대등한 지위에 있지만 문장에 나타나지 않은 항목이다. 자매항목이 둘 이상일 경우도 있다. 주어진 항목과 자매항목(들)은 계열관계를 이룬다.[39]

❖ "빵 주세요."라는 문장에서 '빵'의 자매항목은 '밥, 과자, 우유, 과일' 등이다.

- 빵 주세요. ＊'빵'의 자매항목 : 밥, 과자, 우유, 과일…

❖ 함의보조사 가운데 **배제보조사**(排除補助詞)는 자매항목을 배제하고 오직 주어진 항목에만 관련됨을 함의한다.[40]

---

39) 계열관계에 대해서는 §1.3 참조.

40) 'A가 B를 함의한다'는 것은 A가 참일 때 B도 항상 참이라는 뜻이다.

❖ '빵' 뒤에 붙은 배제보조사 '만'은 '빵'의 자매항목들이 '주세요'와 관련하여 배제됨을 함의한다. 즉 빵은 주지만 밥, 과자, 우유, 과일 등은 주지 않음을 함의한다.

• 빵**만** 주세요.   *'빵'의 자매항목들이 배제됨

❖ 함의보조사 가운데 **포함보조사**(包含補助詞)는 주어진 항목과 자매항목이 모두 관련됨을 함의한다.

❖ '빵' 뒤에 붙은 포함보조사 '도'는 '빵'의 자매항목들이 '주세요'와 관련하여 포함됨을 함의한다. 즉 빵도 주고 밥, 과자, 우유, 과일 같은 다른 것도 줌을 함의한다.

• 빵**도** 주세요.   *'빵'의 자매항목들이 포함됨

❖ 배제보조사와 포함보조사 각각의 세부 의미는 조금씩 다르다.

❖ 함의보조사 가운데 중립보조사 '이, 을'은 형태상 각각 주격조사, 목적격조사와 똑같다. 그러나 중립보조사 '이, 을'은 주어 표시, 목적어 표시와 관계가 없고, '배제'와 '포함' 사이의 중립성을 표현한다.

3.12. 배제보조사

배제보조사의 의미

은	소극적 배제 적극적 배제+대조 주제
이야	소극적 배제+당연함
만	적극적 배제
밖에	적극적 배제
이나	적극적 배제+불만족
이라도	적극적 배제+불만족+차선

❖ 소극적 배제 : 명제가 자매항목과 관계있는지 불확실함.

❖ 적극적 배제 : 명제가 자매항목과 관계없음.

영미를 포함한 여러 사람이 오기로 했을 때

문장	보조사	보조사의 의미	함의된 의미
영미는 왔다.	은	소극적 배제	다른 사람이 왔는지 불확실함. 또는 다른 사람이 왔는지를 화자가 모르거나 알고도 밝히지 않음
영미야 왔다.	이야	소극적 배제 + 당연함	다른 사람이 왔는지 불확실함. 또는 다른 사람이 왔는지를 화자가 모르거나 알고도 밝히지 않음 + 영미가 온 것을 화자가 당연하게 생각함
영미만 왔다.	만	적극적 배제	다른 사람은 오지 않았음
영미밖에 안 왔다.	밖에	적극적 배제	다른 사람은 오지 않았음

밥이 없을 때

문장	보조사	보조사의 의미	함의된 의미
빵이나 먹자.	이나	적극적 배제 + 불만족	밥을 먹지 않고 빵을 먹음 + 빵을 먹는 것이 불만족스럽지만 어쩔 수 없음
빵이라도 먹자.	이라도	적극적 배제 + 불만족 + 차선	밥을 먹지 않고 빵을 먹음 + 빵을 먹는 것이 불만족스럽지만 어쩔 수 없음 + 빵을 먹는 것이 밥을 먹을 수 없는 상황에서는 최선임

❖ 배제보조사 '만'이 일부 부사 뒤에 또는 용언 분해구성에 쓰일 때 자매항목에 대한 함의 없이 정도를 강조하기도 한다.

- 말이 잘**만** 달린다. *부사 + 만
- 영미가 자꾸**만** 웃었다. *부사 + 만[41)]
- 사람이 많기**만** 하다. *용언 분해구성

41) 사전에서 '자꾸만'을 '부사+보조사' 대신 부사로 처리하기도 한다.

❖ 보조사 '밖에'는 부정문에만 쓰인다. 긍정문에 보조사 '만'이 쓰인 것과 같이 자매항목에 대한 적극적 배제를 표시한다. 자매항목을 모두 부정함으로써 해당 항목만을 긍정하는 수사적 표현이다.

• 영미**밖에** 안 왔다. =영미**만** 왔다.

3.13. 보조사 '은'의 쓰임

❖ 배제보조사 '은'은 자매항목에 대한 소극적 배제를 표시한다. 즉 자매항목에 대해서는 언급하지 않고 '은'이 붙은 항목에 대해서만 언급함을 표시한다.

❖ '은'은 자매항목이 담화에 드러나 있을 때 자매항목에 대한 적극적 배제를 표시하게 된다. 자매항목 간의 적극적 배제는 **대조**(對照)의 의미로 해석된다.

• 영미**는** 왔고 민수**는** 안 왔다.

• 영미가 어제**는** 왔지만 오늘**은** 안 왔다.

• 중국**은** 유학도 했고 여행도 여러 번 가서 익숙하다. 그런데 일본**은** 아직 한 번도 안 가봤다.

❖ '은'이 붙은 말이 문장 처음에서 강세 없이 쓰일 때 소극적 배제와 함께 담화의 **주제**(主題)를 표시한다.

❖ 담화의 주제는 화자와 청자에게 이미 알려져 있는 정보, 즉 **구정보**(舊情報)에 속한다. 어떤 구정보에 대해서 화자가 새로운 정보, 즉 **신정보**(新情報)를 제공하고자 할 때 그 구정보를 주제로 삼는다.

• 옛날에 어느 마을에 [나무꾼]**이** 살았다. [나무꾼]**은** 착하고 성실했지만 장가를 못 간 총각이었다.

❖ 위의 첫 문장에서 '나무꾼'은 담화에 처음 등장하므로 신정보이다. 둘째 문장의 '나무꾼'은 앞 문장에 이미 나왔으므로 구정보이다. 첫 문장의 '나무꾼'은 신정보가 주어로 나타난 것이므로 격조사 '이'가 붙었고 둘째 문장의 '나무꾼'은 구정보를 주제로 삼았으므로 '은'이 붙었다.

• [누구]**를** 넣을까요? — [영수]**를** 넣읍시다.

• [민수]**를** 넣을까요? — [민수]**는** 뺍시다.

❖ 위의 각 첫 문장에서 '누구'와 '민수', 그리고 둘째 문장의 '영수'는 담화에 처음 등장하는 신정보이므로 격조사 '을'이 붙었다. 한편 둘째 문장의 '민수'는 앞 문장에 이미 나온 구정보를 주제로 삼은 것이므로 '은'이 붙었다.

❖ 담화에 처음 등장하더라도 화자와 청자가 이미 잘 알고 있거나, 그 존재가 기정사실이어서 새로운 느낌을 주며 도입할 필요가 없는 사물에는 '은'이 붙는 것이 일반적이다.

- 안녕하세요? [저]**는** 일본에서 온 아리입니다.
- 누가 아리예요? [제]**가** 아리예요.

❖ 위의 첫 대화의 '저'는 발화상황에 이미 존재하는 화자를 가리키므로 담화에 처음 등장하더라도 '은'이 붙었다. 한편 위의 둘째 대화의 '저'는 누군가가 아리라는 사실이 알려져 있지만 그것이 누구인지는 알려져 있지 않은 상황에서 신정보로 제시된 것이므로 격조사 '이'가 붙었다.

- [투칸]**은** 남미의 열대지방에 사는 새다.

❖ 위의 '투칸'은 그 존재가 기정사실이어서 새로운 느낌을 주며 도입할 필요가 없는 사물이므로 '은'이 붙었다.

❖ 관형사절의 주어에는 '은'이 잘 붙지 않는다. 다음에서 '나무가 서 있는'이라는 관형사절의 주어 '나무'에 '은' 대신 격조사 '이'가 붙는 것이 자연스럽다. [ ] 부분이 관형사절이다.

- 우리는 [나무**가** 서 있는] 호숫가에 도착했다.
- 우리는 [나무**는** 서 있는] 호숫가에 도착했다. (?)

3.14. 포함보조사

포함보조사의 세부 의미

도	자매항목을 포함
부터	이후의 자매항목만 포함
까지	이전의 자매항목만 포함
조차	자매항목을 포함+해당 항목이 예상 밖임을 강조
마저	자매항목을 포함+해당 항목이 마지막 항목임을 강조

영미가 차에서 내리는지를 표현할 때

문장	보조사	보조사의 의미	함의된 의미
영미도 내린다.	도	자매항목을 포함	'영미'의 자매항목인 '영수, 유진' 등도 내림
영미부터 내린다.	부터	이후의 자매항목만 포함	'영미' 이후의 자매항목인 '유진, 세정' 등도 내림
영미까지 내린다.	까지	이전의 자매항목만 포함	'영미' 이전의 자매항목인 '영수, 진구' 등도 내림
영미조차 내린다.	조차	자매항목을 포함 + 해당 항목이 예상 밖임을 강조	'영미'의 자매항목인 '영수, 유진' 등도 내림 + '영미'가 내리는 것이 예상 밖임
영미마저 내린다.	마저	자매항목을 포함 + 해당 항목이 마지막 항목임을 강조	'영미'의 자매항목인 '영수, 유진' 등도 내림 + '영미'가 내리는 마지막 사람임

❖ '부터, 까지'는 순서가 있는 항목에 잘 쓰인다. '부터'와 '까지'를 함께 써서 범위를 표시할 수 있다.

- 지하 1층**부터** 지상 2층**까지**가 상가이고 3층**부터** 6층**까지**는 사무실이다.
- 월요일**부터** 금요일**까지** 일한다.

❖ '부터' 대신에 '위치'의 부사격조사로서 출발점(무정물)이나 시작 시간을 나타내는 '에서'를 쓸 수도 있다.

- 지하 1층**에서** 지상 2층**까지**가 상가이고 3층**에서** 6층**까지**는 사무실이다.
- 월요일**에서** 금요일**까지** 일한다.

3.15. 보조사 '도'의 쓰임

❖ 포함보조사 '도'는 자매항목을 언급하지 않고도 자매항목에 대한 화자의 의도를 표현하는 효과가 있다. 표현의 경제성이 크므로 널리 쓰인다.

- 이걸 칼**도** 없이 어떻게 자르지?

- 다리**도** 아프고 하니까 잠깐 쉬자.

❖ 주어진 항목과 자매항목에 동시에 '도'를 붙여 나열한 **'도' 나열구성**이 널리 쓰인다.

- 하늘**도** 푸르고 바다**도** 푸르다.
- 화장실이 1층에**도** 있고 2층에**도** 있다.
- 구워**도** 보고 삶아**도** 보고 튀겨**도** 보았는데 굽는 게 제일 좋은 것 같다.

❖ 일부 관용표현에서는 용언에 '도'를 바로 붙여 나열한 '도' 나열구성이 쓰인다.

- 오**도** 가**도** 못하다
- 듣**도** 보**도** 못하다
- 빼**도** 박**도** 못하다

❖ 자매항목들 가운데 극단적인 항목에 '도'를 붙이면 나머지 많은 자매항목의 경우에 당연히 그러함을 강조하는 효과가 있다. 보편적 진리를 제시하는 속담에도 널리 쓰인다.

- 아직까지 하나**도** 못 팔았다.
- 낫 놓고 기역 자**도** 모른다. (속담)
- 원숭이**도** 나무에서 떨어질 날이 있다. (속담)

❖ 위의 문장에서 하나는 팔린 개수가 가장 적은 사례이고, 낫을 놓은 상황에서 기역 자는 알아보기 가장 쉬운 글자이며, 원숭이는 나무에서 떨어질 가능성이 가장 낮은 동물이다. 이러한 극단적인 예에 대한 서술이 나머지 자매항목들에도 당연히 성립함을 '도'가 표시한다.

❖ '도'가 일부 부사 뒤에 또는 용언 분해구성에 쓰일 때는 자매항목에 대한 함의 없이 정도를 강조하기도 한다.[42]

- 말이 잘**도** 달린다. *부사+도
- 말이 빨리**도** 달린다. *부사+도
- 해가 아직**도** 안 떴네. *부사+도
- 아마**도** 돈이 조금 남을 것이다. *부사+도

---

42) 사전에서 '아마도'를 '부사+보조사' 대신 부사로 처리하기도 한다.

- 사람이 많이**도** 모였다. *부사 + 도
- 사람이 많기**도** 하다. *용언 분해구성
- 방이 깨끗**도** 하다. *용언 분해구성

3.16. 중립보조사

❖ 중립보조사 '이, 을'은 '포함'과 '배제' 사이의 중립성을 표시한다. 즉 자매항목의 존재를 연상하지만 포함하지도 배제하지도 않음을 표현한다.

❖ 장형부정문에서 부정형용사 '않다, 못하다' 앞의 '형용사-지', '자동사-지' 뒤에 '이'나 '을'이 붙을 수 있고, '타동사-지' 뒤에 '을'이 붙을 수 있다.

1. '형용사-지' 뒤
   - 음식이 다양하지**가** 않다.
   - 음식이 다양하지**가** 못하다.
   - 음식이 다양하지**를** 않다.
   - 음식이 다양하지**를** 못하다.
2. '자동사-지' 뒤
   - 뚜껑이 열리지**가** 않는다.
   - 뚜껑이 열리지**를** 않는다.
3. '타동사-지' 뒤
   - 잡은 손을 놓지**를** 않는다.
   - 잡은 손을 놓지**를** 못한다.

❖ '가다, 오다, 다니다' 앞에서 도달점을 나타내는 부사어 '체언+에' 뒤에 보조사가 붙을 수 있다. 중립보조사 '을'도 '체언+에' 뒤에 붙을 수 있다.

- 부산에 간다.
- **부산에는/부산에도/부산에만/부산에를** 간다.

❖ 여기서 부사격조사 '에'를 생략할 수 있다.

- 부산 간다.
- **부산은/부산도/부산만/부산을** 간다.

3.17. 함의보조사가 서술어에 쓰인 구성

❖ 보조용언 구성과 용언 분해구성에 함의보조사가 쓰일 수 있다.

함의보조사가 서술어에 쓰인 구성

<table>
<tr><td rowspan="2">보조용언 구성</td><td>확대 구성</td><td>본용언의 부사형/의문형+보조사#보조용언</td><td></td><td></td></tr>
<tr><td>분해 구성</td><td>본용언의 –기’ 명사형+보조사#하다</td><td rowspan="2">명사형 분리구성</td><td rowspan="3">용언 분해 구성</td></tr>
<tr><td colspan="2"></td><td>본용언의 –기’ 명사형+보조사#본용언</td></tr>
<tr><td colspan="2"></td><td>본용언의 앞 어기+보조사#본용언의 뒷 성분</td><td>어기 분리구성</td></tr>
</table>

❖ 서술어의 자매항목을 포함하거나 배제하기 위해 서술어에 함의보조사를 붙일 수 있다.

❖ 서술어가 **보조용언 구성**일 때는 본용언의 활용형에 보조사를 붙인다. 이것이 보조용언 구성 가운데 **확대구성**이다.

- 뚜껑을 열어 본다.
- 뚜껑을 열어**는** 본다. *확대구성
- 뚜껑을 열어**도** 본다. *확대구성
- 뚜껑을 열어**라도** 봐야 할 게 아닌가? *확대구성

❖ 서술어가 용언 하나로 이루어져 있을 때는 용언을 둘로 분해하여 앞 요소에 보조사를 붙인다. 용언을 둘로 분해하는 기본적인 방법은 용언을 ‘-기’ 명사형과 보조용언 ‘하다’로 분해하는 것이다. 예를 들어 동사 ‘열다’를 명사형 ‘열기’와 ‘하다’로 분해한다. 이것이 보조용언 구성 가운데 **분해구성**이다.

- 뚜껑을 연다.
- 뚜껑을 열기**는** 한다. *분해구성
- 뚜껑을 열기**도** 한다. *분해구성

• 뚜껑을 열기**라도** 해야 할 게 아닌가?   *분해구성

❖ 분해구성의 보조용언 '하다' 대신 원래의 용언을 쓸 수도 있다. 이것은 보조용언 구성이 아니다.

• 뚜껑을 열기**는** 연다.   *명사형 분리 본용언 구성

• 뚜껑을 열기**도** 연다.   *명사형 분리 본용언 구성

• 뚜껑을 열기**라도** 열어야 할 게 아닌가?   *명사형 분리 본용언 구성

❖ 위의 "뚜껑을 열기는 한다." 등과 "뚜껑을 열기는 연다." 등은 '-기' 명사형을 이용해 용언을 분해한 점이 같다. 이들은 **명사형 분리구성**의 두 유형이다. 결국 명사형 분리구성은 다음의 두 유형으로 나누어진다.

• 명사형 분리 보조용언 구성 : 본용언의 -기' 명사형+보조사#하다

• 명사형 분리 본용언 구성 : 본용언의 -기' 명사형+보조사#본용언

❖ 용언이 복합어일 때는 용언을 '-기' 명사형과 '하다'로 분해할 수도 있고 어기와 어기/접미사로 분해할 수도 있다. 어기와 어기/접미사의 분해를 통해 만들어진 구성이 **어기 분리구성**이다.

• 노래 실력을 타고났다.

• 노래 실력을 타고나기**는** 했다.

• 노래 실력을 타고나기**는** 타고났다.

• 노래 실력을 타고**는** 났다.   *어기 분리구성

• 조금 끈적거리지만 닦으면 괜찮을 거야.

• 조금 끈적거리기**는** 하지만 닦으면 괜찮을 거야.

• 조금 끈적거리기**는** 끈적거리지만 닦으면 괜찮을 거야.

• 조금 끈적**은** 거리지만 닦으면 괜찮을 거야.   *어기 분리구성

❖ 복합용언의 앞 어기가 1음절일 때는 어기 분리구성을 만들 수 없다.

• 색깔이 변했다.

• 색깔이 변**은** 했다. (X)

• 색깔이 변하기**는** 했다.

• 색깔이 변하기**는** 변했다.

- 눈이 온 산을 뒤덮었다.
- 눈이 온 산을 뒤는 덮었다. (X)
- 눈이 온 산을 뒤덮기는 했다.
- 눈이 온 산을 뒤덮기는 뒤덮었다.

❖ 명사형 분리구성과 어기 분리구성은 **용언 분해구성**의 두 유형이다. 용언 분해구성은 순전히 서술어에 보조사를 붙이기 위해 사용한다.

❖ 보조사를 서술어가 아닌 성분에 붙여서 용언 분해구성의 뜻을 표현할 수도 있다. 그러한 문장은 중의적(重義的)이다.

- 다리는 아프다. *팔은 아프지 않다.
- 다리는 아프다. =(교통비를 아꼈지만) 다리가 아프기는 하다.
- 책만 본다. *책 이외의 것을 보지 않는다.
- 책만 본다. =(다른 행동을 하지 않고) 책을 보기만 한다.

3.18. 격조사와 보조사의 통합관계

❖ 보조사 '은, 이야, 이나, 이라도, 도'가 붙을 때 그 자리의 주격조사 '이'와 목적격조사 '을'은 생략된다.

- 토끼가 호랑이를 무서워하지.
- 토끼**는**/**야**/**도** 호랑이를 무서워하지. *주격조사 '이'의 생략
- 토끼**나** 호랑이를 무서워하지 누가 무서워하겠어? *주격조사 '이'의 생략
- 아무도 호랑이를 무서워하지 않는데 토끼**라도** 무서워해야지. *주격조사 '이'의 생략
- 토끼가 호랑이**는**/**야**/**도** 무서워하지. *목적격조사 '을'의 생략
- 토끼가 호랑이**나** 무서워하지 누굴 무서워하겠어? *목적격조사 '을'의 생략
- 토끼가 아무도 무서워하지 않는데 호랑이**라도** 무서워해야지. *목적격조사 '을'의 생략

❖ 보조사 '만'이 붙을 때 주격조사 '이'와 목적격조사 '을'은 '만' 뒤에 붙거나 생략된다.

- 토끼**만**/**만이** 호랑이를 무서워한다.
- 토끼가 호랑이**만**/**만을** 무서워한다.

3.19. 높임보조사

❖ '요'는 청자경어법에서 '높임'을 표시하는 **높임보조사**이다. 해요체를 표시한다.[43]

❖ '요'는 체언, 부사, 감탄사, 활용형, 조사 뒤에 붙는다. 활용형 중에서 관형사형 뒤에는 붙지 않는다.

- 체언 뒤 : 영수**요**, 물병**요**, 이거**요**
- 부사 뒤 : 빨리**요**, 가득**요**, 그래서**요**, 왜냐하면**요**, 왜**요**
- 감탄사 뒤 : 그럼**요**, 글쎄**요**
- 활용형 뒤 : 앉아서**요**, 앉았다가**요**, 앉으면**요**, 앉아**요**, 앉았어**요**
- 조사 뒤 : 영수가**요**, 영수를**요**, 영수한테**요**, 영수도**요**, 보통으로**요**, 잠깐만**요**, 토요일마다**요**

❖ 문장 끝에는 '요'를 붙여야 해요체가 표시된다. 문장 중간에는 붙일 수도 있고 붙이지 않을 수도 있다. 문장 중간에 끊어서 발음하는 곳에는 '요'를 붙이는 것이 자연스럽다.

- 영수가 20분쯤 늦는다고 했어**요**.
- 영수가**요**, 20분쯤 늦는다고 했어**요**.
- 저는 영미를 볼 때마다 저희 엄마가 생각나**요**.
- 저는**요**, 영미를 볼 때마다**요**, 저희 엄마가 생각나**요**.

❖ 해체 종결어미에 '요'를 붙여 해요체 종결어미처럼 사용한다. '해체 종결어미+요'는 종결어미가 아니므로 '**해요체 종결요소**'라 부를 수 있다.[44]

---

43) 해요체에 대해서는 §8.5 참조.

44) 사전에서는 이들 가운데 '-어요, -지요, -데요'를 종결어미로 인정하기도 한다.

해체 종결어미와 해요체 종결요소

해체 종결어미	-어, -지, -네, -데, -는데, -던데, -는군, -더군, -거든, -을게, -을까, -을걸, -을래, -어야지, -는다고, -는다니까, -는다면서
해체 종결어미+요 (해요체 종결요소)	-어요, -지요, -네요, -데요, -는데요, -던데요, -는군요, -더군요, -거든요, -을게요, -을까요, -을걸요, -을래요, -어야지요, -는다고요, -는다니까요, -는다면서요

3.20. 반전보조사

❖ **반전보조사**(反轉補助詞) '만'은 일부 종결형 뒤에만 붙는다.

변이형의 쓰임 : 반전보조사 '만'

1. 보조사 '만'은 '마는'의 준말이다.
   - 합니다마는/합니다만
   - 할까마는/할까만
   - 했지마는/했지만

❖ '만' 뒤에는 앞 문장과 대조되는 의미를 가진 절이 이어진다. 문장을 종결할 듯이 표현하다가 '만'을 붙여 앞 문장과 대조되는 의미를 표현하는 것은 일종의 반전(反轉)이다. 이때 '앞 문장+만'은 부사절이 된다.

- 저도 가고 싶습니다**마는** 시간이 안 됩니다.
- 이 고생을 누가 알까**마는** 참고 기다려야지.
- 나도 가 봤다**만** 소문과는 다르더라.

❖ 종결어미 '-지'에 '만'이 붙은 '-지만'은 부사형어미로 쓰인다.

- 비싸**지만** 품질이 좋으니까 괜찮아요.
- 영미가 내 동생은 아니**지만** 이민을 간다고 하니까 섭섭해.

❖ 형용사 '하다, 그렇다'에 부사형어미 '-지만'이 붙은 '하지만, 그렇지만'은 접속부사로 쓰인다.

4

용언

4.1. 용언의 개념

❖ **용언**(用言)은 동작이나 상태를 가리키는 단어이다. 즉 용언은 동작을 가리키는 '어찌다' 또는 상태를 가리키는 '어떻다'에 해당하는 의미를 표현한다.

❖ 용언은 서술어가 되어 문장의 기본적인 문법구조를 결정한다.

❖ 용언 뒤에는 항상 어미가 붙는다. 용언 뒤에 어미가 붙은 형태가 **활용형**(活用形)이다.

❖ 용언 하나에 어미가 하나만 붙을 수도 있고 둘 이상이 붙을 수도 있다.

• 활용형 ← 용언 + 어미(+ 어미…)

❖ 용언에 종결어미 '-다'가 붙은 형태를 '**기본활용형**'이라 한다.[45]

❖ 용언을 표기할 때 그 뒤에 붙임표를 붙여 '잡-'과 같이 적거나 기본활용형을 이용해 '잡다'와 같이 적는다.

4.2. 용언의 종류

❖ 용언은 크게 **동사**(動詞)와 **형용사**(形容詞)로 나누어지고 각각 하위품사들로 세분된다.

45) '용언-다'를 '기본형'이라 부르는 것이 일반적이다. 그러나 기본형은 다른 의미로도 쓰이는 용어이므로 혼동을 피하기 위해 '용언-다'를 '기본활용형'이라 부른다.

용언의 분류

품사	하위품사		특징	예	예문
동사	본동사	자동사	목적어가 불필요	앉다	내가 의자에 앉는다.
		타동사	목적어가 필요	잡다	내가 연필을 잡는다.
	보조동사		본용언이 필요	보다	의자에 앉아 본다.
형용사	본형용사	자립형용사	본용언이 불필요하고 선행어에 붙지 않음	좋다	날씨가 좋다.
		접미형용사	선행어에 붙음	이다	오늘은 토요일이다.
	보조형용사		본용언이 필요	싶다	그 책을 읽고 싶다.

4.3. 동사와 형용사의 수

❖ 『표준국어대사전』의 표제어를 기준으로 한 동사와 형용사의 수는 다음과 같다.

용언 표제어의 수

동사	형용사	합계
56,170	13,408	69,578

❖ 용언 전체는 69,578개이다. 『표준국어대사전』에 실린 문장소 35만여 개 가운데 용언은 약 14%를 차지한다. 체언 다음으로 큰 비중을 차지한다.

❖ 동사는 56,170개, 형용사는 13,408개로서 동사가 형용사의 4배 정도로 많다.

4.4. 동사와 형용사의 차이

❖ 동사는 **동작**(動作)을 가리키고 형용사는 **상태**(狀態)를 가리킨다. 여기서 '동작'은 동작, 작용, 과정, 변화 등을 뜻하고, '상태'는 상태, 성질, 모양 등을 뜻한다.

❖ 동사가 가리키는 '동작'은 시간의 흐름에 따른 변화가 두드러지는 현상인 반면 형용사가 가리키는 '상태'는 시간의 흐름에 따른 변화가 두드러지지 않는 현상이다.

❖ 동사와 형용사에 붙는 어미에 약간의 차이가 있다.

어미 결합의 차이

어미	동사	형용사
명령형어미 '-어라'	○	×
감탄형어미 '-어라'	×	○

• 쓰레기를 주워라.　*동사 '줍-'에 명령형어미 '-어라'의 결합

• 아유, 추워라.　*형용사 '춥-'에 감탄형어미 '-어라'의 결합[46)]

어미 형태의 차이

어미	동사에 붙는 형태	형용사에 붙는 형태
평서형어미 '-는다'	-는다, -ㄴ다	-다
평서형어미 '-는구나'	-는구나	-구나
평서형어미 '-는군'	-는군	-군
현재 관형사형어미 '-는'	-는	-은

❖ 위에서 동사에 붙는 형태와 형용사에 붙는 형태는 동일한 어미의 변이형들이다. 예를 들어 '-는다, -ㄴ다'와 '-다'는 평서형어미 '-는다'의 변이형들이다.

• 동사 : 믿-는다, 가-ㄴ다 / 믿-는구나, 가-는구나 / 믿-는, 가-는

• 형용사 : 작-다, 기쁘-다 / 작-구나, 기쁘-구나 / 작-은, 기쁘-ㄴ

4.5. 동사와 형용사를 겸한 다품사어

❖ 한 단어가 동사로도 쓰이고 형용사로도 쓰이는 경우가 있다. 그런 단어는 **다품사어**(多品詞語)이다.

46) '나 몰라라 하다', "아이고, 놀라라."의 '몰라라, 놀라라'는 각각 동사 '모르-, 놀라-'에 감탄형어미 '-어라'가 붙은 형태이다. 과거에 동사에도 감탄형어미가 결합했던 흔적이다.

동사와 형용사를 겸한 다품사어

고르다, 길다, 너무하다, 늦다, 맑다, 맞다, 못하다, 무리하다, 밝다, 설다, 않다, 익다, 있다, 크다, 하다, 흐리다

- 밝다[동] : 날이 **밝는다.** ↔ 날이 어두워진다.
- 밝다[형] : 방이 **밝다.** ↔ 방이 어둡다.
- 밝다[동] : 점차 날이 **밝았다.** *과거에 일어난 변화(어두운 상태에서 밝은 상태로 바뀌었음)를 뜻함.
- 밝다[형] : 방이 생각보다 **밝았다.** *과거의 상태(과거의 한 시점에 밝은 상태였음)를 뜻함.
- 않다[동] : 오늘 모임에 가지 **않는다.**
- 않다[형] : 날씨가 따뜻하지 **않다.**

4.6. 동사와 형용사의 동형어

❖ 두 단어의 형태가 같고 뜻이 비슷한데 하나는 동사이고 하나는 형용사인 경우가 있다. 그런 두 단어는 **동형어**(同形語)이다.

동사와 형용사의 동형어

더하다[동], 더하다[형], 맞다[동], 맞다[형][동], 못하다[동](본), 못하다[형](본), 지나치다[동], 지나치다[형]

- 더하다[동] : 교통비를 **더하면** 총 10만 원이 넘는다.
- 더하다[형] : 올해 추위가 작년보다 **더하다.**
- 맞다[동] : 비를 **맞는다.** / 주사를 **맞는다.** / 날아온 공에 팔을 **맞았다.** / 영수는 항상 100점을 **맞는다.**
- 맞다[형][동] : 그 말이 **맞다.** / 옷이 크지도 않고 작지도 않고 딱 **맞다.** / 표준 체형이라서 어떤 옷이나 잘 **맞는다.**

• 못하다[동] : 민수는 술을 **못한다**. / 열차가 아직 출발을 **못하고** 있다.[47]

• 못하다[형] : 새것이 헌것보다 **못하다**.

• 지나치다[동] : 한눈 팔고 걷다가 입구를 **지나쳤다**.

• 지나치다[형] : 농담이 **지나치다**.

4.7. 의미관계가 밀접한 동사와 형용사

❖ 의미가 비슷하거나 반대인 두 단어가 하나는 동사이고 하나는 형용사인 경우가 있다.

• 젊다[형] ↔ 늙다[동]

• 작다[형] ↔ 크다[형][동]

• 짧다[형] ↔ 길다[형][동]

• 부족하다[형] ≒ 모자라다[동]

• 살지다[형] ≒ 살찌다[동]

❖ 주어와 자동사 서술어의 연결이 복합형용사와 의미가 비슷한 경우가 있다.

• 목이 마르다[동] ≒ 목마르다[형]

• 속이 상하다[동] ≒ 속상하다[형]

• 숨이 차다[동] ≒ 숨차다[형]

• 힘이 들다[동] ≒ 힘들다[형]

4.8. 완비용언과 불비용언

❖ 한 용언의 활용형들은 서로 계열관계를 맺으면서 하나의 집합을 이룬다. 그러한 활용형들의 집합이 **활용계열**이다.

❖ 활용형의 형성이 자유로워 활용계열이 완전한 용언은 **완비용언**(完備用言)이고, 소수의 활용형만 형성할 수 있어 활용계열이 불완전한 용언은 **불비용언**(不備用言)이다.[48] 용언 대부분이 완비용언이고 불비용언은 소수이다.

---

47) "열차가 아직 출발을 못하고 있다."의 '못하다'를 규범문법에서는 두 단어로 보고 '못 하다'로 띄어쓴다.

48) 불비용언을 대개 '불구용언'이라 불러 왔다.

❖ 동사 '데리다'는 다음에서 보듯이 활용형이 셋만 가능한 불비용언이다.[49)]

'데리다, 모시다, 가지다'의 활용계열

어미	활용계열		
	(영수를) 데리-	(할머니를) 모시-	(가방을) 가지-
-고	데리고	모시고	가지고
-으러	데리러	모시러	가지러
-어다가	데려다가	모셔다가	가져다가
-으면	—	모시면	가지면
-을까	—	모실까	가질까
-었-는다	—	모셨다	가졌다
-겠-지만	—	모시겠지만	가지겠지만
…	—	…	…

❖ 다음은 **불비동사**와 가능한 활용형들이다.

- 데리다 : 데리고, 데리러, 데려다가
- 관하다 : 관한, 관해, 관해서
- 의하다 : 의한, 의해, 의해서
- 마침맞다 : 마침맞은, 마침맞게
- 물론하다 : 물론하고
- 불구하다 : 불구하고
- 서슴다 : 서슴지

❖ 다음은 **불비형용사**와 가능한 활용형들이다.

- 괜하다 : 괜한
- 아낌없다 : 아낌없는
- 때아니다 : 때아닌, 때아니게

49) '데리다'는 합성동사 '데려가다, 데려오다, 데려다주다'에도 들어 있다. 그러나 여기에서의 '데려'와 '데려다'는 이미 합성동사의 일부가 되었으므로 '데리다'의 활용계열에 포함되지 않는다.

4.9. 용언 '하다'의 쓰임

❖ 용언 '하다'는 동사로도 쓰이고 형용사로도 쓰인다. 또 동사, 형용사의 여러 하위품사로 쓰인다. 표현하는 의미도 다양하며 사용빈도도 매우 높다. 그러므로 '하다'는 용언을 대표하는 단어라 할 만 하다.

용언 '하다'의 여러 품사

품사	하위품사		특징	예문
동사	본동사	자동사	목적어가 불필요	아이가 "엄마!" 한다.
		타동사	목적어가 필요	아이가 말을 한다.
	보조동사		본용언이 필요	나무가 넘어지려 한다.
형용사	본형용사	자립형용사	본용언이 불필요하고 선행어에 붙지 않음	날씨가 좋을 듯 하다.
	보조형용사		본용언이 필요	날씨가 좋기는 하다.

❖ '하다'는 합성어의 조어에도 적극적으로 참여한다. 용언이 아닌 단어나 형태소를 용언으로 만드는 방법은 그 뒤에 '하다'를 붙여 합성용언을 만드는 것이다.[50)]

4.10. 동사의 종류

❖ 동사는 본동사와 보조동사로 나누어진다. 본동사를 어떻게 분류하느냐에 따라 다음 두 가지 분류방법이 있다.

동사의 분류 1

하위품사		특징		예
본동사	자동사	목적어가 불필요	본용언이 불필요	앉다
	타동사	목적어가 필요		잡다
보조동사		본용언이 필요		보다

50) '하다' 합성동사에 대해서는 §4.15 참조. '하다' 합성형용사에 대해서는 §4.23 참조.

동사의 분류 2

하위품사			특징	예
본동사	일반동사		지시동사 이외의 본동사	앉다, 잡다
	지시동사	직시동사	발화현장에 있는 동작을 지시	그러다
		의문동사	질문의 대상이 되는 동작을 지시	어쩌다
		비한정동사	범위가 한정되지 않은 동작을 지시	어쩌다
보조동사			본용언이 필요	보다

❖ 한 단어가 동사의 여러 하위품사로 쓰이는 경우가 있다.

- 가다[자] : 영수가 부산에 **간다**.
- 가다[타] : 영수가 여행을 **간다**.
- 가다[동](보조) : 영수가 책을 다 읽어 **간다**.
- 내다[타] : 영수가 그 말을 듣고 화를 **냈다**.
- 내다[동](보조) : 영미가 그 사람 이름을 기억해 **냈다**.
- 그치다[자] : 비가 **그쳤다**.
- 그치다[타] : 아이가 울음을 **그쳤다**.
- 내리다[자] : 비가 **내린다**.
- 내리다[타] : 민수가 선반에서 가방을 **내린다**.
- 말하다[자] : 영미는 바쁘다고 **말했다**.
- 말하다[타] : 영미는 자기 생각을 **말했다**.
- 멈추다[자] : 공이 내 앞에 와서 **멈추었다**.
- 멈추다[타] : 나는 걸음을 **멈추었다**.
- 움직이다[자] : 차가 **움직인다**.
- 움직이다[타] : 민수가 몸을 **움직인다**.

4.11. 자동사

❖ **자동사**(自動詞)는 목적어가 불필요한 동사이다.

자동사

가다(부산에), 계시다(방에), 그치다(비가), 끝나다, 나가다(모임에), 나다(화가), 나오다(모임에), 남다(돈이), 내리다(비가), 놀다, 늘다, 돌다(뒤로), 되다(도시가), 들다(돈이), 들어가다(사무실에), 들어오다(사무실에), 떠나다(유럽으로), 떨어지다(바닥에), 만나다(친구와), 말하다(늦는다고), 망하다, 모이다, 묻다(물이), 변하다, 붙다, 비다(공간이), 빠지다(살이), 살다(서울에), 서다, 쉬다(편히), 앉다(자리에), 오다(한국에), 울다, 움직이다(차가), 웃다, 일어나다, 일하다, 자다(밤에), 죽다, 줄다, 차다(가득), 통하다(말이), 하다(고맙다고), 헤어지다(친구와), 흐르다(물이)

❖ 자동사가 서술어로 쓰인 문장은 **자동사문**이다.

❖ 자동사문의 대표적인 문형과 예는 다음과 같다.[51]

- 주어 + 서술어 : 비가 내린다.
- 주어 + 보어 + 서술어 : 농촌이 도시가 되었다.
- 주어 + 부사어 + 서술어 : 영미가 서울에 산다.
- 주어 + 부사어 + 부사어 + 서술어 : 민수가 내게 고맙다고 했다.

4.12. 타동사

❖ **타동사**(他動詞)는 목적어가 필요한 동사이다.

타동사

가르치다(한자를), 가지다(꿈을), 건너다(길을), 그치다(울음을), 기다리다(버스를), 꾸다(꿈을), 내다(화를), 내리다(값을), 넘다(담을), 넣다(소금을), 닦다(땀을), 닫다(문을), 돌다(운동장을), 돕다(친구를), 듣다(소리를), 떠나다(여행을), 마시다(물을), 만나다(친구를), 만들다(상자를), 먹다(점심을), 멈추다(걸음을), 모르다(이름을), 못하다(술을), 묶다(끈을), 묻다(이름을), 바라다(성공하기를), 받다(선물을), 배우다(한자를), 벗다(옷을), 보다(책을), 버리다(쓰레기를), 빌다(소원을), 빨다(옷을), 빼다(살을), 사다(우유를), 생각하다(고향을), 시작하다(일을), 쓰다(글을), 쓰다(돈을), 씻다(손을), 알다(영어를), 열다(문을), 움직이다(몸을), 읽다(책을), 잃어버리다(우산을), 입다(옷을), 잊다(이름을), 자다(잠을), 자르다(종이를), 잘하다(운동을), 잡다(손잡이를), 좋아하다(고양이를), 주다(선물을), 지나치다(입구를), 집다(젓가락을), 차다(공을), 참다(화를), 찾다(우산을), 타다(버스를), 피하다(비를), 하다(청소를)

51) 문형에 대해서는 §13.11 참조.

❖ 타동사가 서술어로 쓰인 문장은 **타동사문**이다.

❖ 타동사문의 대표적인 문형과 예는 다음과 같다.[52]

- 주어 + 목적어 + 서술어 : 영수는 버스를 기다린다.
- 주어 + 목적어 + 부사어 + 서술어 : 마술사가 종이를 꽃으로 만들었다.
- 주어 + 부사어 + 목적어 + 서술어 : 영미가 내게 선물을 주었다.

4.13. 지시동사

❖ **지시동사**(指示動詞)는 발화현장에 있는 동작, 질문의 대상이 되는 동작, 범위가 한정되지 않은 동작을 가리키는 동사이다.

지시동사

하위품사	예
직시동사	이러다, 그러다, 저러다, 이리하다, 그리하다, 저리하다, 이럭하다, 그럭하다, 저럭하다
의문동사	어쩌다, 어찌하다, 어떡하다
비한정동사	어쩌다, 어찌하다, 어떡하다

❖ **직시동사**(直示動詞)는 발화현장에서 화자와 청자로부터 떨어진 거리를 이용해 동작을 가리킨다.

❖ '이러다, 그러다, 저러다, 어쩌다'는 각각 '이리하다, 그리하다, 저리하다, 어찌하다'가 줄어서 만들어진 단어들이다. '이리하다' 등의 본말보다 '이러다' 등의 준말을 더 많이 쓴다.

- 나한테 자꾸 왜 **이래**!
- 정말 **그러실** 생각은 아니시죠?
- 민수 오면 같이 가요. — **그럽시다**.
- 영수가 **저러는** 건 좋다는 뜻이야.

52) 문형에 대해서는 §13.11 참조.

❖ '이러다, 그러다'는 인용동사로도 쓰인다.[53]

❖ '이럭하다, 그럭하다, 저럭하다, 어떡하다'는 각각 '이렇게 하다, 그렇게 하다, 저렇게 하다, 어떻게 하다'가 줄어서 만들어진 단어들이다.

❖ **의문동사**(疑問動詞)는 질문의 대상이 되는 동작을 가리킨다. **비한정동사**(非限定動詞)는 범위가 한정되지 않은 동작을 가리킨다.

- 아이고, 이를 **어쩌죠**? ＊의문동사
- 상대방도 너를 **어쩌지** 못할 거다. ＊비한정동사
- **어떡하면** 좋아? ＊의문동사
- 우리가 **어떡한다고** 민수 태도가 달라지는 건 없을 거야. ＊비한정동사

4.14. '지다' 합성동사

❖ 어기에 동사 '지다'가 붙어 **'지다' 합성동사**가 만들어진다.[54] '지다' 합성동사는 모두 자동사이다.

❖ '지다' 합성동사의 주된 구조는 다음과 같다.

- 타동사-어＋지다
- 자동사-어＋지다
- 형용사-어＋지다
- 어근＋지다

❖ **'타동사-어＋지다' 합성동사**는 자동사 가운데 피동사이다.[55]

- 꺼지다, 느껴지다, 만들어지다, 밝혀지다, 알려지다, 이루어지다, 열어지다, 주어지다
- 불을 껐다. / 불이 **꺼졌다**.
- 영수는 추위를 느낀다. / 영수에게 추위가 **느껴진다**.
- 문을 연다. / 문이 잘 안 **열어진다**.

---

53) 인용동사에 대해서는 §15.9 참조.

54) '용언－어＋지다'의 '지다'를 보조동사로 분석하고 '지다' 합성동사를 보조동사 구성으로 보기도 한다.

55) '지다' 피동사에 대해서는 §11.5 참조.

❖ **'자동사-어+지다' 합성동사**는 '저절로 또는 자연스럽게 그러한 동작이 일어남'을 뜻한다.

- 요즘 바닷가에 자주 간다. / 요즘 바닷가에 자주 **가진다**.
- 똑바로 앉지 않는다. / 똑바로 **앉아지지** 않는다.

❖ **'형용사-어+지다' 합성동사**는 '저절로 그러한 상태가 됨'을 뜻한다.

- 커지다, 작아지다, 길어지다, 짧아지다, 넓어지다, 좁아지다, 맑아지다, 흐려지다, 더워지다, 추워지다, 밝아지다, 어두워지다, 노래지다, 빨개지다, 없어지다, 좋아지다, 싫어지다, 예뻐지다, 깨끗해지다, 더러워지다, 귀찮아지다, 무서워지다, 힘들어지다, 미끄러워지다, 아름다워지다, 조심스러워지다, 둥그스름해지다
- 소리가 크다. / 소리가 점점 **커진다**.
- 기분이 좋았다. / 기분이 **좋아졌다**.

❖ **'어근+지다' 합성동사**는 타동사인 **'어근=뜨리다' 파생동사**와 대응한다. '어근+지다'는 '동작이 저절로 이루어짐'을 뜻하고 '어근=뜨리다'는 '동작이 이루어지게 힘을 가함'을 뜻하므로 그 의미가 각각 피동사, 사동사와 비슷하다. '=뜨리-'는 접미사로서 '=트리-'로 쓰기도 한다.

어근	자동사 '어근+지다' 합성동사	타동사 '어근=뜨리다' 파생동사
넘어	넘어지다	넘어뜨리다
누그러	누그러지다	누그러뜨리다
떨어	떨어지다	떨어뜨리다
망가	망가지다	망가뜨리다
무너	무너지다	무너뜨리다
부러	부러지다	부러뜨리다
빠	빠지다	빠뜨리다
자빠	자빠지다	자빠뜨리다
터	터지다	터뜨리다
퍼	퍼지다	퍼뜨리다
해어	해어지다	해어뜨리다

- 나무가 **넘어졌다**. / 코끼리가 나무를 **넘어뜨렸다**.

• 전화기가 물에 **빠졌다**. / 내가 전화기를 물에 **빠뜨렸다**.

• 풍선이 뻥 **터진다**. / 아이가 풍선을 뻥 **터뜨린다**.

• 소문이 **퍼졌다**. / 유진이가 게시판에 글을 올려 소문을 **퍼뜨렸다**.

❖ '사라지다, 헤어지다'는 '어근+지다' 합성동사이지만 대응하는 '어근=뜨리다' 파생동사가 없다.

4.15. '하다' 합성동사

❖ 동사와 형용사 모두 **'하다' 합성어**의 비율이 높다.[56)]

❖ 『표준국어대사전』에 실린 용언 표제어 69,578개 가운데 '하다' 합성어는 48,975개로서 약 70%를 차지한다.

'하다' 합성용언의 비중

유형	동사	형용사	합계
'하다' 합성어	38,221	10,754	48,975
기타	17,949	2,654	20,603
합계	56,170	13,408	69,578

❖ 『표준국어대사전』에 실린 동사 표제어 56,170개 가운데 **'하다' 합성동사**는 38,221개로서 약 68%를 차지한다.

❖ 한자어나 외래어를 동사로 사용하기 위해서는 반드시 '하다'를 붙여 '하다' 합성동사를 만들어야 한다. 이것이 '하다' 합성동사의 수가 많아진 한 요인이다.

❖ 다양한 말 뒤에 '하다'가 붙어 '하다' 합성동사가 만들어진다.

❖ '하다' 합성동사의 주된 구조는 다음과 같다.

• 형용사-어+하다

• 동작성 명사+하다

• 부사+하다

56) 다른 말 뒤에 붙는 '하다'를 접미사로 분석하고 '하다'가 붙은 단어를 파생어로 보기도 한다.

• 어근 + 하다

❖ **'형용사-어+하다' 합성동사**는 타동사이다.

• 싫어하다, 예뻐하다, 좋아하다, 고마워하다, 귀여워하다, 귀찮아하다, 무서워하다, 아까워하다, 힘들어하다, 조심스러워하다

• 나는 가을이 좋다. / 나는 가을을 **좋아한다**.

• 영수는 돈이 아까웠다. / 영수는 돈을 **아까워했다**.

❖ **'동작성 명사+하다' 합성동사**는 수가 매우 많다.

• 고유어 + 하다 : 말하다, 내기하다, 생각하다, 손질하다, 나들이하다, 마무리하다, 말다툼하다, 설거지하다

• 한자어 + 하다 : 답하다, 결혼하다, 공개하다, 공부하다, 반대하다, 생활하다, 시작하다, 여행하다, 운동하다, 유지하다, 이해하다, 인사하다, 작업하다, 중단하다, 토론하다, 확대하다, 단순화하다, 심호흡하다, 재배열하다

• 외래어 + 하다 : 슛하다, 어필하다, 파마하다

❖ '동작성 명사+하다' 합성동사를 서술어로 쓴 절과 **동작성 명사**를 중심으로 한 명사구가 비슷한 의미를 표현할 수 있다.

• 민수가 설거지하다 / 민수의 설거지

• 민수와 영미가 토론하다 / 민수와 영미의 토론

• 민수가 영미와 토론하다 / 민수의 영미와의 토론

• 회사가 신제품을 공개하다 / 회사의 신제품의 공개

• 영수가 여행을 반대하다 / 영수의 여행에 대한 반대

• 영미가 진로에 대해 생각하다 / 영미의 진로에 대한 생각

• 영미가 도시에서 생활하다 / 영미의 도시에서의 생활

❖ **'부사+하다' 합성동사**는 '부사어 # 서술어' 구조인 '부사 # 하다'가 한 단어로 굳어진 것이다.

• 부사 + 하다 : 잘하다, 안하다, 못하다, 너무하다, 달리하다, 함께하다, 가까이하다, 오락가락하다, 흔들흔들하다, 오르락내리락하다

❖ **'어근+하다' 합성동사**의 어근은 대체로 1음절 한자형태소이다.

• 어근+하다 : 관하다(關하다), 구하다(救하다), 당하다(當하다), 대하다(對하다), 망하다(亡하다), 변하다(變하다), 상하다(傷하다), 원하다(願하다), 위하다(爲하다), 의하다(依하다), 정하다(定하다), 통하다(通하다), 토하다(吐하다), 패하다(敗하다), 피하다(避하다)

4.16. 보조동사

❖ **보조동사**(補助動詞)는 본용언 뒤에 이어져 문법기능을 표시한다.

❖ 대부분의 보조동사는 본동사로부터 발달했으며 본동사 용법과 보조동사 용법을 동시에 가진다. 보조동사일 때의 의미는 본동사일 때의 의미보다 더 추상적이다.

• 가다[동](본) : 시장에 가다, 공항으로 가다, 여행을 가다

• 가다[동](보조) : 책을 다 읽어 가다

• 나다[동](본) : 땀이 나다, 소리가 나다, 화가 나다, 사고가 나다

• 나다[동](보조) : 전화를 끊고 나서 출발했다.

• 못하다[동](본) : 아직 연락을 못했다.

• 못하다[동](보조) : 아직 연락하지 못했다.

❖ 본용언 뒤에 보조동사가 이어진 구성이 **보조동사 구성**이다.

❖ 보조동사 구성은 서술어로 쓰인다.

❖ 보조동사 구성은 두 유형으로 나누어진다.

보조동사 구성의 유형

유형	구조	예
확대구성	본용언의 부사형/의문형 # 보조동사	의자에 앉아 본다.
분해구성	본동사의 명사형+보조사 # 보조동사	의자에 앉기는 한다.

4.17. 보조동사 구성 중 확대구성

❖ 보조동사 구성 중 **확대구성**은 본용언에 보조동사의 의미를 더하기 위해 서술어를 두 어절로 확대한 구성이다.

❖ 확대구성은 본용언의 부사형이나 의문형에 보조동사를 이은 구조이다.

❖ 본용언의 부사형에 보조동사가 이어진 구성은 '부사어 # 본동사'와 비슷해 보이지만 다르다.

부사어 # 본동사

목적어	부사어	서술어 (본동사)	문장
TV를		본다	TV를 본다.
TV를	앉아서	본다	TV를 앉아서 본다.

본용언 # 보조동사

부사어	서술어		문장
	본용언	보조동사	
의자에	앉는다		의자에 앉는다.
의자에	앉아	본다	의자에 앉아 본다.

❖ 본용언에 붙는 부사형어미, 의문형어미는 보조동사에 따라 다르다.

어미와 보조동사의 어울림

어미		보조동사
부사형	의문형	
-어		가다, 가지다, 계시다, 내다, 놓다, 대다, 두다, 드리다, 버리다, 보다, 보이다, 오다, 있다, 주다
-고		계시다, 나다, 말다, 있다
-지		말다, 못하다, 않다
-게		되다
-다가		말다
-어야		되다, 하다
-으려고		하다
-었-으면		하다
	-을까	하다

❖ '(-어) 가다, (-어) 오다'는 '진행'을 표시한다.

- 영수는 어제 읽기 시작한 책을 다 읽어 **간다**.
- 그는 오랫동안 이 지역에서 살아 **왔다**.

❖ '(-어) 가지다', '(-어) 놓다, (-어) 두다'는 '유지'를 표시한다. '(-어) 가지다'는 '-어 가지고'의 형태로만 쓰인다. '-어 가지고'는 부사형어미 '-어서'와 뜻이 비슷하다.

- 과자를 사 **가지고** 왔다. ≒ 과자를 사서 왔다.
- 방바닥에 앉아 **가지고** 종이접기를 한다. ≒ 방바닥에 앉아서 종이접기를 한다.
- 창문을 열어 **놓았는데** 비바람이 불어서 걱정이다.
- 환기를 하느라고 창문을 열어 **두었다**.

변이형의 쓰임 : 보조동사 '가지다'

1. 보조동사 표현 '-어 가지고'는 '-어 갖고'로 쓰일 수 있다.
   - 방바닥에 앉아 갖고 종이접기를 한다.

❖ '(-어) 있다, (-어) 계시다'는 결과상, '(-고) 있다, (-고) 계시다'는 진행상이나 결과상을 표시한다.[57)]

- 먼저 가 **있을게요**. ＊결과상
- 할머니는 먼저 와 **계신다**. ＊결과상
- 먼저 가서 기다리고 **있자**. ＊진행상
- 추우니까 창문을 닫고 **있읍시다**. ＊결과상
- 할머니는 먼저 와서 기다리고 **계신다**. ＊진행상
- 할머니는 오늘 한복을 입고 **계신다**. ＊결과상

❖ '(-어) 내다, (-어) 버리다, (-고) 나다, (-고) 말다, (-다가) 말다'는 '끝남'을 표현한다.

- 나는 그 사람 이름을 생각해 **내려고** 애썼다.

---

57) 진행상과 결과상에 대해서는 §9.10 참조.

• 버스가 벌써 떠나 **버렸다.**

• 친구랑 헤어지고 **나서** 역으로 향했다.

• 결국 유리창이 깨지고 **말았다.**

• 열심히 하다가 **말면** 아쉽지.

❖ '(-어) 대다'는 '반복'을 표시한다.

• 이웃집 개가 짖어 **댄다.**

❖ '(-어) 보다'는 '시도, 경험'을 표시한다.

• 언제가 좋을지 생각해 **봅시다.** *시도

• 호주에는 아직 안 가 **봤습니다.** *경험

❖ '(-어) 주다, (-어) 드리다'는 '봉사'를 표시한다. '(-어) 드리다'는 객체를 높임을 표시한다.[58)]

• 여기 성함을 써 **주세요.**

• 할머니께 새 신발을 사 **드렸다.**

❖ '(-어) 보이다'는 '시각적 느낌'을 표시한다.

• 민수는 나이보다 젊어 **보인다.**

• 바닥 한쪽이 꺼져 **보였다.**

❖ 본동사 '보이다'를 부사어와 함께 써서도 '시각적 느낌'을 표시할 수 있다.

• 민수는 나이보다 젊게 **보인다.**

• 바위가 코끼리처럼 **보여서** '코끼리바위'라 부른다.

• 바다까지는 꽤 먼 것으로 **보였다.**

❖ '(-지) 않다, (-지) 못하다, (-지) 말다'는 부정을 표시한다.[59)]

• 오늘은 모임에 가지 **않는다.**

• 오늘은 모임에 가지 **못한다.**

• 오늘은 모임에 가지 **마세요.**

❖ '(-게) 되다'는 '결과적으로 이루어짐'을 표시한다.

---

58) 객체경어법에 대해서는 §8.3 참조.

59) 부정에 대해서는 12장(부정) 참조.

• 다음주에 이사를 가게 **되었습니다.**

❖ '(-어야) 되다/하다'는 '의무'를 표시한다.

• 조금 아파도 참아야 **돼.**

• 장마철이 되기 전에 공사를 끝내야 **합니다.**

❖ 선어말어미 '-었-'의 위치가 다른 '(-었-어야) 되다/하다'와 '(-어야) 되었다/했다'는 뜻이 다르다.

• 그 시간에 약을 먹**어야 했다.** 그래서 커피 대신에 약을 먹었다.

• 그 시간에 약을 먹**었어야 한다.** 그런데 안 먹었다.

❖ 1인칭 주어의 서술어 '(-어야) 되겠-/하겠-'은 '의무감으로부터 나온 의지'를 표시한다.

• 오늘은 영화나 보러 가야**겠다.**

변이형의 쓰임 : '-어야 하겠-'의 준말

1. '-어야 하겠-'은 '-어야겠-'으로 줄어들 수 있다.
   • 가야 하겠다 / 가야겠다

❖ '(-으려고) 하다'는 '의지'를 표시한다.

• 대중교통으로 가려고 **한다.**

• 대중교통으로 가**려면** 이틀은 잡아야 된다.

변이형의 쓰임 : '-으려고 하-'의 준말

1. '-으려고 하는, -으려고 하던, -으려고 하면'은 각각 '-으려는, -으려던, -으려면'으로 줄어들 수 있다.
   • 가려고 하는 / 가려는
   • 가려고 하던 / 가려던
   • 가려고 하면 / 가려면

❖ '(-었-으면) 하다'는 '희망'을 표시한다.

• 이번 여름에는 고향에 꼭 갔으면 **한다**.

❖ '(-을까) 하다'는 '가벼운 의지'를 표시한다.

• 대중교통으로 갈까 **한다**.

4.18. 보조동사 구성 중 분해구성

❖ 보조동사 구성 중 **분해구성**은 본동사에 보조사의 의미를 더하기 위해 서술어를 두 어절로 분해한 구성이다.

❖ 본동사에 명사형어미 '-기'를 붙이고 보조사를 붙인 뒤에 보조동사 '하다'를 잇는다. 즉 '본동사-기+보조사#하다'의 구조가 된다.

❖ 본동사에 보조사의 의미를 더하기 위해 본동사에 직접 보조사를 붙일 수는 없으므로 본동사를 '본동사-기#하다'로 분해하고 앞 어절에 보조사를 붙이는 것이다. 예를 들어 본동사 '간다'를 '가-기 한다'로 분해하고 보조사를 붙여 '가기는 한다, 가기도 한다, 가기만 한다' 등으로 표현한다.

• 영수가 간다.

• 영수가 **가기는** 한다.

• 영수가 **가기도** 한다.

• 영수가 **가기만** 한다.

• 나도 **가기는 하는데** 좀 늦을 거 같아.

• 영미는 **웃기만 하고** 대답이 없었다.

❖ '본동사-기+보조사#하다'의 구조 대신 '본동사-기+보조사#본동사'의 구조도 쓰인다. '본동사-기+보조사#본동사'는 한 서술어이다.

• 영수가 **가기는** 간다.

• 영수가 **가기도** 간다.

• 영수가 **가기만** 간다.

❖ '-기' 명사형을 이용해 본동사를 분해하는 위의 구성들은 **명사형 분리구성**이다.[60]

---

60) 명사형 분리구성에 대해서는 §3.17 참조.

❖ 명사형 분리구성에는 본형용사가 분해된 구성도 포함된다.[61]

명사형 분리구성의 유형

유형	구조	예문
보조용언에 의한 명사형 분리구성	본용언의 명사형+보조사#하다	영수가 가기는 한다. 공기가 맑기는 하다.
본용언에 의한 명사형 분리구성	본용언의 명사형+보조사#본용언	영수가 가기는 간다. 공기가 맑기는 맑다.

❖ 일부 복합동사는 두 직접성분을 두 어절로 분해하고 앞 어절에 보조사를 붙일 수 있다. 이렇게 분해된 두 어절은 한 서술어이다.

- 영수가 되돌아간다.
- 영수가 **되돌아는 간다.**
- 영수가 우쭐댄다.
- 영수가 **우쭐은 댄다.**

4.19. 형용사의 종류

❖ 형용사는 본형용사와 보조형용사로 나누어진다. 본형용사는 다시 하위품사들로 나누어진다.

형용사의 분류

<table>
<tr><th colspan="4">하위품사</th><th>특징</th><th>예</th></tr>
<tr><td rowspan="5">본형용사</td><td rowspan="4">자립
형용사</td><td colspan="2">일반형용사</td><td>지시형용사 이외의 자립형용사</td><td>가깝다</td></tr>
<tr><td rowspan="3">지시
형용사</td><td>직시형용사</td><td>발화현장에 있는 상태를 지시</td><td>그렇다</td></tr>
<tr><td>의문형용사</td><td>질문의 대상이 되는 상태를 지시</td><td>어떻다</td></tr>
<tr><td>비한정형용사</td><td>범위가 한정되지 않은 상태를 지시</td><td>어떻다</td></tr>
<tr><td colspan="3">접미형용사</td><td>선행어에 붙음</td><td>이다</td></tr>
<tr><td colspan="4">보조형용사</td><td>본용언이 필요</td><td>싶다</td></tr>
</table>

61) 본형용사가 분해된 구성에 대해서는 §4.26 참조.

4.20. 일반형용사

❖ **일반형용사**(一般形容詞)는 자립형용사에 속한다. 즉 본용언이 불필요하고 선행어에 붙지 않는다. 자립형용사 중 지시형용사가 아닌 것이 일반형용사이다.

일반형용사

가깝다, 가볍다, 강하다, 같다, 건강하다, 검다, 고맙다, 괜찮다, 길다, 나쁘다, 노랗다, 느리다, 다르다, 덥다, 따뜻하다, 많다, 맑다, 맛있다, 멀다, 무겁다, 미안하다, 밝다, 비슷하다, 비싸다, 빠르다, 빨갛다, 쉽다, 시끄럽다, 시원하다, 싫다, 싸다(값이), 아니다, 아프다, 안녕하다, 약하다, 어둡다, 어렵다, 없다, 예쁘다, 있다, 작다, 재미있다, 적다(수가), 적당하다, 조용하다, 좋다, 중요하다, 짧다, 착하다, 춥다, 크다, 파랗다, 편하다, 희다, 흐리다

❖ 일반형용사가 서술어로 쓰인 문장의 대표적인 문형과 예는 다음과 같다.[62]

- 주어 + 서술어 : 하늘이 맑다.
- 주어 + 보어 + 서술어 : 영수가 대학생이 아니다.
- 주어 + 보어 + 서술어 : 나는 바다가 좋다.
- 주어 + 부사어 + 서술어 : 속초가 설악산에 가깝다.

4.21. 지시형용사

❖ **지시형용사**(指示形容詞)는 발화현장에 있는 상태, 질문의 대상이 되는 상태, 범위가 한정되지 않은 상태를 가리키는 형용사이다.

지시형용사

하위품사	예
직시형용사	이렇다, 그렇다, 저렇다, 이러하다, 그러하다, 저러하다
의문형용사	어떻다, 어떠하다
비한정형용사	어떻다, 아무렇다, 어떠하다, 아무러하다

62) 문형에 대해서는 §13.11 참조.

❖ **직시형용사**(直示形容詞)는 발화현장에서 화자와 청자로부터 떨어진 거리를 이용해 상태를 가리킨다.

❖ '이렇다, 그렇다, 저렇다'는 각각 '이러하다, 그러하다, 저러하다'가 줄어서 만들어진 단어들이다. '이렇다' 등의 준말을 더 많이 쓴다.

- 상황이 **이럴** 때는 기다리는 게 상책이다.
- 색깔이 차분하고 점잖은 게 좋지만 너무 **그래도** 안 예쁘죠.
- 오늘 영수 컨디션이 안 좋은가 본데 늘 **저렇지**는 않아요.

❖ **의문형용사**(疑問形容詞)는 질문의 대상이 되는 상태를 가리킨다. **비한정형용사**(非限定形容詞)는 범위가 한정되지 않은 상태를 가리킨다.

❖ '어떻다, 아무렇다'는 각각 '어떠하다, 아무러하다'가 줄어서 만들어진 단어들이다. '어떻다' 등의 준말을 더 많이 쓴다.

- 이 옷은 **어때요**? *의문형용사
- 하루 미루는 게 **어떨지** 팀원들하고 얘기해 봅시다. *의문형용사
- 연기자가 되려면 성격이 꼭 **어때야** 한다는 건 없다. *비한정형용사
- 자신은 **아무렇지** 않다고 하지만 사실은 걱정이 될 거야. *비한정형용사

❖ '이렇다, 그렇다, 저렇다, 어떻다, 아무렇다'의 부사형 '이렇게, 그렇게, 저렇게, 어떻게, 아무렇게'는 부사처럼 사용할 때가 많다.

- 머리가 **이렇게** 긴 앤데 못 보셨어요?
- 커피가 **그렇게** 비쌀 줄 몰랐다.
- 그림을 **저렇게** 가운데 걸어도 괜찮네요.
- 두부는 **어떻게** 만드는지 아세요?
- **어떻게** 오셨어요? *이동수단을 질문 / 온 목적을 질문
- 물건을 이렇게 **아무렇게**나 쌓아 두면 곤란하다.

4.22. 접미형용사

❖ **접미형용사**(接尾形容詞)는 앞말에 항상 붙어 쓰이는 형용사이다. '이다' 하나만 접미형용사이다.

❖ 접미형용사 '이다'가 서술어인 문장은 **'이다'문**이다.

❖ 서술어 '이다'의 앞말은 보어이다. 그래서 '이다'문은 다음과 같은 기본문형의 한 종류이다.

- 주어 # 보어 # 서술어

변이형의 쓰임 : 접미형용사 '이다'의 활용형

1. 접미형용사 '이다'의 규칙적인 활용형과 불규칙적인 활용형이 공존하는 경우가 있다. 명사 '소' 뒤에 '이다'가 붙은 예를 제시한다. 빗금 왼쪽이 규칙형이고 오른쪽이 불규칙형이다.
   ① '이다'의 '이'는 모음 뒤에서 탈락할 수 있다. 구어체에서 잘 탈락한다.
   - 소이다/소다(소 # 이-는다), 소이면/소면(소 # 이-으면), 소이니까/소니까(소 # 이-으니까), 소인데/손데(소 # 이-는데)

   ② '이다'에 붙는 어미가 특별한 변이형으로 쓰일 수 있다. 아래의 '소 # 이-어'는 부사형이다.
   - 소여/소라(소 # 이-어), 소여도/소라도(소 # 이-어도), 소여서/소라서(소 # 이-어서), 소여야/소라야(소 # 이-어야)

   ③ 종결형 '이어요'는 모음 뒤에서 '예요'로, 자음 뒤에서 '이에요'로 쓰일 수 있다.
   - 소여요/소예요(소 # 이-어 + 요), 말이어요/말이에요(말 # 이-어 + 요)

2. 종결형 '이-어'는 모음 뒤에서 '야'로만, 자음 뒤에서 '이야'로만 쓰인다.
   - 소야(소 # 이-어), 말이야(말 # 이-어)
3. 간접인용표현에서 하라체 종결문의 '이다'는 '이라'로만 쓰인다.
   - 춘향이가 실존인물이라는(실존인물 # 이-는다-는) 생각
   - 춘향이가 실존인물이라고(실존인물 # 이-는다-고) 생각한다.

❖ '이다'문의 보어에는 보격조사가 붙지 않고 '이다'가 바로 붙는다. 다음에서 [ ] 부분이 보어이다.

- 이것은 [책]이다.
- 영수는 그때 [중학생]이었다.
- 건물 앞이 [왕복 8차로 도로]라서 소음이 심하다.
- 냉장고는 [내가 산 거]지만 두고 가기로 했다.

❖ '이다'문의 보어로는 명사구가 많이 쓰이지만 부사, 부사절, '명사구+조사'도 쓰인다.

• 어린아이 솜씨가 [제법]이다. *부사

• 음식 맛이 [별로]다. *부사

• 음식 맛이 [그만]이다. *부사

• 세제가 절약되는 것은 [물론]이다. *부사

• 은행 지나면 [바로]니까 멀지 않아요. *부사

• 그가 나타난 건 [3시가 넘어서]였다. *부사절

• 지원서 제출이 [내일 오후 5시까지]다. *명사구+조사

❖ '이다'문의 한 종류로 **분열문**(分裂文)이 있다. 분열문은 문장의 한 성분을 강조하기 위해 그 성분을 '이다'의 보어로, 나머지를 '관형사절 # 것' 구조의 주어로 표현한 문장이다.

❖ 분열문에서 '이다'의 보어는 담화의 **초점**이다. 다음에서 [ ]로 표시한 보어가 초점이다.

• 나는 편의점에서 음료수를 샀다.

• 편의점에서 음료수를 산 것은 [나]다. *분열문

• 내가 음료수를 산 것은 [편의점에서]다. *분열문

• 내가 편의점에서 산 것은 [음료수]다. *분열문

❖ '이다'문의 부정문은 일반형용사 '아니다'를 서술어로 사용한 문장, 즉 **'아니다'문**이다. '이다'문의 보어가 '아니다'문에서도 보어이다. 다음에서 [ ] 부분이 보어이다.

• 이것은 [책]이 아니다.

• 영수는 그때 [중학생]이 아니었다.

• 건물 앞 도로는 [왕복 4차로]가 아니라 편도 4차로다.

• 냉장고는 [내가 산 게] 아니라서 두고 가기로 했다.

❖ '이다'는 의존명사가 들어 있는 관용표현에도 널리 쓰인다.[63]

• -을 것이다

63) 의존명사가 들어 있는 관용표현에 대해서는 §2.8 참조.

- -는/-은/-었던 것이다
- -을 터이다
- 명사구 # 때문이다
- -을 뿐이다
- -기/-게 마련이다
- 명사구 # 만이다

4.23. '하다' 합성형용사

❖ 다양한 말 뒤에 '하다'가 붙어 **'하다' 합성형용사**가 만들어진다.

❖ 『표준국어대사전』에 실린 형용사 표제어 13,408개 가운데 '하다' 합성형용사는 10,754개로서 형용사의 약 80%를 차지한다.

❖ 한자어나 외래어를 형용사로 사용하기 위해서는 반드시 '하다'를 붙여 '하다' 합성형용사를 만들어야 한다. 이것이 '하다' 합성형용사의 수가 많아진 한 요인이다.

❖ '하다' 합성형용사의 주된 구조와 예는 다음과 같다.

- 명사 + 하다 : 독하다, 선하다(善하다), 가능하다, 안전하다, 진실하다, 광범위하다, 무질서하다, 불가능하다, 아이러니하다
- 부사 + 하다 : 덜하다, 띵하다, 우뚝하다, 아슬아슬하다, 울긋불긋하다
- 어근 + 하다 : 급하다, 묘하다, 순하다, 심하다, 연하다, 진하다, 착하다, 편하다, 훤하다, 흔하다, 그러하다, 깨끗하다, 느끼하다, 따뜻하다, 시시하다, 가지런하다, 나지막하다, 어렴풋하다, 둥그스름하다, 이상야릇하다

4.24. 보조형용사

❖ **보조형용사**(補助形容詞)는 본용언 뒤에 이어져 문법기능을 표시한다.

❖ 본용언 뒤에 보조형용사가 이어진 구성이 **보조형용사 구성**이다. 보조동사 구성과 보조형용사 구성을 합쳐서 **'보조용언 구성'**이라 한다.

❖ 보조형용사 구성은 서술어로 쓰인다.

❖ 보조형용사 구성은 두 유형으로 나누어진다.

보조형용사 구성의 유형

유형	구조	예문
확대구성	본용언의 부사형/의문형 # 보조형용사	비가 오고 있다.
분해구성	본동사의 명사형 + 보조사 # 보조형용사	공기가 맑기는 하다.

4.25. 보조형용사 구성 중 확대구성

❖ 보조형용사 구성 중 **확대구성**은 본용언에 보조형용사의 의미를 더하기 위해 서술어를 두 어절로 확대한 구성이다.

❖ 본용언에 붙는 부사형어미, 의문형어미는 보조형용사에 따라 다르다.

어미와 보조형용사의 어울림

어미		보조형용사
부사형	의문형	
-어		있다
-고		싶다, 있다
-지		못하다, 않다
-었-으면		싶다
	-나	보다, 싶다
	-을까	보다, 싶다

❖ '(-어) 있다'는 결과상, '(-고) 있다'는 진행상이나 결과상을 표시한다.[64]

- 가로수가 넘어져 **있다.** *결과상
- 사람들이 계단을 내려가고 **있다.** *진행상
- 민수는 오늘 청바지를 입고 **있다.** *결과상

❖ '(-고) 싶다', '(-었-으면) 싶다'는 '희망'을 표시한다.

64) 진행상과 결과상에 대해서는 §9.10 참조.

• 하루빨리 고향에 가고 **싶다.**

• 하루빨리 고향에 갔으면 **싶다.**

❖ '(-나) 보다', '(-나) 싶다'는 '추측'을 표시한다. '보다'는 현재시제로만 쓴다.

• 비가 오나 **보다.**

• 아침에 비가 왔나 **본데** 전혀 몰랐다.

• 두 사람이 아는 사인가 **봐요.**

• 비가 오나 **싶다.**

• 비가 오나 **싶었다.**

• 어제는 운수가 좋은가 **싶어서** 복권을 샀다.

❖ '(-을까) 보다'는 '가벼운 의지'를 표시한다. '보다'는 현재시제 종결형으로만 쓴다.

• 차를 여기다 두고 갈까 **봐요.**

❖ '(-을까) 보다'를 부사형 '(-을까) 봐', '(-을까) 봐서'로 쓰면 원하지 않는 사건이 일어날 가능성이 있으므로 그에 대비함을 표현한다.

• 길이 미끄러울까 **봐** 종일 밖에 안 나갔다.

❖ '(-을까) 싶다'는 '가벼운 의지'를 표시하거나, 원하지 않는 사건이 일어날 가능성이 있음을 표현한다.

• 차를 여기다 두고 갈까 **싶어요.** *'가벼운 의지'를 표시

• 차를 거기다 두고 갈까 **싶었다.** *'가벼운 의지'를 표시

• 또 실수를 할까 **싶어서** 불안했다. *원하지 않는 사건이 일어날 가능성이 있음을 표현

❖ '(-지) 않다', '(-지) 못하다'는 부정을 표시한다.[65]

• 날씨가 좋지 **않았다.**

• 날씨가 좋지 **못했다.**

4.26. 보조형용사 구성 중 분해구성

❖ 보조형용사 구성 중 **분해구성**은 본형용사에 보조사의 의미를 더하기 위해 서술어

65) 부정에 대해서는 §12장(부정) 참조.

를 두 어절로 분해한 구성이다.

❖ 본형용사에 명사형어미 '-기'를 붙이고 보조사를 붙인 뒤에 보조형용사 '하다'를 잇는다. 즉 '본형용사-기+보조사#하다'의 구조가 된다.

❖ 본형용사에 보조사의 의미를 더하기 위해 본형용사에 직접 보조사를 붙일 수는 없으므로 본형용사를 '본형용사-기#하다'로 분해하고 앞 어절에 보조사를 붙이는 것이다. 예를 들어 본형용사 '맑다'를 '맑-기 하다'로 분해하고 보조사를 붙여 '맑기는 하다, 맑기도 하다, 맑기만 하다' 등으로 표현한다.

- 공기가 맑다.
- 공기가 **맑기는 하다**.
- 공기가 **맑기도 하다**.
- 공기가 **맑기만 하다**.
- 다리가 좀 **아프기는 한데** 걸을 수 있다.
- 새 환경이 **낯설기도 하고** 영어도 서툴러서 항상 긴장했다.

❖ '본형용사-기+보조사#하다'의 구조 대신 '본형용사-기+보조사#본형용사'의 구조도 쓰인다.

- 과자가 **달기는 달다**.
- 과자가 **달기도 달다**.
- 과자가 **달기만 달다**.

❖ '본형용사-기+보조사#본형용사'는 보조용언 구성은 아니지만 한 서술어이다.

❖ '-기' 명사형+보조사를 이용해 본형용사를 분해하는 위의 구성들은 본용언으로부터 '-기' 명사형이 분리되어 나오는 구성이므로 **'명사형 분리구성'**이라 한다.[66]

❖ 명사형 분리구성에는 본동사가 분해된 구성도 포함된다.[67]

66) 명사형 분리구성에 대해서는 §3.17 참조.
67) 본동사가 분해된 구성에 대해서는 §4.18 참조.

명사형 분리구성의 유형

유형	구조	예문
보조용언에 의한 명사형 분리구성	본용언의 명사형+보조사#하다	영수가 가기는 한다. 공기가 맑기는 하다.
본용언에 의한 명사형 분리구성	본용언의 명사형+보조사#본용언	영수가 가기는 간다. 공기가 맑기는 맑다.

❖ 접미형용사 '이다'는 보조용언에 의한 명사형 분리구성만 가능하고 본용언에 의한 명사형 분리구성은 불가능하다. 즉 보조형용사 '하다'에 의한 명사형 분리구성만 가능하다. '이다'는 앞말과 떨어질 수 없기 때문이다.

- 민수가 형이다.
- 민수가 형이기는 하다.
- 민수가 형이기는 이다. (×)

❖ 본용언에 의한 명사형 분리구성이 변형되어 다음 관용표현에 쓰인다. 서술어는 '용언-기+는'의 용언과 동일한 용언이다. 이 표현은 부정의 의미를 강조하기 위한 수사의문문이다.

- 용언-기+는 # 의문사 # 서술어
- 춥긴 뭐가 추워?
- 울긴 왜 우니?
- 네가 알기는 뭘 안다고 떠드니?

❖ 일부 복합형용사는 두 직접성분을 두 어절로 분해할 수 있다. 이렇게 분해된 두 어절은 한 서술어이다.

- 나도 목마르다.
- 나도 **목은 마르다.**
- 길이 깨끗하다.
- 길이 **깨끗도 하다.**
- 디자인이 고급스럽다.
- 디자인이 **고급은 스럽다.**

5
어미

5.1. 어미의 개념

❖ **어미**(語尾)는 용언 뒤에 붙어 활용형을 형성하는 문법소이다.

❖ 어미는 절이나 문장의 문법기능을 표시한다.

5.2. 활용형

❖ **활용형**(活用形)은 용언 뒤에 하나 이상의 어미가 붙은 구조이다.

활용형의 구조

용언	어미부		
	선어말어미	어말어미	어말어미
필수적	수의적	필수적	수의적

❖ 활용형을 형성할 때 용언 하나와 어말어미 하나는 필수적이다. 즉 최소의 활용형은 용언 하나에 어말어미 하나가 붙은 구조이다.

- 믿-은, 믿-고, 믿-는다
- 붙잡-은, 붙잡-고, 붙잡-는다
- 둥글넓적하-은, 둥글넓적하-고, 둥글넓적하-는다

❖ 활용형을 형성할 때 선어말어미는 수의적이다. 즉 선어말어미가 붙어도 되고 붙지 않아도 된다. 또 선어말어미는 둘 이상이 연달아 붙을 수도 있다. 다음에서 '-으시-, -었-, -겠-, -잖-'이 선어말어미이다.

- 믿으신(믿-으시-은)

- 믿으셨고(믿-으시-었-고)
- 믿으셨겠다(믿-으시-었-겠-는다)
- 믿으셨겠잖습니까(믿-으시-었-겠-잖-습니까)

❖ 어말어미는 대개 한 용언에 하나만 붙는다. 다만, 인용절의 종결어미 뒤에 어말어미가 또 붙어서 한 용언에 어말어미 두 개가 연달아 붙는 경우가 있다.[68] 다음은 어말어미 '-는다' 뒤에 어말어미 '-고, -는'이 붙은 활용형들이다.

- 믿는다고(믿-는다-고)
- 믿는다는(믿-는다-는)
- 믿으셨겠다고(믿-으시-었-겠-는다-고)
- 믿으셨겠다는(믿-으시-었-겠-는다-는)

❖ 활용형의 구조 표에 활용형 예 몇 개를 보이면 다음과 같다.

활용형의 예

예	구조			
	용언	어미부		
		선어말어미	어말어미	어말어미
믿는다	믿-		-는다	
믿으신다	믿-	-으시-	-는다	
믿는다고	믿-		-는다	-고
믿으셨겠다는	믿-	-으시-었-겠-	-는다	-는

5.3. 어미의 종류

❖ 어미는 다섯 종류로 나누어진다.[69]

68) 인용절에 대해서는 §15.6 참조.

69) 어미는 다른 문장소에 비해 형태의 변이양상이 복잡한 편이다. 형태변이의 관점에서 어미는 자음어미, 모음어미, 매개모음어미로 나누어진다. 모음어미와 매개모음어미의 변이양상은 §1.10 참조. 자음어미 가운데 변이가 나타나는 것들은 해당 어미를 서술할 때 '변이형의 쓰임'이라는 항목에서 설명한다. 어미의 변이양상 전반에 대해서는 음운론 서적을 참고하는 것이 좋다.

어미의 분류

<table>
<tr><th colspan="3">하위품사</th><th>기능</th><th>예</th></tr>
<tr><td colspan="3">선어말어미</td><td>시제, 상, 양태, 주체경어법 표시</td><td>-었-</td></tr>
<tr><td rowspan="4">어말어미</td><td colspan="2">종결어미</td><td>서법, 양태, 청자경어법 표시</td><td>-는다</td></tr>
<tr><td rowspan="3">전성어미</td><td>명사형어미</td><td>명사절 형성</td><td>-기</td></tr>
<tr><td>관형사형어미</td><td>관형사절 형성, 시제, 양태 표시</td><td>-은</td></tr>
<tr><td>부사형어미</td><td>부사절 형성</td><td>-고</td></tr>
</table>

어미의 목록

하위품사	목록
선어말어미	-으시-, -었-, -었었-, -겠-, -잖-
종결어미	-는다, -습니다, -어, -어라, -읍시다 ……
명사형어미	-기, -음, -는지, -을지
관형사형어미	-는, -은, -던, -을
부사형어미	-게, -고, -어, -어서, -으니까, -으러, -으면, -지 ……

❖ 선어말어미, 명사형어미, 관형사형어미는 수가 적다. 종결어미, 부사형어미는 수가 많다.

5.4. 선어말어미

❖ 선어말어미에는 '-으시-, -었-, -었었-, -겠-, -잖-'이 있다.

❖ 선어말어미는 용언과 어말어미 사이에 수의적으로 나타난다.

❖ 선어말어미끼리는 '-으시-, -었-, -겠-, -잖-'의 순서로 붙는다. '-었었-'은 '-었-'의 자리에 '-었-' 대신 쓰인다.

선어말어미의 출현

<table>
<tr><th>용언</th><th colspan="5">선어말어미</th><th>어말어미</th><th rowspan="2">활용형</th></tr>
<tr><th>하-</th><th>-으시-</th><th>-었-</th><th>-겠-</th><th>-잖-</th><th>개수</th><th>-어</th></tr>
<tr><td rowspan="16">○</td><td></td><td></td><td></td><td></td><td>0</td><td rowspan="16">○</td><td>해</td></tr>
<tr><td>○</td><td></td><td></td><td></td><td rowspan="4">1</td><td>하셔</td></tr>
<tr><td></td><td>○</td><td></td><td></td><td>했어</td></tr>
<tr><td></td><td></td><td>○</td><td></td><td>하겠어</td></tr>
<tr><td></td><td></td><td></td><td>○</td><td>하잖아</td></tr>
<tr><td>○</td><td>○</td><td></td><td></td><td rowspan="6">2</td><td>하셨어</td></tr>
<tr><td>○</td><td></td><td>○</td><td></td><td>하시겠어</td></tr>
<tr><td>○</td><td></td><td></td><td>○</td><td>하시잖아</td></tr>
<tr><td></td><td>○</td><td>○</td><td></td><td>했겠어</td></tr>
<tr><td></td><td>○</td><td></td><td>○</td><td>했잖아</td></tr>
<tr><td></td><td></td><td>○</td><td>○</td><td>하겠잖아</td></tr>
<tr><td>○</td><td>○</td><td>○</td><td></td><td rowspan="4">3</td><td>하셨겠어</td></tr>
<tr><td>○</td><td>○</td><td></td><td>○</td><td>하셨잖아</td></tr>
<tr><td>○</td><td></td><td>○</td><td>○</td><td>하시겠잖아</td></tr>
<tr><td></td><td>○</td><td>○</td><td>○</td><td>했겠잖아</td></tr>
<tr><td>○</td><td>○</td><td>○</td><td>○</td><td>4</td><td>하셨겠잖아</td></tr>
</table>

❖ 각 선어말어미가 표시하는 문법기능은 다음과 같다.[70)]

- -으시- : 주체경어법
- -었- : 과거시제, 완료상
- -었었- : 대과거시제, 완료상
- -겠- : 인식양태, 행위양태
- -잖- : 인식양태(이미 앎)

70) 선어말어미의 쓰임에 대해서는 8장(경어법), 9장(시제와 상), 10장(양태) 참조.

5.5. 종결어미

❖ 종결어미는 문장을 끝맺는다. 그와 동시에 서법과 청자경어법도 표시한다. 일부 종결어미는 그에 더해 양태도 표시한다.[71)]

5.6. 명사형어미

❖ 명사형어미는 용언이 명사절의 서술어임을 표시함으로써 명사절을 형성한다. 그와 동시에 양태도 표시한다.[72)]

5.7. 관형사형어미

❖ 관형사형어미는 용언이 관형사절의 서술어임을 표시함으로써 관형사절을 형성한다. 그와 동시에 시제, 양태도 표시한다.[73)]

5.8. 부사형어미

❖ 부사형어미는 다음 두 경우에 쓰인다.

1. 본용언을 보조용언에 연결한다.[74)]
    - 젖-어 있다
    - 읽-고 있다
2. 용언이 부사절의 서술어임을 표시한다. 다음에서 [ ] 부분이 부사절이다.[75)]
    - 비행기가 [높-]-게 떴다.
    - 민수는 [가방을 메-]-고 걷는다.
    - 영수는 [다리가 아프다-]-고 생각했다.

---

71) 종결어미의 쓰임에 대해서는 7장(서법), 8장(경어법), 10장(양태) 참조.

72) 명사형어미의 쓰임에 대해서는 14장(종속절), 10장(양태) 참조.

73) 관형사형어미의 쓰임에 대해서는 14장(종속절), 9장(시제와 상), 10장(양태) 참조.

74) 보조용언 구성에 대해서는 §4.16~§4.18, §4.24~§4.26 참조.

75) 용언이 부사절의 서술어임을 표시하는 부사형어미 중 일부를 부사형어미 대신 '대등적 연결어미, 대등접속어미, 병렬어미' 등으로 부르기도 한다.

• [날씨가 따뜻해지-]-으니까 거리에 사람이 많아졌다.

• [출생자 수는 30명이 줄었-]-고 사망자 수는 12명이 늘었다.

❖ 용언이 부사절의 서술어임을 표시하는 부사형어미는 다음과 같다.[76)]

부사형어미의 분류

문법기능		예
나열	첨가	-고, -으며
	선택	-거나, -든지, -으나
	대조	-는데, -지만, -으나, -다가
시간	동시	-고, -으면서
	순차	-고, -고서, -어, -어서, -으니까, -자, -자마자
	중단	-다가
인과	원인	-어, -어서, -으니까, -기에, -길래, -느라고, -다가, -으므로
	목적	-게, -도록, -으러, -으려고, -고자
	조건	-으면, -거든, -어야, -을수록
	양보	-어도, -더라도, -는데도
방법	동일	-게
	유사	-듯이
	이동	-어다가
	가상	-을까
배경	주제 전환	-는데, -던데
	주제 유지	-더니
인용		-고

76) 부사형어미의 쓰임에 대해서는 §14.8 참조.

6

관형사, 부사, 감탄사

6.1. 관형사의 개념

❖ **관형사**(冠形詞)는 관형어가 되는 것이 주된 기능인 단어이다. 단어 가운데 체언도 관형어가 될 수 있으나, 관형어가 되는 것이 체언의 주된 기능은 아니라는 점에서 관형사와 다르다.

6.2. 관형사의 종류

관형사의 분류

하위품사		특징	예
일반관형사		지시관형사 이외의 관형사	갖은, 그까짓, 딴, 모든, 몹쓸, 빌어먹을, 새, 애먼, 옛, 온, 온갖, 외딴, 허튼, 헌, 각(各), 구(舊), 단(單), 만(滿), 별(別), 순(純), 약(約), 전(前), 전(全), 총(總), 현(現), 양적(量的), 경제적, 순간적
지시 관형사	직시 관형사	발화현장과 관련지어 체언의 지시물을 한정	이, 그, 저, 이런, 그런, 저런
	의문 관형사	체언의 지시물이 질문의 대상임을 표시	어느, 무슨, 어떤, 웬
	비한정 관형사	체언의 지시물의 범위가 한정되지 않음을 표시	어느, 무슨, 어떤, 웬, 아무, 아무런

6.3. 직시관형사

직시관형사

이, 그, 저, 이런, 그런, 저런

❖ **직시관형사**(直示冠形詞)는 발화현장에서 화자와 청자로부터 떨어진 거리를 이용해 체언의 지시물을 한정하는 관형사이다.

❖ '이'는 화자에게 가까움을, '그'는 청자에게 가까움을, '저'는 화자와 청자 모두에게 멂을 가리킨다. '그'는 발화현장에 없지만 청자가 알고 있음을 가리킬 때도 쓰인다.

- **그** 컵하고 **이** 컵은 용량이 다를 거 같네요.
- **저** 앞에 신호등 보이죠?
- **그** 일은 잘 끝났겠지?　　*발화현장에 없지만 청자가 알고 있음을 가리킴.

❖ '이런, 그런, 저런'은 직시형용사 '이렇다, 그렇다, 저렇다'의 관형사형 '이런, 그런, 저런'으로부터 만들어진 관형사들이다.[77)]

- 나는 **이런** 젓가락이 편해요.
- **그런** 재밌는 얘기는 어디서 들었어?
- **저런** 옷은 비싸겠지?

❖ 직시관형사 '이, 그, 저'와 명사 '것, 곳, 쪽, 분'이 결합하면 직시대명사가 된다.[78)]

- 이것, 그것, 저것, 이곳, 그곳, 저곳, 이쪽, 그쪽, 저쪽, 이분, 그분, 저분

6.4. 의문관형사와 비한정관형사

❖ **의문관형사**(疑問冠形詞)는 체언의 지시물이 질문의 대상임을 표시하는 관형사이다.

의문관형사

어느	일정한 범위의 사물들 중에서 일부 사물에 한정됨을 나타냄.
무슨	'무엇'이라고 지적하는 방식으로 사물을 한정함.
어떤	'어떻다'고 묘사하는 방식으로 사물을 한정함.
웬	상황과의 관련성을 모름을 나타냄.

77) 직시형용사에 대해서는 §4.21 참조.

78) 직시대명사에 대해서는 §2.16 참조.

- **어느** 나라에서 오셨어요?
- 결혼식장 갈 때 **무슨** 옷 입을까?
- **어떤** 음식 좋아하세요?
- 이건 **웬** 케이크예요?

❖ **비한정관형사**(非限定冠形詞)는 체언의 지시물의 범위가 한정되지 않음을 표시하는 관형사이다.

비한정관형사

어느	일정한 범위의 사물들 중에서 일부 사물에 한정됨을 나타냄.
무슨	'무엇'이라고 지적하는 방식으로 사물을 한정함.
어떤	'어떻다'고 묘사하는 방식으로 사물을 한정함.
웬	상황과의 관련성을 모름을 나타냄.
아무	모든 사물에 관련됨을 나타냄. 부정문에 쓰임.
아무런	다양한 상태의 모든 사물에 관련됨을 나타냄. 부정문에 쓰임.

- 300년 전 경상도 **어느** 마을에서 있었던 일이다.
- 요리사가 그릇에 **무슨** 가루를 넣었다.
- 아까 **어떤** 손님이 두고 갔어요.
- **웬** 아이가 창밖에서 나를 보고 있었다.

변이형의 쓰임 : 비한정관형사 '무슨'

1. 구어체에서는 '무슨'의 준말 '뭔'을 많이 쓴다.
    - 손해가 없다니! 그게 뭔 소리야?
    - 연락도 없이 늦는 걸 보니 뭔 일이 있나 봐요.

❖ 의문대명사이자 비한정대명사인 '무엇'은 어원적으로 '무슨'과 의존명사 '것'이 결합한 말이다. 그러므로 '무슨'과 '무엇'의 지시 방식이 비슷하다.

❖ '아무'의 수식을 받는 명사구에는 보조사 '도, 이나, 이라도'가 붙는다. '아무 # 명사

구+도'는 부정문에만 쓰인다.

• 그는 **아무** 말도 하지 않았다. ＊아무 말+도

• **아무** 의자나 들고 와. ＊아무 의자+이나

• **아무** 의자라도 들고 와. ＊아무 의자+이라도

❖ '아무런'의 수식을 받는 명사구에는 보조사 '도'가 붙으며 '아무런#명사구+도'는 부정문에만 쓰인다.

• 그는 **아무런** 말도 하지 않았다.

❖ '아무'에 의존명사 '것'이 결합한 '아무것'은 비한정대명사이다.[79]

❖ '웬'에 자립명사 '일'이 결합한 '웬일'은 자립명사로 쓰인다.

• 여기는 **웬일**이세요?

6.5. '=적' 파생어

❖ 접미사 '=적(的)'이 붙은 파생어는 모두 명사와 관형사를 겸하는 다품사어이다. 다만, '비교적(比較的), 가급적(可及的)' 둘은 부사로도 쓰일 수 있는 점이 특별하다.

❖ '=적' 파생어 뒤에 조사나 접미형용사 '이다'가 붙지 않을 때는 관형사로 쓰인다.

• 둘의 차이는 **양적** 차이가 아니라 **질적** 차이이다.

• 이번 사업에 따른 **경제적** 이익은 거의 없다.

• **순간적** 판단이 좋은 결과로 이어졌다.

❖ '=적' 파생어가 조사 '으로' 앞에 쓰이거나, 형용사 '이다, 아니다'의 보어로 쓰일 때는 명사이다.

• 그 방안은 **긍정적**으로 검토해 보겠습니다.

• 이것은 환경 문제의 심각성을 보여 주는 **단적**인 예이다.

• 둘의 차이는 **양적**인 차이가 아니라 **질적**인 차이이다.

• 1년 단위로 계약하는 것이 훨씬 **경제적**이다.

• 영미의 태도는 그다지 **적극적**이 아니었다.

---

79) 비한정대명사 '아무것'에 대해서는 §2.18 참조.

6.6. 부사의 개념

❖ **부사**(副詞)는 부사어가 되는 것이 주된 기능인 단어이다. 단어 가운데 체언도 부사어가 될 수 있으나, 부사어가 되는 것이 체언의 주된 기능은 아니라는 점에서 부사와 다르다.

❖ 부사 가운데 소수는 관형어가 되어 명사구를 수식할 수 있다. 다음의 '바로, 거의'가 그러한 예이다.

- [**바로** 이것]이 호미다.
- [**거의** 한 달]이 걸렸다.

6.7. 부사의 종류

부사의 분류

하위품사		예
일반부사		가장, 같이, 거의, 곧, 과연, 그만, 그냥, 꼭, 너무, 다, 다시, 더, 덜, 드디어, 따로, 또, 마치, 많이, 매우, 몰래, 바로, 반드시, 벌써, 별로, 빨리, 상당히, 아마, 아주, 어서, 언제나, 역시, 오래, 오히려, 일부러, 자꾸, 잘, 저절로, 적어도, 전혀(全혀), 절대로, 제발, 주로, 특히, 틈틈이, 한꺼번에, 함께, 항상, 혹시, 확실히, 훨씬
부정부사		안, 못
지시부사	직시부사	이리, 그리, 저리
	의문부사	언제, 어디, 얼마나, 왜
	비한정부사	아무리, 언젠가, 어쩐지, 왠지
상징부사	의성부사	멍멍, 부스럭, 와르르, 중얼중얼, 쿵, 펑, 하하
	의태부사	깜짝, 꼬불꼬불, 반짝반짝, 비틀비틀, 빙, 허둥지둥
양태부사		과연, 만일, 물론, 비록, 설령, 아마
서법부사		좀, 제발, 부디
접속부사		그래도, 그래서, 그러나, 그러면, 그러므로, 그런데, 하지만, 왜냐하면, 그리고, 또는, 즉, 한편, 대, 겸

❖ 『표준국어대사전』에 실린 문장소 35만여 개 가운데 부사는 12,000여 개로서 약 3.5%를 차지한다.

❖ 부사의 대부분은 일반부사와 상징부사이고 나머지는 소수이다.

6.8. 부정부사

❖ **부정부사**(否定副詞) '안, 못'은 서술어 앞에 쓰여 절의 내용을 부정한다. 즉 부정문을 형성한다.[80)]

6.9. 지시부사

지시부사

종류	예
직시부사	이리, 그리, 저리
의문부사	언제, 어디, 얼마나, 어찌, 왜
비한정부사	언제, 어디, 아무리, 어찌, 언젠가, 어쩐지, 왠지

❖ **직시부사**(直示副詞)는 발화현장에서 화자와 청자로부터 떨어진 거리를 이용해 방향, 방법을 가리킨다. 방법을 가리키는 '이리, 그리, 저리'는 고어투 느낌을 주므로 이들 대신 직시형용사의 부사형 '이렇게, 그렇게, 저렇게'를 쓸 때가 많다.

- **이리** 주세요. *방향
- 제가 지금 **그리** 가겠습니다. *방향
- **저리** 가! *방향
- 실제로 고장이 나는 경우는 **그리** 많지 않다. *방법
- 내가 적당히 처리할 테니 **그리** 알게. *방법

❖ **의문부사**(疑問副詞)는 시간, 장소, 수량, 방법, 이유 등을 묻는 부사이다.

80) 부정문과 부정부사의 쓰임에 대해서는 12장(부정) 참조.

❖ **비한정부사**(非限定副詞)는 시간, 장소, 수량, 방법, 이유 등이 한정되지 않음을 표시하는 부사이다.

❖ 시간, 장소를 묻는 의문대명사 '언제, 어디'는 의문부사, 비한정부사로도 쓰인다.

- 한국에는 **언제** 왔어요? ＊의문부사
- 내 가방이 **어디** 있지? ＊의문부사
- **언제** 대구 오면 꼭 연락해요. ＊비한정부사
- 이 근처 **어디** 있겠지요. ＊비한정부사

❖ 의문부사 '얼마나'는 수량을 묻는 의문대명사 '얼마'에 보조사 '이나'가 결합해 만들어진 단어이다.

- 쌀이 세 컵이면 물은 **얼마나** 넣어야 돼요?
- **얼마나** 더 기다려야 될까?
- 서울은 겨울에 **얼마나** 추워요?

❖ 의문부사 '어찌'는 방법을 물을 때 쓴다. 고어투이다. '어찌' 대신 직시형용사의 부사형 '어떻게'를 쓸 때가 많다.

- 자네가 **어찌** 여기 있나?

❖ 의문부사 '왜'는 이유를 물을 때 쓴다.

- 서울에는 **왜** 가요?

❖ 비한정부사 '아무리'는 비한정대명사 '아무'와 어원적으로 관련되어 있다. '아무리'는 부사형어미 '-어도'로 끝난 부사절에 잘 쓰인다.

- [**아무리** 밀-]-어도 움직이지 않는다.

❖ 비한정부사 '어찌'는 한정되지 않은 방법을 가리킨다. 고어투이다. '어찌' 대신 직시형용사의 부사형 '어떻게'를 쓸 때가 많다.

- **어찌** 생각하면 그것도 일리가 있는 말이오.

❖ 비한정부사 '언젠가, 어쩐지, 왠지'는 다음과 같은 문장소들의 결합에서 생겨난 것이다.

1. 언젠가 : 의문대명사 '언제'＋접미형용사 '이-'＋의문형어미 '-는가'
   - **언젠가** 다시 만날 수 있을 것이다.

2. 어쩐지 : 의문형용사 '어쩌-'+명사형어미 '-는지'[81]

• **어쩐지** 싸다 했더니 크기가 작은 거구나.

3. 왠지 : 의문부사 '왜'+접미형용사 '이-'+명사형어미 '-는지'

• 오늘은 **왠지** 좋은 일이 있을 것 같아요.

6.10. 상징부사

❖ **상징부사**(象徵副詞) 가운데 **의성부사**(擬聲副詞), 즉 **의성어**(擬聲語)는 소리를 흉내내어 묘사하는 단어이다.

• 무생물의 소리 : 삐, 쏴, 둥, 땡, 탕, 붕, 펑, 뻥, 빵, 뿡, 꽝, 쿵, 씽, 쌩, 윙, 풍덩, 출렁, 와장창, 드르렁, 따르릉, 부르릉, 딱, 똑, 똑똑, 뚝, 탁, 톡, 툭, 삑, 끼익, 철썩, 짝짝, 쿵짝, 드르륵, 뽀드득, 달그락, 찰칵

• 동물의 울음소리 : 깍깍, 꼬꼬, 꼬꼬댁, 꼬끼오, 멍멍, 컹컹, 야옹, 매매, 음매, 어흥, 짹짹, 찍찍

• 사람이 웃는 소리 : 하하, 허허, 호호, 히히, 깔깔, 껄껄, 낄낄, 킥킥, 키득키득, 피식, 까르르

• 사람이 우는 소리 : 엉엉, 흑흑

• 사람이 말하는 소리 : 중얼중얼, 소곤소곤, 수군수군, 속닥속닥, 숙덕숙덕, 도란도란, 두런두런, 웅성웅성, 왁자지껄

• 사람이 웃음, 울음, 말과 관계없이 음성기관으로 내는 소리 : 냠냠, 쿨쿨, 헉헉, 끙끙, 콜록, 에취

❖ 상징부사 가운데 **의태부사**(擬態副詞), 즉 **의태어**(擬態語)는 모양이나 느낌을 묘사하는 단어이다.

❖ 각 의태부사가 묘사하는 모양이나 느낌은 특정한 동작과 관련되므로 의태부사가 어울려 쓰이는 단어도 제한되는 경향이 있다. 예를 들어 의태부사 '아장아장'은 특정한 걸음걸이를 묘사하므로 '아장아장 걷다'의 형태로 쓰일 때가 많다. 의태부사

81) 현대한국어에서 '어쩌다'는 의문동사이다. 과거에 '어쩌다'가 의문형용사로도 쓰일 때 '-는지'의 변이형 '-은지'가 결합해 '어쩐지'가 만들어진 것으로 보인다.

가 참여하는 전형적인 표현의 예는 다음과 같다.

• **깜빡** 잊다, **깜짝** 놀라다, 눈을 **꼭** 감다, 얼음이 **꽁꽁** 얼다, **꽁꽁** 묶다, **꾹** 누르다, **꾹** 참다, **덜덜** 떨다, 발을 **동동** 구르다, 가슴이 **두근두근** 뛰다, **둥실** 뜨다, 옷이 **딱** 맞다, **바득바득** 우기다, **반짝반짝** 빛나다, **벌떡** 일어나다/일어서다, **벌벌** 떨다, **비틀비틀** 걷다, **빈둥빈둥** 놀다, 머리가 **빙** 돌다, 차가 **빙** 돌다, **빼빼** 마르다, 땀을 **뻘뻘** 흘리다, **살금살금** 걷다, **우물쭈물** 망설이다, 물이 **졸졸** 흐르다, **졸졸** 따라다니다, 열매가 **주렁주렁** 열리다, 발을 **질질** 끌다, 시간을 **질질** 끌다, 팔을 **쭉** 뻗다, 줄을 **쭉** 긋다, 줄을 **쭉** 서다, 도시에서 **쭉** 살다, **차근차근** 말하다, **축** 처지다/늘어지다, **칭칭** 감다, **텅** 비다, 팔이 **퉁퉁** 붓다, **화들짝** 놀라다, **확** 바뀌다, **활짝** 웃다, 꽃이 **활짝** 피다, 문을 **활짝** 열다, 날개를 **활짝** 펴다, 다리가 **후들후들** 떨리다, **훨훨** 날다, 땀에 **흠뻑** 젖다, 비를 **흠뻑** 맞다

❖ 웃는 모양을 나타내는 다음 의태부사들은 동사 '웃다'와 어울려 쓰인다.

• 빙그레, 방긋, 싱긋, 싱글벙글, 배시시, 씩, 활짝

❖ 상당수의 의태부사는 의태부사의 어근에 '-거리다/-대다'가 붙은 파생동사, '어근+어근'에 '하다'가 붙은 합성동사와 관련되어 있다.

• 두근두근 — 두근거리다/두근대다/두근두근하다

• 반짝반짝 — 반짝거리다/반짝대다/반짝반짝하다

• 비틀비틀 — 비틀거리다/비틀대다/비틀비틀하다

• 후들후들 — 후들거리다/후들대다/후들후들하다

6.11. 양태부사와 서법부사

❖ **양태부사**(樣態副詞)는 양태, 즉 명제에 대한 화자의 태도를 표시한다.[82)]

1. 과연 : 예상과 일치함

   • **과연** 그럴까요?

   • 그는 **과연** 듣던 대로 뛰어난 가수다.

2. 물론 : 다시 말하지 않아도 당연함

82) 양태에 대해서는 10장(양태) 참조.

• 열대지방 원산이기 때문에 **물론** 추위에는 약하다.

• 값이 싼 것은 **물론**이고 성능도 좋다.

3. 아마 : 강한 추측

• 영미랑 통화한 지 **아마** 한 달이 넘었을 것이다.

4. 설마 : 강한 부정적 추측

• **설마** 이번에도 질까?

• **설마** 무슨 일 있겠어요?

5. 만일 : 가정

• 내가 **만일** 너였으면 포기했을 거다.

6. 설령 : 양보

• 그것이 **설령** 사실일지라도 나는 그의 진심을 믿는다.

7. 비록 : 대조, 양보

• 지금은 **비록** 가난하지만 언젠가는 형편이 나아질 것이다. ＊대조

• **비록** 늦었을지라도 계속 노력하는 모습이 훌륭하다. ＊양보

❖ 일부 양태부사는 특정 어미나 양태표현과 어울려 쓰인다.

• 아마 : -겠-, -을 것이다, -을걸

• 설마 : -을까, -겠-의문형어미

• 만일 : -으면

• 설령 : -어도, -더라도, -을지라도

• 비록 : -으나, -지만, -어도, -더라도, -을지라도

❖ **서법부사**(敍法副詞)는 서법, 즉 청자에 대한 화자의 태도를 표시한다.[83)]

1. 좀 : 조심스러운 요청

• 저 **좀** 도와주세요.

2. 제발 : 간절한 부탁

• **제발** 도와주세요.

83) 서법에 대해서는 7장(서법) 참조.

3. 부디 : 간절한 바람

- **부디** 건강하시길 빕니다.
- **부디** 잘 다녀오세요.

❖ 서법부사 '좀'은 조심스러운 요청을 표시한다. 명령문, 청유문이나 요청을 표현하는 평서문, 의문문에 쓰인다. 청자의 도움을 요청할 때 '좀'을 쓰지 않는 경우는 거의 없다.

❖ 서법부사 '좀'은 서술어 바로 앞에 쓰인다. 서술어의 앞 어절에 붙여 발음할 때가 많다. 예를 들어 구어에서 다음의 '이것'과 '좀' 사이를 띄지 않고 '이것좀'처럼 발음한다.

- 아버지, 이것 **좀** 보세요.
- 빨리 **좀** 와요.
- 떠들지 **좀** 마라.
- 뭣 **좀** 물어봅시다.
- 어르신들이 도움이 필요할 때는 여러분들이 **좀** 도와주시기 바랍니다.
- **좀** 도와주시겠어요?

❖ 서법부사 '좀'을 명령문의 서술어 뒤에 쓰는 경우도 있다. 이때는 조심스럽게 요청하는 뜻이 약하고 짜증이 섞인다.

- 떠들지 마라 **좀**.
- 빨리들 오세요 **좀**.

❖ 서법부사 '좀'은 '적은 수량, 작은 정도, 짧은 시간'을 뜻하는 일반부사 '조금'으로부터 생긴 단어이지만 용법이 다르다. '조금'의 변이형 '좀'과 서법부사 '좀'은 형태가 같다. 다음은 일반부사 '조금'의 예이다.

- 소금을 많이 넣으면 안 돼요. **조금**만 넣으세요. ＊적은 수량
- 날이 **조금** 추운 것 같다. ＊작은 정도
- **좀** 앉아 있으니 해가 졌다. ＊짧은 시간

6.12. 접속부사

❖ **접속부사**(接續副詞)는 앞뒤의 말을 묶는다.

❖ 접속부사가 두 문장을 묶을 때는 뒷 문장의 처음에 놓인다. 이때 두 문장의 다양한 논리적 관계를 나타낸다.

1. 앞 문장에 첨가 : 그리고, 한편
   - 하늘이 아주 맑았다. **그리고** 기온도 적당했다.
   - 야구, 축구, 배구가 모두 결승에 진출했다. **한편** 농구는 준결승전에서 패했다.
2. 앞 문장과 동일 : 즉
   - 한국은 여름에 덥고 겨울에 춥다. **즉** 연교차가 크다.
3. 앞 문장이 원인 : 그래서, 그러므로, 따라서　　*'그러므로'는 문어체
   - 하루종일 걸었다. **그래서** 무척 피곤했다.
   - 나는 생각한다. **그러므로** 나는 존재한다.
   - 전기자동차 비중이 계속 높아지고 있다. **따라서** 충전소 수요가 늘 것이다.
4. 뒷 문장이 원인 : 왜냐하면
   - 무척 피곤했다. **왜냐하면** 하루종일 걸었기 때문이다.
5. 앞 문장이 조건 : 그러면
   - 바람이 불고 추울 수도 있다. **그러면** 숙소에서 쉬는 것이 좋다.

변이형의 쓰임 : 접속부사 '그러면'

1. 접속부사 '그러면'은 준말 '그럼'으로도 쓰인다. 이 '그럼'은 감탄사 '그럼'과 형태가 같다.

6. 앞 문장에 양보 : 그래도
   - 큰 소리로 불렀다. **그래도** 대답이 없었다.
7. 앞 문장과 대조 : 그러나, 그렇지만, 하지만
   - 큰 소리로 불렀다. **그러나** 대답이 없었다.

- 큰 소리로 불렀다. **그렇지만** 대답이 없었다.
- 큰 소리로 불렀다. **하지만** 대답이 없었다.

8. 앞 문장이 배경 : 그런데

- 무슨 말인지 알겠어. **그런데** 거기가 어디지?

❖ 접속부사를 사용하는 대신 앞 문장의 서술어에 부사형어미를 붙이면 두 문장을 한 문장으로 합칠 수 있다.[84)]

- 하늘이 아주 **맑고** 기온도 적당했다.
- 하루종일 **걸어서** 무척 피곤했다.
- 나는 **생각하므로** 나는 존재한다.
- 전기자동차 비중이 계속 높아지고 **있어서** 충전소 수요가 늘 것이다.
- 바람이 불고 **추우면** 숙소에서 쉬는 것이 좋다.
- 큰 소리로 **불러도** 대답이 없었다.
- 큰 소리로 **불렀으나** 대답이 없었다.
- 큰 소리로 **불렀지만** 대답이 없었다.
- 무슨 말인지 **알겠는데** 거기가 어디지?

❖ 두 문장을 묶는 접속부사는 두 담화를 묶는 데도 쓰일 수 있다. 다음의 두 '그러나'는 각각 [ ]로 묶인 앞뒤의 담화를 '대조'의 관계로 묶고 있다.

[카페 문을 열고 들어서다 사람들 시선을 한 몸에 받으면 우리는 대개 쑥스러워 어쩔 줄 모른다. 사람들은 누군가 방에 들어오니 그저 흘끔 쳐다본 것뿐인데 우리는 괜스레 옷매무새도 가다듬고 머리도 매만진다.] **그러나** [침팬지 사회라면 이 정도로 그치지 않는다. 개미 사회에서는 어림도 없는 일이다.]

[자연계에서 인간을 제외한 그 어떤 사회성 동물에게도 낯선 동물의 출현이 이처럼 평온할 순 없다. 남의 영토를 배회하다 발각된 개미는 졸지에 그 나라 일개미 수십 마리에게 둘러싸여 능지처참을 당한다. 늑대나 사자 혹은 영장류 사회에서 남의 무리 속으로 걸어 들어가는 일은 자살 행위와 다름없다.]

84) 부사형어미에 대해서는 §5.8, §14.8 참조.

그러나 [우리는 우범 지역만 아니라면 약간 겸연쩍을 뿐 생명의 위협까지 느끼진 않는다. 생판 모르는 수백 명과 함께 비행기에 올라타 몇 시간씩 하늘을 날고, 수천 명이 고함을 질러대는 축구 경기장에 어린 아들 손 잡고 겁 없이 들어선다. 누가 언제 어떻게 덮칠지 모를 컴컴한 영화관에 앉아 화면에 코를 박은 채 울고 웃는다. 신기하지 않은가?]

— 최재천, 〈익명 사회〉

❖ '그리고, 그러나, 또는, 즉'은 문장보다 작은 단위를 묶어 한 문장성분을 만드는 데도 쓰인다. 다음에서 앞뒤의 [ ] 부분을 묶는다.

- [토요일과 일요일], **그리고** [설 연휴와 추석 연휴]에 쉰다.
- 손으로 하는 것보다 [편하게] **그리고** [빠르게] 할 수 있다.
- 손으로 하는 것보다 [편하게] **그러나** [속도는 느리게] 할 수 있다.
- 미세먼지 농도가 [보통] **또는** [나쁨] 수준을 보이고 있다.
- [65세 이상의 인구], **즉** [노인 인구]가 빠르게 증가하고 있다.
- [전에 이곳에 온 적이 없는], **즉** [처음 방문하는] 사람은 먼저 바닷가를 구경하는 것이 좋다.

❖ '및, 내지(乃至), 대(對), 겸(兼)'은 명사구와 명사구를 묶어 한 명사구를 만드는 데 쓰인다.[85] '및'은 문어체에 쓰인다.

- 강수량 **및** 기온
- 25명 **내지** 30명
- 한국 **대** 일본
- 우리 팀이 3 **대** 1로 이겼다.
- 가수 **겸** 연기자

6.13. '=이' 파생부사

❖ 일반부사 중 접미사 '=이'가 붙은 파생부사가 많다.

85) 규범문법에서는 이러한 '대, 겸'을 의존명사로 처리한다.

'=이' 파생부사

어기		예
체언 반복형		겹겹이, 샅샅이, 일일이, 점점이, 줄줄이, 켜켜이, 틈틈이
형용사	'하다' 합성형용사	괜히, 급히, 당연히, 비스듬히, 분명히, 솔직히, 안녕히, 완전히, 조용히, 충분히, 특별히, 편히, 흔히
	기타 형용사	가까이, 같이, 굳이, 깊이, 높이, 많이, 멀리, 빨리, 없이, 외로이, 틀림없이
'하다' 합성형용사의 어근		깊숙이, 깨끗이, 높직이, 빽빽이, 나지막이, 어렴풋이
기타 어근		감히, 속히, 특히

❖ '겹겹이, 샅샅이' 등은 체언 반복형를 어기로 하여 접미사 '=이'가 붙은 부사이다. 1음절 체언 '겹, 샅' 등을 반복한 형태에 접미사 '=이'가 붙는다.

❖ '괜히, 당연히, 비스듬히' 등은 '하다' 합성형용사를 어기로 하여 접미사 '=이'가 붙은 부사이다. **'하다' 합성형용사**는 '괜하다, 당연하다, 비스듬하다' 등 어기 뒤에 '하다'가 붙은 합성형용사이다.

변이형의 쓰임 : 어기와 부사화접미사 '=이'

1. '하다' 합성형용사 어기에 접미사 '=이'가 붙으면 '하'의 'ㅏ'가 탈락한다.
   - 당연하=이→당연히, 흔하=이→흔히
2. 기타 형용사 어기에 접미사 '=이'가 붙을 때 어기의 형태가 바뀌는 경우도 있다.
   - 가깝=이→가까이, 멀=이→멀ㄹ=이→멀리, 빠르=이→빨ㄹ=이→빨리
3. '하다' 합성형용사의 어근이 아닌 기타 어근에 붙는 접미사 '=이'는 변이형 '=히'로 쓰인다.
   - 감=이→감히, 특=이→특히

6.14. 감탄사

❖ **감탄사**(感歎詞)는 상황에 대한 즉각적인 반응을 표현하는 것이 주된 기능인 단어이다.

❖ 감탄사는 문장성분 중 독립어로 쓰인다. 즉 홀로 문장을 형성할 수도 있고 다른 문장 속에 독립성분으로 참여할 수도 있다.

• 이거 받아요. — **네**. *홀로 문장을 형성함.

• **아이고**, 힘들다. *문장 속에 독립성분으로 참여함.

❖ 감탄사는 감정감탄사, 의지감탄사, 간투감탄사로 나누어진다.

감탄사의 분류

하위품사	특징	예
감정감탄사	즉석에서 느낀 대로 표현함	아차, 아이고
의지감탄사	소통에 대한 의지나 태도를 표현함	자, 글쎄
간투감탄사	말하기를 준비하고 있음을 표현함	음, 저

❖ **감정감탄사**(感情感歎詞)는 즉석에서 느낀 대로 표현하는 감탄사이다. 어떤 감정과 관련된 반응이냐에 따라 다양한 단어를 사용한다. 청자에 대한 의식이 약하므로 혼잣말로 많이 쓰인다.

• 놀람 : 아, 오, 와, 아이고, 어이구, 아차, 이크, 어머, 어머나, 이런, 저런, 참, 깜짝이야

• 실망 : 에라, 에이, 씨, 쳇, 치

• 안심 : 휴, 후유

• 의외 : 아니

• 기쁨 : 야, 만세

• 동감 : 옳지

❖ **의지감탄사**(意志感歎詞)는 소통에 대한 의지나 태도를 표현하는 감탄사이다. 어떤 의지나 태도와 관련된 반응이냐에 따라 다양한 단어를 사용한다. 청자에 대한 의식이 강하므로 혼잣말로는 잘 쓰이지 않는다.

• 대답 : 응, 예/네, 아니, 아니요, 글쎄, 글쎄요, 오냐, 그럼, 그래

• 부름 : 자, 저기, 저기요, 여보, 여보세요

• 명령 : 쉬, 아서, 자장자장, 곤지곤지, 죔죔

❖ '저기요'는 낯선 사람에게 말을 걸 때 많이 쓴다.

• **저기요**. 길 좀 물어 봐도 될까요?

❖ 의지감탄사 '여보세요'는 관용적으로 전화 통화를 시작할 때 인사말로 쓰인다. 해요체 형태이지만 청자경어법과 관계없이 쓰인다.

- **여보세요**? — **여보세요**? 역에 지금 도착했어.

❖ **간투감탄사**(間投感歎詞)는 말하기를 준비하고 있거나 대화에 참여하고 있음을 표현하는 감탄사이다. 자신이 화자임을 드러내기 위해, 말할 준비가 되어 있음을 드러내기 위해, 생각 중임을 표시하기 위해, 정확한 표현을 모름을 알리기 위해 등 다양한 목적으로 사용한다. 문어에서는 뒤에 말줄임표를 붙여서, 조금 길게 발음하거나 말을 바로 잇지 못하는 것을 표시하기도 한다.

- 간투감탄사 : 음, 흠, 뭐, 그, 저, 저기, 에헴
- **저**…. 혹시 영수 어머님 아니세요?
- 이 노래 부르는 가수가 누구지? — **음**…. 잘 모르겠는데.
- **그**, **그**, 야구에서 한꺼번에 두 사람 아웃되는 거. — 병살! — 맞아! 병살!
- 그럼 할 수 없지 **뭐**.
- 영미 하는 일이 늘 그렇죠 **뭐**.

7

서법

7.1. 서법의 개념

❖ **서법**(敍法)은 청자에 대한 화자의 태도를 표시하는 문법기능이다. 화자가 청자에게 언어로써 소통을 하는 목적과 관련된다.[86)]

7.2. 서법과 문장형

❖ 서법은 종결어미로 표현한다.

❖ 서법에 따라 구별되는 각 문장의 종류가 **문장형**(文章型)이다.

서법의 분류

서법		문장형	문법기능	해라체 종결어미
유형	종류			
명제서법	평서법	평서문	진술	-는다
	감탄법	감탄문	감탄	-어라
	의문법	의문문	질문, 의심	-니
행위서법	명령법	명령문	명령, 기원	-어라
	약속법	약속문	약속	-으마
	경계법	경계문	경고	-을라
	허락법	허락문	허락	-으렴
	청유법	청유문	제안	-자

86) 서법을 '문장종결법'이라 부르기도 한다.

7.3. 명제서법과 행위서법

❖ **명제서법**(命題敍法)은 화자와 청자가 주고받는 정보에 관한 서법이다.

- 평서법 : 화자가 가지고 있는 정보를 청자에게 준다. 진술.
- 감탄법 : 화자가 청자를 거의 의식하지 않고 감정을 표현한다. 감탄.
- 의문법 : 화자가 청자에게 정보를 달라고 요구하거나 주어진 정보에 의심을 표시한다. 질문, 의심.

❖ **행위서법**(行爲敍法)은 화자의 행위나 청자의 행위에 관한 서법이다.

- 명령법 : 화자가 청자의 행동을 요구하거나 청자에게 어떤 일이 일어나기를 바란다. 명령, 기원(祈願).
- 약속법 : 화자가 자신의 행동을 약속한다. 약속.
- 경계법 : 일어날 수 있는 사건에 청자가 대처하도록 화자가 요구한다. 경고.
- 허락법 : 화자가 청자의 행동을 허락한다. 허락.
- 청유법 : 화자가 청자에게 자신과 함께 행동할 것을 요구한다. 제안.

❖ 행위서법이 표현된 문장의 서술어로는 동사만 쓰인다.

❖ 행위서법이 표현된 문장의 주어는 화자나 청자이다.

- 약속문의 주어 : 화자
- 명령문, 경계문, 허락문의 주어 : 청자
- 청유문의 주어 : 화자와 청자

7.4. 종결어미의 분류

❖ 종결어미는 서법과 청자경어법에 따라 분류된다.[87)]

87) 해요체 종결어미는 없다. 해체 종결어미에 높임보조사 '요'를 붙이면 해요체 종결요소가 되어 종결어미처럼 쓰인다. '-어+요, -을게+요' 등은 종결어미가 아니라 종결요소이다. 해요체 종결요소에 대해서는 §8.5 참조.

종결어미의 분류

청자경어법 / 종결어미	해라체	하게체	하오체	합쇼체	해체	해요체	하라체
평서형어미	-는다	-네	-으오	-습니다	-어	-어+요	-는다
감탄형어미	-어라						
의문형어미	-니	-나	-으오	-습니까	-어	-어+요	-는가
명령형어미	-어라	-게	-으오	-으십시오	-어	-어+요	-으라
약속형어미	-으마	-음세	-으리다		-을게	-을게+요	
경계형어미	-을라						
허락형어미	-으렴	-게나	-구려				
청유형어미	-자	-으세	-읍시다		-어	-어+요	-자

7.5. 평서법

❖ **평서법**(平敍法)은 화자가 가지고 있는 정보를 청자에게 줌을 표현하는 서법이다. 즉 '진술'을 표시한다.

❖ 평서법이 표시된 문장, 즉 평서형어미로 종결된 문장이 **평서문**(平敍文)이다.

평서형어미 1

해라체	하게체	하오체	합쇼체	해체	해요체	하라체
-는다, -는구나	-네	-으오	-습니다	-어	-어+요	-는다

- 비가 온다.　*해라체
- 비가 오는구나.
- 비가 오네.
- 비가 오오.
- 비가 옵니다.
- 비가 와.

• 비가 와요.

• 비가 온다.　＊하라체

변이형의 쓰임 : 평서형어미 '-는다'

1. 평서형어미 '-는다'는 환경에 따라 '-는다, -ㄴ다, -다, -라'로 쓰인다.
   ① '-는다'는 ㄹ동사 이외의 자음동사 뒤에 쓰인다.
   • 잡는다
   ② '-ㄴ다'는 모음동사, ㄹ동사, 동사-으시- 뒤에 쓰인다.
   • 온다, 만든다(만들-ㄴ다), 오신다, 만드신다(만들-으시-ㄴ다)
   ③ '-다'는 '-었-, -겠-', 형용사(-으시-) 뒤에 쓰인다.
   • 작았다, 작겠다, 잡았다, 잡겠다, 작다, 작으시다
   ④ '-라'는 접미형용사 '이다', 일반형용사 '아니다'의 간접인용표현에 쓰인다.
   • 춘향이가 실존인물이라는(실존인물 # 이-는다-는) 생각
   • 춘향이가 실존인물이라고(실존인물 # 이-는다-고) 생각한다.

변이형의 쓰임 : 평서형어미 '-는구나'

1. 평서형어미 '-는구나'는 환경에 따라 '-는구나, -구나'로 쓰인다.
   ① '-는구나'는 동사(-으시-) 뒤에 쓰인다.
   • 오는구나, 잡는구나, 오시는구나
   ② '-구나'는 '-었-, -겠-', 형용사(-으시-) 뒤에 쓰인다.
   • 잡았구나, 잡겠구나, 작았구나, 작겠구나, 작구나, 작으시구나

변이형의 쓰임 : 평서형, 의문형, 명령형어미 '-으오'

1. 평서형, 의문형, 명령형어미 '-으오'는 환경에 따라 '-으오, -오, -소'로 쓰인다.
   ① '-으오'는 '있-, 없-'과 ㄹ용언을 제외한 자음용언 뒤에 쓰인다.
   • 잡으오, 작으오
   ② '-오'는 모음용언, ㄹ용언, '-으시-' 뒤에 쓰인다.
   • 오오, 만드오(만들-으오), 잡으시오, 작으시오
   ③ '-소'는 '-었-, -겠-, -잖-', ㄹ용언 이외의 자음용언 뒤에 쓰인다.
   • 잡았소, 있겠소, 오잖소, 잡소, 작소, 있소, 없소

변이형의 쓰임 : 평서형어미 '-습니다', 의문형어미 '-습니까'

1. 평서형어미 '-습니다'는 환경에 따라 '-ㅂ니다, -습니다'로 쓰인다. 의문형어미 '-습니까'도 같은 환경에서 '-ㅂ니까, -습니까'로 쓰인다.
   ① '-습니다, -습니까'는 ㄹ용언 이외의 자음용언, '-었-, -겠-, -잖-' 뒤에 쓰인다.
   - -습니다 : 잡습니다, 작습니다, 잡았습니다, 잡겠습니다
   - -습니까 : 잡습니까, 작습니까, 잡았습니까, 잡겠습니까, 잡잖습니까

   ② '-ㅂ니다, -ㅂ니까'는 모음용언, ㄹ용언, '-으시-' 뒤에 쓰인다.
   - -ㅂ니다 : 갑니다, 만듭니다, 잡으십니다, 작으십니다
   - -ㅂ니까 : 갑니까, 만듭니까, 잡으십니까, 잡으십니까

❖ 이 밖에도 다양한 평서형어미가 쓰인다.

평서형어미 2

해라체	-더라, -더구나, -는단다
하오체	-습디다
해체	-지, -데, -네, -는데, -던데, -는군, -더군, -거든, -을래, -을걸, -어야지, -는다고, -는다니까, -더라고, -더라니까

❖ '-더라, -더구나, -습디다, -지, -데, -네, -는군, -더군, -거든, -을래, -을걸 -어야지'는 양태 의미를 표시한다.[88)]

❖ '-는단다, -는다고, -는다니까, -더라고, -더라니까'는 간접인용문에서의 축약으로 형성된 어미들이다.[89)]

변이형의 쓰임 : 평서형어미 '-는군'

1. 해체 평서형어미 '-는군'은 '-는구먼'의 준말이다. 본말보다 준말이 널리 쓰인다.

88) 이들 어미의 양태 의미에 대해서는 10장(양태) 참조.
89) 간접인용문에서의 축약과 이들 어미에 대해서는 §15.14 참조.

❖ '-는데'는 '배경'의 부사형어미 '-는데'로부터 형성된 종결어미이다. 주어진 사건이 다음 사건의 배경임을 진술한다. 다음 예문은 비가 올 것 같은 사건이 다른 사건, 예를 들어 화자가 우산을 가지고 가는 사건의 배경임을 진술한다.

• 비가 올 것 같은데.

❖ '-던데'는 '-는데'와 같은데 배경이 되는 사건을 과거에 지각한 것만 다르다. '과거의 지각'은 양태 의미이다.[90)]

• 예약 안하면 많이 기다려야 되던데요.

7.6. 감탄법

❖ **감탄법**(感歎法)은 화자가 청자를 거의 의식하지 않고 감정을 표현하는 서법이다. 즉 '감탄'을 표시한다.

❖ 감탄법이 표시된 문장, 즉 감탄형어미로 종결된 문장이 **감탄문**(感歎文)이다.

감탄형어미

해라체	-어라

❖ 감탄법은 화자가 청자를 의식하지 않는 표현법이므로 청자경어법이 동시에 표현된다고 하기 어렵다. 그래서 감탄형어미 '-어라'가 해라체인지는 분명하지 않다.

❖ 감탄형어미 '-어라'와 명령형어미 '-어라'는 형태가 같다. 일반적으로 감탄형어미 '-어라'는 형용사 뒤에, 명령형어미 '-어라'는 동사 뒤에 쓰인다. 다음의 '놀라라'는 동사 뒤에 감탄형어미 '-어라'가 붙은 점에서 예외이다.

• 아이고, 추워라. *감탄형어미 '-어라'

• 아이고, 놀라라. *감탄형어미 '-어라'[91)]

• 창문 좀 열어라. *명령형어미 '-어라'

90) 양태에 대해서는 10장(양태) 참조.

91) '나 몰라라 하다'의 '몰라라'도 동사 '모르-'에 감탄형어미 '-어라'가 붙은 예외적 형태이다. 과거에 동사에도 감탄형어미가 결합했던 흔적이다.

7.7. 의문법

❖ **의문법**(疑問法)은 화자가 청자에게 정보를 달라고 요구하거나 주어진 정보에 의심을 표현하는 서법이다. 즉 '질문'이나 '의심'을 표시한다.

❖ 의문법이 표시된 문장, 즉 의문형어미로 종결된 문장이 **의문문**(疑問文)이다.

의문형어미 1

해라체	하게체	하오체	합쇼체	해체	해요체	하라체
-니, -냐	-나	-으오[92)]	-습니까[93)]	-어	-어+요	-는가

• 비가 오니?

• 비가 오냐?

• 비가 오나?

• 비가 오오?

• 비가 옵니까?

• 비가 와?

• 비가 와요?

• 비가 오는가?

❖ 해라체 의문형어미 '-니'는 '-냐'에 비해 친근한 느낌을 준다.

변이형의 쓰임 : 의문형어미 '-냐'

1. 의문형어미 '-냐'는 모든 환경에서 '-냐'로 쓰인다. 일부 환경에서 '-느냐'나 '-으냐'로 쓰이기도 한다. '-느냐'는 주절보다 종속절에서 더 자연스럽다. 주절 끝의 '-느냐'는 고어투이거나 문어체이다. '-냐, -느냐' 앞에서 'ㄹ'은 표기와 발음에서 탈락한다.
   ① '-느냐'는 '-었-, -겠-', '있-, 없-', 동사(-으시-) 뒤에 쓰일 수 있다.

92) '-으오'의 변이형에 대해서는 §7.5 참조.

93) '-습니까'의 변이형에 대해서는 §7.5 참조.

• 작았느냐, 작겠느냐, 있느냐, 없느냐, 잡느냐, 아느냐(알-느냐), 오시느냐

② '-으냐'는 '-잖-' 뒤에, '있-, 없-'과 ㄹ형용사를 제외한 자음형용사 뒤에 쓰일 수 있다.

• 오잖으냐, 작으냐, 좋으냐

변이형의 쓰임 : 의문형어미 '-나'

1. 의문형어미 '-나'는 환경에 따라 '-나, -은가, -ㄴ가'로 쓰인다. '-나, -ㄴ가' 앞에서 'ㄹ'은 표기와 발음에서 탈락한다.

① '-나'는 '-었-, -겠-', '있-, 없-', 동사(-으시-) 뒤에 쓰인다.

• 작았나, 작겠나, 있나, 없나, 오나, 잡나, 아나(알-나), 오시나

② '-은가'는 '-잖-' 뒤에, '있-, 없-', ㄹ형용사 이외의 자음형용사 뒤에 쓰인다.

• 오잖은가, 작은가

③ '-ㄴ가'는 모음형용사, ㄹ형용사, 형용사-으시- 뒤에 쓰인다.

• 흰가, 둥근가(둥글-ㄴ가), 작으신가

2. 변이형 '-나' 대신 '-는가'를 쓰기도 한다. '-는가' 앞에서 'ㄹ'은 표기와 발음에서 탈락한다.

• 작았는가, 작겠는가, 있는가, 없는가, 오는가, 잡는가, 아는가(알-는가), 오시는가

❖ 이 밖에도 다양한 의문형어미가 쓰인다.

의문형어미 2

해라체	-디, -더냐
하오체	-습디까
해체	-지, -나, -던가, -을래, -을까, -는데, -던데, -는다고, -는다며, -는다면서, -더라고, -더라며, -더라면서

❖ 해라체 의문형어미 '-디'는 '-더냐'에 비해 친근한 느낌을 준다.

❖ '-디, -더냐, -습디까, -지, -던가, -을래, -을까'는 양태 의미를 표시한다.[94)]

❖ '-는다고, -는다며, -는다면서, -더라고, -더라며, -더라면서'는 간접인용문에서

94) 양태와 이들 어미에 대해서는 10장(양태) 참조.

의 축약으로 형성된 어미들이다.[95]

❖ '-는데'는 '배경'의 부사형어미 '-는데'로부터 형성된 종결어미이다. 주어진 사건을 배경으로 한 다음 사건을 묻는다. 다음 예문은 비가 올 것 같은 사건을 배경으로 할 때 다음 사건이 무엇인지를 묻는다. 예를 들어 우산을 가져갈지, 그냥 갈지, 아니면 청자가 비가 오지 않을 거라고 예상하는지 등에 대해 묻는다.

• 비가 올 것 같은데?

❖ '-던데'는 '-는데'와 같은데 배경이 되는 사건을 과거에 지각한 것만 다르다. '과거의 지각'은 양태 의미이다.[96]

• 예약 안하면 많이 기다려야 되던데요?

❖ 명사형어미 '-는지'와 '-을지'로 끝난 명사절의 뒷말을 생략하여 '-는지'와 '-을지'를 해체 의문형어미처럼 쓰기도 한다. 이러한 종결은 그 절의 내용이 궁금함을 표현한다.

• 누가 가는지?

• 누가 갈지?

❖ '-는지'와 '-을지' 뒤에 높임보조사 '요'를 붙인 '-는지요'와 '-을지요'는 해요체 의문형어미처럼 쓰인다. 절의 내용이 궁금하다는 식으로 표현함으로써 청자에게 합쇼체보다 공손하고 조심스럽게 물음을 표시한다.

• 누가 가는지요?

• 누가 갈지요?

❖ '-는지(+요), -을지(+요)'로 종결한 문장은 특수 종결문이다.[97]

7.8. 의문문의 분류

❖ 의문문은 형식과 기능의 관점에서 다양하게 분류된다.[98]

95) 간접인용문에서의 축약과 이들 어미에 대해서는 §15.14 참조.

96) 양태에 대해서는 10장(양태) 참조.

97) 특수 종결문에 대해서는 §7.17 참조.

98) 형식상으로는 의문문이지만 '질문, 의심'의 기능이 없는 부가의문문에 대해서는 §7.14 참조.

의문문의 형식적 분류

<table>
<tr><th colspan="2">종류</th><th colspan="2">형식</th></tr>
<tr><td rowspan="2">판정의문문</td><td>가부형 판정의문문
=가부의문문</td><td>선택항이 하나만 제시됨</td><td rowspan="2">의문사가
쓰이지 않음</td></tr>
<tr><td>선택형 판정의문문
=선택의문문</td><td>선택항이 둘 이상 제시됨</td></tr>
<tr><td colspan="2">설명의문문</td><td colspan="2">의문사가 쓰임</td></tr>
</table>

의문문의 기능적 분류

<table>
<tr><th colspan="2">종류</th><th colspan="2">기능</th></tr>
<tr><td rowspan="3">진짜의문문</td><td>일반의문문</td><td>화자가 모르는 정보를 청자에게
요구하거나 참인지를 의심함</td><td rowspan="3">질문이나 의심을
목적으로 함</td></tr>
<tr><td>시험의문문</td><td>화자가 아는 정보를 청자도
아는지를 시험함</td></tr>
<tr><td>인용의문문</td><td>청자의 이전 진술에 들어 있는
정보를 다시 요구함</td></tr>
<tr><td colspan="2">수사의문문</td><td>화자가 아는 정보를 청자가
깨닫거나 인정하도록 유도함</td><td>질문이나 의심을
목적으로 하지 않음</td></tr>
</table>

7.9. 판정의문문

❖ **판정의문문**(判定疑問文)은 의문사가 쓰이지 않은 의문문이다.[99]

❖ **가부형**(可否形) **판정의문문**, 즉 **가부의문문**(可否疑問文)은 선택항을 하나만 제시한다. 그 선택항을 긍정하는지 부정하는지를 청자가 선택해 대답하도록 요구한다. 예를 들어 "비가 와?"는 비가 온다는 명제만 선택항으로 제시하고 그것에 대해 긍정이나 부정의 대답을 청자가 하도록 요구한다. 청자는 감탄사 '응, 예'로 긍정의 대답을, '아니, 아니요'로 부정의 대답을 한다.

• 비 와? — 응, 와. / 아니, 안 와.

99) 의문사에 대해서는 §7.10 참조.

❖ **선택형**(選擇形) **판정의문문**, 즉 **선택의문문**(選擇疑問文)은 선택항을 둘 이상 제시한다. 대답은 선택항 중의 하나로 한다.

• 비 와, 안 와? — 와. / 안 와.

• 배우기 어려운 언어가 중국얼까, 베트남얼까, 프랑스얼까? — 베트남얼 거야.

❖ 선택의문문의 종결어미로 '-지'는 쓰이지 않는다. 의문문의 '-지'는 화자가 알고 있는 사실이 참인지를 청자에게 물음을 나타내므로 서로 모순되는 선택항에 동시에 '-지'를 붙이지 못하는 것이다.

• 비가 오지, 안 오지? (×)

7.10. 설명의문문과 의문사

❖ **설명의문문**(說明疑問文)은 의문사가 쓰인 의문문이다. 의문사가 가리키는 지시물에 관한 정보를 청자에게 요구한다.

❖ **의문사**(疑問詞)는 의문문에서 질문의 대상, 즉 화자가 모르는 사물이나 현상을 가리키는 단어이다. 품사에 따라 의문대명사, 의문수사, 의문관형사, 의문부사, 의문동사, 의문형용사로 나누어진다.

❖ 의문사는 설명의문문의 초점이 되며 강세를 가지고 발음된다.

의문사

의문대명사	누구, 무엇, 언제, 어디, 얼마
의문수사	몇
의문관형사	무슨, 어떤, 어느, 웬
의문부사	언제, 어디, 어찌, 얼마나, 왜
의문동사	어쩌다, 어찌하다, 어떡하다
의문형용사	어떻다, 어떠하다

❖ **의문대명사** '누구, 언제, 어디'와 **의문수사** '몇'은 조사 없이도 관형어로 쓰인다.

• 두 팀으로 나눈 건 **누구**의 생각입니까?

• 두 팀으로 나눈 건 **누구** 생각입니까?　＊관형어

- 나이가 **몇**이지?
- 나이가 **몇** 살이지? *관형어

❖ '왜'를 제외한 의문사는 모두 비한정사와 형태가 같다. **비한정사**(非限定詞)는 대상을 특정하게 가리키지 않음을 표시하는 단어이다.

비한정사

비한정대명사	누구, 무엇, 언제, 어디, 얼마
비한정수사	몇
비한정관형사	무슨, 어떤, 어느, 웬
비한정부사	언제, 어디, 어찌, 얼마나
비한정동사	어쩌다, 어찌하다, 어떡하다
비한정형용사	어떻다, 어떠하다

- 의문대명사 : **누**가 왔어요? *온 사람이 누구인지를 물음. '누가'에 강세.
- 비한정대명사 : **누**가 왔어요? *온 사람이 있는지 없는지를 물음. '왔어요'에 강세. 문말억양이 높아짐.
- 비한정대명사 : **누**가 왔어요. *특정하게 가리키지 않은 어떤 사람이 왔음을 말함. '왔어요'에 강세. 문말억양이 낮아짐.

❖ **의문동사**이자 **비한정동사**인 '어쩌다'는 '어찌하다'의 준말로서 본말 '어찌하다'보다 널리 쓰인다.

- 의문동사 : 내가 준 돈 **어쨌니**? / **어쩌려고** 돈을 써 버렸니? / 돈을 써 버렸으니 이제 **어쩌나**? / **어째서** 돈을 써 버렸니? / 돈을 써 버렸으니 **어쩌면** 좋겠니?
- 비한정동사 : 나도 이제 **어쩔** 수 없다. / **어쩌다** 보니 여기까지 오게 됐다.

❖ 부사 '어쩌면, 어쩐지, 어쨌든지(준말은 '어쨌든')'는 비한정동사 '어쩌-'에 어미 '-으면, -은지, -었-든지'가 각각 붙어서 만들어진 단어들이다.

❖ **의문형용사**이자 **비한정형용사**인 '어떻다'는 '어떠하다'의 준말로서 본말 '어떠하다'보다 널리 쓰인다.

- 의문형용사 : 사과가 맛이 **어때**? / 여행은 **어땠니**? 좋았니? / 시합은 **어떻게** 됐니? /

두부는 **어떻게** 만드는지 알아요? / **어떨** 때가 가장 행복하세요?

• 비한정형용사 : 사과가 맛이 **어때도** 나는 상관없다. / 사과가 맛이 **어때야** 한다는 선입관 같은 것은 없다. / 사과가 맛이 **어떠니까** 값이 **어떻다**고 말할 수 있을까?

❖ '어떻-'에 관형사형어미 '-는'이 붙어 만들어진 '어떤'은 관형사로 널리 쓰인다.

❖ **의문동사**이자 **비한정동사**인 '어떡하다'는 '어떻게 하다'가 줄어들어 만들어진 단어이다.

• 의문동사 : 영수가 못 온다는데 **어떡하죠**?

• 비한정동사 : **어떡하더라도** 영수를 설득해야 한다.

7.11. 시험의문문

❖ **시험의문문**(試驗疑問文)은 형식상으로 일반의문문과 전혀 차이가 없다. 시험의문문과 일반의문문의 문말억양도 같다. 발화의 목적이 다를 뿐이다. 화자의 발화가 시험의문문인지 일반의문문인지를 청자는 상황과 문맥을 통해 추론한다.

• 19×19는 몇입니까? ＊일반의문문 또는 시험의문문

❖ 화자가 위의 질문의 답을 모르기 때문에 청자에게 정보를 달라고 요구하는 것이 목적이면 일반의문문이고, 화자가 이 질문의 답을 알면서 청자가 답을 아는지를 평가하는 것이 목적이면 시험의문문이다. 시험의문문은 각종 시험에 널리 사용된다.

7.12. 인용의문문

❖ **인용의문문**(引用疑問文)은 청자가 이전에 한 말에 대해, 화자가 내용을 잘 이해했는지를 확인하기 위해 또는 잘 이해하지 못한 일부 정보를 다시 요구하기 위해 사용하는 문장이다.

❖ 청자가 이전에 한 말의 종결형을 하라체로 바꾸고 그 뒤에 인용의 부사형어미 '-고'를 붙인다. 그리고 그 뒤에 보조사 '요'를 붙이면 해요체가 되고 붙이지 않으면 해체가 된다. 문말억양은 상승조이다.

• 비가 옵니다. — 비가 온다고요?

• 비가 와요. — 비가 온다고요?

• 비가 왔어. — 비가 왔다고요?

• 비가 옵니까? — 비가 오냐고요?

• 비가 와요? — 비가 오냐고요?

• 비가 왔어? — 비가 왔냐고요?

❖ "비가 온다고?"는 "비가 온다고 했어?"를, "비가 온다고요?"는 "비가 온다고 했어요?"를 줄인 표현, 즉 생략문으로 볼 수도 있다.[100)]

❖ 같은 상황에서 인용의문문 대신 다음과 같이 일반의문문을 사용할 수도 있다.

• 비가 옵니다. — 비가 와요?

• 비가 왔어. — 비가 왔어요?

• 비가 와요? — 비가 와요?

• 비가 왔어? — 비가 왔어요?

❖ 인용의문문과 위의 일반의문문을 화자가 청자의 말을 잘 이해한 경우에도 사용하는 경우가 있다. 이것은 화자가 청자의 발언에 관심을 표현하기 위해서 또는 화자가 말할 준비에 필요한 시간을 벌기 위해서이다.

• 영미 씨가 메일을 아직 안 보냈습니다. — 메일을 아직 안 보냈다고요? 그럼 전화해서 급하다고 얘기해요. *인용의문문 사용

• 아빠, 다리 아파요. — 다리 아파? 그럼 아빠가 안아 줄게. *일반의문문 사용

7.13. 수사의문문

❖ **수사의문문**(修辭疑問文)은 형식상으로 일반의문문과 전혀 차이가 없다. 수사의문문과 일반의문문의 문말억양도 같다. 발화의 목적이 다를 뿐이다. 화자의 발화가 수사의문문인지 일반의문문인지를 청자는 상황과 문맥을 통해 추론한다. 다음 두 문장은 일반의문문도 될 수 있고 수사의문문도 될 수 있다.

• 영수가 3시까지 왔니? *형식상 가부의문문

• 누가 3시까지 왔니? *형식상 설명의문문

---

100) 생략문에 대해서는 §13.1 참조.

❖ 수사의문문은 화자가 아는 정보를 청자가 스스로 깨닫거나 인정하도록 유도한다. 청자에게 명제에 대한 의심과 재검토를 요구함으로써 명제를 부정하도록 다그친다. 결과적으로 수사의문문은 강한 부정을 표현하게 된다. 수사의문문 "영수가 3시까지 왔니?"는 영수가 3시까지 오지 않았음을 강조한다. 수사의문문 "누가 3시까지 왔니?"는 아무도 3시까지 오지 않았음을 강조한다.

7.14. 명령법

❖ **명령법**(命令法)은 화자가 청자의 행동을 요구하거나 청자에게 어떤 일이 일어나기를 바라는 서법이다. 즉 '명령'이나 '기원(祈願)'을 표현한다.

❖ 명령법이 표시된 문장, 즉 명령형어미로 종결된 문장이 **명령문**(命令文)이다.

명령형어미

해라체	하게체	하오체	합쇼체	해체	해요체	하라체
-어라	-게	-으오[101)]	-으십시오	-어, -지	-어+요 -지+요	-으라

❖ 합쇼체 명령형어미는 원래 '-읍시오'였다. 그런데 명령문의 주어가 곧 명령문의 청자이므로 주체경어법 선어말어미 '-으시-'가 '-읍시오' 앞에 자주 끼어들었다. 그 결과 '-으시-읍시오'가 합쇼체 명령형어미 '-으십시오'로 굳어지게 되었다.[102)]

❖ '-읍시오'는 준말 '-읍쇼'의 형태로 다음과 같은 관용표현에 자주 쓰였다. 신분이 낮은 사람이 신분이 높은 사람에게 쓰는 말투이다. 이제는 '-읍쇼'를 거의 쓰지 않는다.

• 한 푼 줍쇼. ＊거지가 구걸하는 말

• 어서 옵쇼. ＊가게의 종업원이 손님에게 하는 말

❖ 하오체 명령법에서 선어말어미 '-으시-'를 명령형어미 '-으오' 앞에 넣으면 청자를

101) '-으오'의 변이형에 대해서는 §7.5 참조.

102) 그래서 '합쇼체' 대신 '하십시오체'라고 부르기도 한다.

조금 더 높이는 효과가 있다.

- 여기 앉으오.
- 여기 앉으시오.

❖ 해체 종결어미 '-지'는 '이미 앎'의 양태를 표시한다. 명령문의 '-지'는 해당 문장이 표현하는 사건이 당연히 일어난다는 느낌으로 명령을 표시함으로써 청자에게 가해지는 부담을 줄이는 효과가 있다. 그래서 '-지'로 종결한 명령문은 '-어'로 종결한 명령문에 비해 강요나 지시의 느낌이 약하다.

- 여기 앉아. ＊'-어'로 종결한 명령문
- 여기 앉지. ＊'-지'로 종결한 명령문
- 여기 앉으세요. ＊'-어＋요'로 종결한 명령문
- 여기 앉으시지요. ＊'-지＋요'로 종결한 명령문

❖ '-지'로 종결한 명령문 뒤에 지시동사 '그러다'의 의문형을 이어서 종결한 문장은 **부가의문문**(附加疑問文)이다. 부가의문문은 형식상으로 의문문이지만 문말억양이 낮아지고 의미도 '질문'이 아닌 '대안 제시'이다.

- 부가의문문 : '-지' 명령문＃그러-의문형어미

❖ 부가의문문에서 '그러다'의 현재 의문형을 사용하면 현재나 미래 사건에 대해 대안을 제시하는 것이다. 즉 '권유'를 표시한다.

- 여기 앉지 그러니?
- 여기 앉지 그래요?
- 여기 앉으시지 그러세요?

❖ 부가의문문에서 '그러다'의 과거 의문형을 사용하면 과거 사건에 대해 대안을 제시하는 것이다. 즉 '가벼운 책망'을 표시한다.

- 여기 앉지 그랬니?
- 여기 앉지 그랬어요?
- 여기 앉으시지 그러셨어요?

❖ 명령법이 표시하는 '명령'은 자신의 의지대로 행동할 수 있는 청자에게 특정한 행동을 하도록 요구하는 것이다. 이때 청자는 사람이나 동물에 한정된다. 그 밖의 사물

을 청자로 삼는 것이 문학작품 같은 상상의 세계에서는 가능한데 그때는 그 사물이 자신의 의지대로 행동할 수 있는 것으로 가정한 것이다. 일종의 의인화(擬人化)이다.

- 할머니, 이쪽으로 오세요.
- 민수야, 빨리 와.
- 멍멍아, 이리 와.
- 양말아, 여기 와서 앉아. *동화에서 무생물을 의인화함

❖ 명령법이 표시하는 '기원'은 의지대로 행동할 수 없는 청자에게 어떤 일이 일어나기를 바라는 것이다. 모든 사물이 청자가 될 수 있다.

- 영수야, 이번에는 꼭 합격해라.
- 나무야, 잘 자라라.
- 바람아, 멈춰라.
- 회의야, 빨리 끝나라.

❖ 명령문의 서술어는 동사이지만 일부 형용사도 명령문의 서술어로 쓰인다. 형용사가 주체의 의지가 어느 정도 작용할 수 있는 현상을 나타내거나 '기원'을 표시하는 명령문에서 그렇다.

- 할머님, 건강하십시오. *주체의 의지가 어느 정도 작용할 수 있음. 또는 기원.
- 얘들아, 성실하고 정직해라. *주체의 의지가 어느 정도 작용할 수 있음.
- 여러분, 행복하세요. *기원

❖ 명령문이 아니지만 '명령'의 기능을 표시하는 문장이 있다. '-을 것' 종결문과 '-도록' 종결문이 그 예이다. 이들은 특수 종결문으로서 문어체이다.[103)]

❖ '-을 것' 종결문은 '명령, 의무'를 표현하며 문어체에 쓰인다.

- 팀장들은 9시까지 모일 것.
- 짜게 먹지 말 것.
- 운동을 위해서는 빨리 걸을 것.

❖ '-도록' 종결문은 문장 끝의 서술어 '하라, 해라, 해, 하시오' 등이 생략된 생략문이

103) 특수 종결문에 대해서는 §7.17 참조.

라고 할 수도 있다.

• 팀장들은 9시까지 모이도록.

7.15. 약속법, 경계법, 허락법

❖ **약속법**(約束法)은 화자가 자신의 행동을 약속함을 표현하는 서법이다. 즉 '약속'을 표시한다.

❖ 약속법이 표시된 문장, 즉 약속형어미로 종결된 문장이 **약속문**(約束文)이다.

약속형 어미

해라체	하게체	하오체	합쇼체	해체	해요체	하라체
-으마	-음세	-으리다		-을게	-을게+요	

• 내가 여기 있으마.

• 내가 여기 있음세.

• 내가 여기 있으리다.

• 내가 여기 있을게.

• 제가 여기 있을게요.

❖ **경계법**(警戒法)은 일어날 수 있는 사건에 청자가 대처하도록 화자가 요구함을 표현하는 서법이다. 즉 '경고'나 '경계'를 표시한다.

❖ 경계법이 표시된 문장, 즉 경계형어미로 종결된 문장이 **경계문**(警戒文)이다.

경계형어미

해라체	하게체	하오체	합쇼체	해체	해요체	하라체
-을라						

• 영수야, 조심해라. 넘어질라.

❖ **허락법**(許諾法)은 화자가 청자의 행동을 허락함을 표현하는 서법이다. 즉 '허락'을

표시한다.

❖ 허락법이 표시된 문장, 즉 허락형어미로 종결된 문장이 **허락문**(許諾文)이다.

허락형어미

해라체	하게체	하오체	합쇼체	해체	해요체	하라체
-으렴, -으려무나	-게나	-구려				

• 네가 여기 있으렴.

• 자네가 여기 있게나.

• 당신이 여기 있구려.

❖ '-으려무나'는 '-으렴'에 비해 친근한 느낌을 준다.

❖ '-을게', '-을게+요'로 종결된 약속문을 제외하면, 약속문, 경계문, 허락문은 고어투 느낌이 강하다. 그래서 다른 문장형으로 표현할 때가 많다.

• 내가 여기 있겠다. *의지를 나타내는 '-겠-'을 넣은 평서문으로 약속문을 대신함.

• 영수야, 조심해라. 넘어지겠다. *추측을 나타내는 '-겠-'을 넣은 평서문으로 경계문을 대신함.

• 네가 여기 있어라. *명령문으로 허락문을 대신함.

7.16. 청유법

❖ **청유법**(請誘法)은 화자가 청자에게 자신과 함께 행동할 것을 요구하는 서법이다. 즉 '제안'을 표시한다.

❖ 청유법이 표시된 문장, 즉 청유형어미로 종결된 문장이 **청유문**(請誘文)이다.

청유형어미

해라체	하게체	하오체	합쇼체	해체	해요체	하라체
-자	-으세	-읍시다	-으시-지+요	-어, -지	-어+요 -지+요	-자

• 영수야, 나하고 가자.

• 김 서방, 같이 가세.

• 여보, 같이 갑시다.

• 할머니, 저하고 가요.

❖ 해체 종결어미 '-지'는 '이미 앎'의 양태를 표시한다. 청유문의 '-지'는 해당 문장이 표현하는 사건이 당연히 일어난다는 느낌으로 제안을 표시함으로써 청자에게 가해지는 부담을 줄이는 효과가 있다. 그래서 '-지'로 종결한 청유문은 '-어'로 종결한 청유문에 비해 강요나 지시의 느낌이 약하다.

• 나하고 같이 가. *'-어'로 종결한 청유문

• 나하고 같이 가지. *'-지'로 종결한 청유문

• 저하고 같이 가세요. *'-어 +요'로 종결한 청유문

• 저하고 같이 가시지요. *'-지 +요'로 종결한 청유문

❖ 합쇼체 청유형어미는 없다. 합쇼체를 써야 할 상황에서 '제안'을 표시하기 위해, 종결요소 '-으시지요'로 끝난 해요체 청유문이나 종결요소 '-으시겠습니까'로 끝난 합쇼체 의문문을 활용하는 경우가 많다.

• 저하고 같이 가시지요. *해요체 청유문

• 저하고 같이 가시겠습니까? *합쇼체 의문문

❖ '-으시겠습니까'는 '-으시-겠-습니까'의 구조로서 '의지'의 양태 의미를 가지는 선어말어미 '-겠-'을 포함하고 있다. 청자의 의지가 있는지를 묻는 방식으로 청자에게 가해지는 부담을 줄임으로써 공손한 느낌을 준다.

❖ 청유문의 서술어는 동사이지만 일부 형용사도 청유문의 서술어로 쓰인다. 형용사가 주체의 의지가 어느 정도 작용할 수 있는 현상을 나타내는 청유문에서 그렇다.

• 우리 모두 침착하자. *주체의 의지가 어느 정도 작용할 수 있음.

• 우리 서로 솔직합시다. *주체의 의지가 어느 정도 작용할 수 있음.

❖ 행동의 주체가 청자를 뺀 화자인데도 청자의 협조가 필요함을 강조하기 위해 평서법이나 약속법 대신 청유법을 쓸 때가 있다.

• 좀 내립시다. *만원 열차에서 내리려는 사람이 출입문 쪽 사람들에게 평서문 "내립니다." 대신에 사용하여 협조를 요청함.

❖ 행동의 주체가 화자를 뺀 청자인데도 명령의 느낌을 완화하고 청자의 부담을 덜어주기 위해 명령법 대신 청유법을 쓸 때가 있다.

• 좀 비킵시다. *만원 열차에서 내리려는 사람이 출입문 쪽 사람들에게 명령문 "좀 비키세요." 대신에 사용하여 명령의 느낌을 완화함.

• 아가, 약 먹자. *엄마가 아기에게 약을 먹이려 할 때 엄마도 약을 같이 먹는 것처럼 표현하여 아기의 부담을 줄여 줌.

❖ 혼잣말에서는 화자가 청자를 겸하므로 화자의 행동을 평서법 대신 청유법으로 표현하는 경우가 있다.

• 에라 모르겠다. 잠이나 자자.

• 가만있자….

7.17. 특수 종결문

❖ 위에서 본 문장형들은 서법이 표시된 종결형이 주절의 서술어로 쓰인다. 문장 중에는 주절의 서술어가 종결형이 아닌 것도 있다. 그러한 문장은 **특수 종결문**이다.

특수 종결문의 분류

유형		특징
명사문	명사형 종결문	'-기, -음' 명사형으로 종결 '-는지(+요), -을지(+요)'로 종결
	명사 종결문	명사로 종결
어근문	어근 종결문	어근으로 종결
부사형 종결문		부사형으로 종결

❖ **명사형 종결문**은 명사형을 서술어로 삼아 종결한 문장이다.[104)]

• 5시에 친구들 만나기.

• 팀원들과 행사 준비에 관해 의논함.

• 할아버지께서 내 전화를 받으시고 기뻐하셨음.

• 토요일에 귀국할 예정임.

• 누가 가는지?

• 일주일 정도 늦추는 건 어떠실지요?

❖ '명사+하-'로 끝난 용언의 명사형 '명사+함'에서 '함'을 생략하면 **명사 종결문**이 된다. 다음은 '의논함'에서 '함'을 생략하고 명사 '의논'만으로 종결한 문장이다.

• 팀원들과 행사 준비에 관해 의논.

❖ 명사에 접미형용사 '이-'의 명사형 '임'이 붙은 '명사#임'에서 '임'을 생략하면 명사 종결문이 된다. 다음은 '예정임'에서 '임'을 생략한 문장이다.

• 토요일에 귀국할 예정.

❖ 의존명사 '것'을 사용한 '-을 것' 종결문도 명사 종결문에 속한다.[105)]

❖ **명사문**은 서법과 청자경어법을 표시하지 않고 종결하는 문장이므로 특정한 청자를 대상으로 하지 않는 문어체에 쓰인다. 회의록이나 개인적인 메모 등 중요한 사실을 간략하게 기록해 두기 위한 글, 글의 제목, 영상물의 자막 등에 많이 쓰인다.

❖ **어근 종결문**도 간략한 기록을 위한 문어체에 쓰인다. 다음의 '따뜻, 시큰둥'은 각각 '따뜻하다, 시큰둥하다'에서의 어근이다.

• 어제보다 따뜻.

• 상대의 반응은 시큰둥.

❖ **부사형 종결문**은 '-도록' 종결문이다.[106)]

104) '-는지(+요), -을지(+요)'로 종결한 문장에 대해서는 §7.7 참조.

105) '-을 것' 종결문에 대해서는 §7.15 참조.

106) '-도록' 종결문에 대해서는 §7.15 참조.

8

경어법

8.1. 경어법의 종류

❖ **경어법**(敬語法)은 문장과 관련된 사람에게 사회적 관계에 따른 예우(禮遇)를 표시하는 문법기능이다.[107] 누구를 기준으로 누구에게 예우를 표시하는지에 따라 경어법을 세 가지로 나눈다.

1. 주체경어법 : 화자를 기준으로 사건의 주체에게
2. 객체경어법 : 사건의 주체를 기준으로 사건의 객체에게
3. 청자경어법 : 화자를 기준으로 청자에게

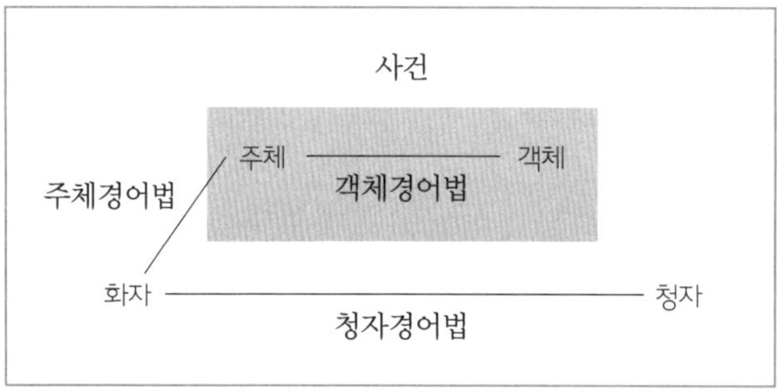

8.2. 주체경어법

❖ **주체경어법**(主體敬語法)은 화자를 기준으로 사건의 주체에게 예우를 표시한다. 사건의 주체는 주어가 가리키는 지시물이다.

❖ 주체를 높임으로 예우함을 표시하는 문법소는 주격조사 '께서'와 선어말어미 '-으

107) '경어법' 대신 '높임법, 존대법, 존비법, 대우법' 등 다양한 용어가 사용된다.

시-'이다.

❖ '께서'가 '-으시-'보다 높임의 정도가 강하다. 따라서 '께서'를 사용한 문장에서는 당연히 '-으시-'를 사용한다.

- 할머니가 온다. *할머니를 높임으로 예우하지 않음.
- 할머니께서 온다. (×)
- 할머니가 오신다. *할머니를 높임으로 예우함. 높임의 정도가 약함.
- 할머니께서 오신다. *할머니를 높임으로 예우함. 높임의 정도가 강함.

❖ 서술어가 표현하는 동작이나 상태가 주체와 간접적으로 관련될 때도 '-으시-'를 붙인다. 다음에서 서술어 '빠르다'는 주어 '걸음이'와 직접 관련되고 주어 '할머니'는 서술절 '걸음이 빠르다'와 직접 관련된다. 따라서 '할머니'와 '빠르다'는 간접적으로 관련된다. '빠르다'에 붙은 '-으시-'는 주체를 간접적으로 높이므로 이러한 높임은 **간접높임**이다.

- 할머니가 [걸음이 빠르시다].
- 부장님은 [댁이 머시다].
- 어머님께서 [수학이 전공이시라고요]?

❖ 서술어가 표현하는 동작이나 상태가 주체와 직접 관련되는지 간접적으로 관련되는지에 따라 용언을 구별해 사용하는 경우가 있다. 예를 들어 '아프다, 있다'의 주체를 높임으로 예우할 때 '아프시다, 있으시다'를 쓰는 경우와 '편찮으시다, 계시다'를 쓰는 경우가 구별된다.

- 할머니가 **편찮으시다**. *주체와 상태가 직접 관련됨. '아프다' 대신 '편찮다'를 사용함.
- 할머니가 [다리가 **아프시다**]. *주체와 상태가 '다리'를 매개로 간접적으로 관련됨.
- 할머니가 방에 **계신다**. (↔안 계신다) *주체와 동작이 직접 관련됨. '있다' 대신 '계시다'를 사용함.
- 할머니가 [돈이 **있으시다**]. (↔없으시다) *주체와 상태가 '돈'을 매개로 간접적으로 관련됨.

❖ '편찮으시다'는 형용사 '편찮다'에 '-으시-'를 붙인 활용형으로서 '아프다'에 대한 주체경어 표현으로 쓰인다.

❖ '계시다'는 동사/형용사 '있다'에 대한 **주체경어 동사**이다. 본동사와 보조동사로 쓰인다.

- 할머니가 방에 **계신다.** *본동사
- 할머니가 앉아 **계신다.** *보조동사
- 할머니가 웃고 **계신다.** *보조동사

❖ '돌아가시다'는 동사 '돌아가다'에 '-으시-'를 붙인 활용형으로서 '죽다'에 대한 주체경어 표현으로 쓰인다.

- 할아버지는 작년에 **돌아가셨다.**

❖ 동사 '말씀하다'는 '말하다'의 주체경어 동사이다. '-으시-'를 붙인 활용형 '말씀하시다'의 형태로만 쓰인다.

- 할아버지께서 족보에 대해 자주 **말씀하셨다.**

8.3. 객체경어법

❖ **객체경어법**(客體敬語法)은 사건의 주체를 기준으로 사건의 객체에게 예우를 표시한다. 사건의 객체는 목적어나 격조사 '에게, 한테, 께'가 붙은 부사어로 나타난다.

❖ 객체를 높임으로 예우함을 표시하기 위해 문법소나 동사를 사용한다.

❖ 객체를 높임으로 예우함을 표시하는 문법소는 부사격조사 '께'이다.

❖ 객체를 높임으로 예우함을 표시하는 동사는 **객체경어 동사** '모시다, 뵙다, 드리다, 여쭙다' 등이다. 이들은 객체를 높임으로 예우하지 않음을 표시하는 **평어**(平語) **동사** '데리다, 만나다/보다, 주다, 묻다/말하다' 등에 각각 대응한다.

❖ '감사하다'와 같은 '동작성 명사+하다'의 '하다'를 '드리다'로 바꾸면 '감사드리다' 등의 객체경어 동사가 된다.

평어 동사와 객체경어 동사

평어 동사	객체경어 동사
데리다	모시다
만나다, 보다	뵙다
주다(본동사/보조동사)	드리다(본동사/보조동사)
도와주다	도와드리다
들려주다	들려드리다
묻다, 말하다	여쭙다
말하다	말씀드리다
감사하다	감사드리다
인사하다	인사드리다
축하하다	축하드리다

❖ 객체경어 동사가 따로 없는 동사에 대해서는 보조동사 '(-어) 주다'에 대한 객체경어 보조동사 '(-어) 드리다'를 활용할 때가 많다.

- 선생님께 연하장을 **보내 드렸다.**
- 통증이 심하시면 주사를 **놔 드릴까요**?
- 가시는 길은 유진 씨가 **알려 드릴** 겁니다.

❖ 객체경어 동사 '모시다, 뵙다'는 객체가 목적어로 나타난다.

- 영수가 할머니를 데려왔다. *높임으로 예우하지 않음.
- 영수가 할머니를 **모셔** 왔다. *높임으로 예우함.
- 영수가 할머니를 만났다. *높임으로 예우하지 않음.
- 영수가 할머니를 **뵈었다.** *높임으로 예우함.

❖ '모시다, 뵙다' 이외의 객체경어 동사들은 객체가 '에게, 한테' 부사어로 나타난다. 이때 객체를 높임으로 예우하기 위해 격조사 '에게, 한테'를 '께'로 바꾼다.

- 영미가 할머니**께 여쭈었다/말씀드렸다.**
- 민수는 할머니**께** 책을 **읽어 드렸다.**

❖ '께'와 객체경어 동사 중 한쪽만 사용한 표현은 쓰지 않는다.

- 영미가 할머니에게 선물을 주었다. *높임으로 예우하지 않음.
- 영미가 할머니께 선물을 주었다. (×)
- 영미가 할머니에게 선물을 드렸다. (×)
- 영미가 할머니께 선물을 드렸다. *높임으로 예우함.
- 영미가 할머니에게 물었다/말했다. *높임으로 예우하지 않음.
- 영미가 할머니께 물었다/말했다. (×)
- 영미가 할머니에게 여쭈었다/말씀드렸다. (×)
- 영미가 할머니께 여쭈었다/말씀드렸다. *높임으로 예우함.

8.4. 청자경어법

❖ **청자경어법**(聽者敬語法)은 화자를 기준으로 청자에게 예우를 표시한다.

❖ 청자를 얼만큼 높이거나 낮추어 예우하느냐를 문법소로 구별한다. 주체경어법과 객체경어법은 높임으로 예우하느냐 하지 않느냐 하는 두 가지만 구별하지만 청자경어법은 예우의 내용이 세분화되어 있다.

❖ 예우의 내용을 결정하는 요인은 화자와 청자의 나이, 가족관계, 사회적 지위, 친소관계, 상황의 격식성 등이다.

❖ 청자경어법을 표시하는 문법소는 종결어미와 보조사 '요'이다.

❖ 청자에 대한 예우의 내용은 7가지 등급으로 표현된다. 7가지 등급은 **해라체**, **하게체**, **하오체**, **합쇼체**, **해체**, **해요체**, **하라체**이다. 각 등급의 이름은 동사 '하-'에 명령형어미를 붙인 형태를 이용한다. 해체를 **반말체**라고도 한다. 각 등급의 용법은 다음과 같다.

청자경어법의 등급별 쓰임

등급	상황의 격식성	화자와 청자의 관계	예우의 내용
해라체	비격식적	어른이 아이에게	아주 낮춤
		친한 친구 사이에	
하게체	격식적	손위 어른이 손아래 어른에게	조금 낮춤
하오체	격식적	어른과 어른 사이에	조금 높임
합쇼체	격식적	어른과 어른 사이에	아주 높임
		아이가 어른에게	
해체	비격식적	어른이 아이에게	낮춤
		친한 친구 사이에	
		손위 어른이 손아래 어른에게	
해요체	비격식적	어른과 어른 사이에	높임
		아이가 어른에게	
하라체	격식적	필자가 불특정한 독자에게	높이지도 낮추지도 않음

❖ 하게체와 하오체는 고어투가 되어 가고 있다. 하게체를 해체로, 하오체를 해요체로 대신하는 일이 많다.

❖ 서법과 청자경어법에 따른 종결어미는 다음과 같다.

서법과 청자경어법에 따른 종결어미

청자경어법 / 종결어미	해라체	하게체	하오체	합쇼체	해체	해요체	하라체
평서형어미	-는다	-네	-으오	-습니다	-어	-어+요	-는다
감탄형어미	-어라						
의문형어미	-니	-나	-으오	-습니까	-어	-어+요	-는가
명령형어미	-어라	-게	-으오	-으십시오	-어	-어+요	-으라
약속형어미	-으마	-음세	-으리다		-을게	-을게+요	
경계형어미	-을라						
허락형어미	-으렴	-게나	-구려				
청유형어미	-자	-으세	-읍시다		-어	-어+요	-자

❖ 각 등급에 평서형어미가 쓰인 예는 다음과 같다.

- 해라체 : 비가 온다. *해라체
- 하게체 : 비가 오네.
- 하오체 : 비가 오오
- 합쇼체 : 비가 옵니다.
- 해체 : 비가 와.
- 해요체 : 비가 와요.
- 하라체 : 비가 온다. *하라체

8.5. 해체와 해요체

❖ 해체와 해요체는 일상에서 널리 쓰인다.

❖ 해요체와 합쇼체는 상황의 격식성에 따라 구별해 사용한다. 예를 들어 격식을 차려야 할 상황에서 윗사람에게 합쇼체 대신 해요체를 쓰면 무례하게 느껴진다. 또 격식을 차릴 필요가 없는 상황에서 해요체 대신 합쇼체를 쓰면 딱딱하게 또는 소원하게 느껴진다.

❖ 해체 종결어미에 높임보조사 '요'를 붙이면 해요체 종결요소가 된다.[108)]

해체 종결어미와 해요체 종결요소

해체 종결어미	-어, -지, -네, -데, -는데, -던데, -는군, -더군, -거든, -을게, -을까, -을걸, -을래, -어야지, -는다고, -는다니까, -는다면서
해체 종결어미+요 (해요체 종결요소)	-어요, -지요, -네요, -데요, -는데요, -던데요, -는군요, -더군요, -거든요, -을게요, -을까요, -을걸요, -을래요, -어야지요, -는다고요, -는다니까요, -는다면서요

변이형의 쓰임 : 종결어미 '-는데'

1. 종결어미 '-는데'는 환경에 따라 '-는데, -은데, -ㄴ데'로 쓰인다. '-는데, -ㄴ데'

108) 높임보조사에 대해서는 §3.19 참조.

앞에서 'ㄹ'은 표기와 발음에서 탈락한다. 종결어미 '-는데'의 변이는 부사형어미 '-는데'의 변이와 똑같다. 종결요소 '-는데요'의 변이도 같은 식이다.

① '-는데'는 '-었-, -겠-', '있-, 없-', 동사(-으시-) 뒤에 쓰인다.

- 작았는데, 작겠는데, 있는데, 없는데, 보는데, 잡는데, 아는데(알-는데), 보시는데

② '-은데'는 '있-, 없-', ㄹ형용사 이외의 자음형용사 뒤

- 작은데

③ '-ㄴ데'는 모음형용사, ㄹ형용사, 형용사-으시- 뒤에 쓰인다.

- 흰데, 둥근데(둥글-ㄴ데), 작으신데

변이형의 쓰임 : 해요체 '-지요'

1. 해요체 종결요소 '-지요'는 구어체에서 '-죠'로 줄어들 때가 많다.

변이형의 쓰임 : 해요체 '이에요, 아니에요, -으세요'

1. '이다, 아니다'의 해체 종결형은 각각 '이야, 아니야'이다. 그런데 '이다, 아니다'에 해요체 종결요소를 붙이면 '이야요, 아니야요'가 아니라 '이어요/이에요'와 '아니어요/아니에요'가 된다. '이에요'와 '아니에요'를 많이 사용한다.
   - 이어요/이에요
   - 아니어요/아니에요
2. 선어말어미 '-으시-'에 종결어미 '-어'가 붙으면 '-으시어/-으셔'가 된다. 준말 '-으셔'를 많이 쓴다. 그런데 여기에 보조사 '요'를 붙이면 '-으시어요/-으셔요/-으세요'가 된다. 준말 '-으셔요, -으세요' 중에서 '-으세요'를 많이 사용한다.
   - 앉으시어요/앉으셔요/앉으세요

❖ 생략문의 등급은 해체로 해석된다. 생략문 끝에 보조사 '요'를 붙이면 해요체가 된다.[109)]

- 영미는? *해체
- 영미는요? *해요체
- 오는 토요일부터. *해체
- 오는 토요일부터요. *해요체

109) 생략문에 대해서는 §13.1 참조.

• 오다가 늦으면 전화하든지. ＊해체

• 오다가 늦으면 전화하든지요. ＊해요체

8.6. 하라체

❖ 하라체는 문어에서 필자가 불특정한 독자에게 특정한 예우를 표시하지 않기 위해 쓴다. 대중을 위한 대부분의 글이 하라체로 쓰여진다.

• 인류의 종말을 생각해 본 적이 있는가? 저자는 이 책에서 인류가 멸망할 가능성에 대한 여러 사람의 견해를 소개한다. 저자의 태도는 매우 냉정하고 비판적이다. 극단적으로 비관적인 견해를 소개한 제6장을 살펴보라. … 이 책을 읽은 후에 내가 내린 결론은 이것이다. 인류의 미래를 너무 어둡게 상상하지 말자.

❖ 하라체는 시험문제에서 지시문의 전형적인 문체이다.

• 다음 글은 소설의 일부이다. 물음에 답하라.

• 올림픽 경기로 포함된 역사가 가장 짧은 종목은 무엇인가?

• 서울에서 부산까지의 거리를 400km라 하자. 시속 30km로 달리는 자전거를 타고 갈 때 서울에서 부산까지 걸리는 시간을 구하라.

❖ 하라체는 공공장소에서 시위할 때 현수막에 쓰거나 시위 참가자들이 외치는 문장의 문체이다.

• 자유가 아니면 죽음을 달라.

• 누가 조사위원회의 활동을 방해하는가? 정부는 진실을 밝히라.

❖ 하라체는 간접인용표현에도 쓰인다. 다만, 간접인용표현에서 하라체 의문형어미는 '-는가' 대신 '-냐'를 쓴다.[110)]

8.7. 청자경어법과 2인칭대명사의 대응

❖ 청자를 가리키는 2인칭대명사와 청자경어법 사이에 대응관계가 있다.[111)]

❖ 평어 '너, 너희'는 하라체, 해라체, 해체에 쓰인다.

110) 간접인용표현에 대해서는 §15.3 참조.

111) 2인칭대명사에 대해서는 §12.15 참조.

- **너** 자신을 알라. ＊하라체
- 나는 **너**를 믿는다. ＊해라체
- 나는 **너희**들을 믿어. ＊해체

❖ 경어 '여러분'은 합쇼체, 해요체에 쓰인다.

- **여러분**, 가수 김나나 씨를 소개합니다. ＊합쇼체
- 어린이 **여러분**, 내가 누군지 알아요? ＊해요체

❖ 경어 '당신'은 하라체, 부부간의 해체, 해요체, 하오체에 쓰인다.

- 이 문제에 대한 **당신**의 생각을 말해 보라. ＊하라체
- 나보다는 **당신**이 얘기하는 게 좋겠어. ＊부부간의 해체
- 나보다는 **당신**이 얘기하는 게 좋겠어요. ＊부부간의 해요체
- 나보다는 **당신**이 얘기하는 게 좋겠소. ＊부부간의 하오체

❖ 경어 '그대'는 고어투의 하게체, 하오체에 쓰인다.

- **그대**는 이 문제를 어떻게 생각하나? ＊하게체, 고어투
- **그대**는 이 문제를 어떻게 생각하오? ＊하오체, 고어투

8.8. 청자경어법과 '-으시-'의 관계

❖ 명령문에서는 주체와 청자가 같다. 그러므로 명령문에서 선어말어미 '-으시-'는 청자를 높이는 결과가 된다. 이 경우에 해라체를 제외한 종결어미 앞에 '-으시-'가 쓰일 수 있다. 합쇼체의 명령형어미 '-으십시오'에는 '-으시-'가 이미 붙어 있다. '-으시-'가 붙지 않은 '-읍시오'는 '-읍쇼'의 형태로 제한적으로 쓰인다.[112)]

- 이리 오시게.
- 이리 오시오.
- 이리 오십시오.
- 이리 오셔.
- 이리 오세요.

112) '-읍쇼'에 대해서는 §7.14 참조.

• 이리 오시라.

❖ '기원'을 표시하는 해라체 명령문에는 '-으시-'를 사용하는 경우가 있다. 예를 들어 주체가 윗사람일 때 사건이 이루어지기를 바라는 혼잣말을 다음과 같이 할 수 있다.

• 빨리 회복하셔라.

9

시제와 상

9.1. 시제의 개념

❖ **시제**(時制)는 사건이 발생한 시간이 언제인지를 표시하는 문법기능이다.

❖ 시제의 구분이 시간의 구분을 바탕으로 하지만 완전히 일치하지는 않는다. 현재시제가 현재의 사건뿐만 아니라 미래의 사건도 표현하는 것이 중요한 차이이다.

시제와 시간

시제의 구분	시간의 구분
현재	미래
	현재
과거	과거
대과거	과거 이전의 과거

9.2. 시제의 표시 방법

❖ 시제를 표시하기 위해 어미를 이용한다.

❖ 종결형, 명사형, 부사형에서는 선어말어미 '-었-'이나 '-었었-'을 사용한다. '-었-'이 붙으면 과거시제, '-었었-'이 붙으면 대과거시제, 이들 어미가 붙지 않으면 현재시제를 표시한다.

종결형, 명사형, 부사형에서의 시제 표시 방법

시제	선어말어미	활용형		예
현재	×	종결형	현재형	가요 (가-어요)
		명사형		감 (가-음)
		부사형		가고 (가-고)
과거	-었-	종결형	과거형	갔어요 (가-었-어요)
		명사형		갔음 (가-었-음)
		부사형		갔고 (가-었-고)
대과거	-었었-	종결형	대과거형	갔었어요 (가-었었-어요)
		명사형		갔었음 (가-었었-음)
		부사형		갔었고 (가-었었-고)

❖ 관형사형에서는 관형사형어미 자체가 시제를 표시하는 경우도 있고 '-었-', '-었었-'을 사용하는 경우도 있다. 관형사형에서는 시제와 함께 상(相)이나 양태가 동시에 표시되는 경우가 많다.

관형사형에서의 시제 표시 방법

용언	선어말어미	관형사형 어미	시제	예	상	양태
동사	-	-는	현재	가는 (가-는)	미완료	기정
		-은	과거	간 (가-은)	완료	
		-던	과거	가던 (가-던)	미완료	
	-었-		대과거	갔던 (가-었-던)	완료	
	-	-을	현재	갈 (가-을)	미완료	미정
	-었-		과거	갔을 (가-었-을)	완료	
	-었었-		대과거	갔었을 (가-었었-을)	완료	
형용사	-	-는	현재	작은 (작-는)		기정
		-던	과거	작던 (작-던)		
	-었-		과거, 대과거	작았던 (작-었-던)		
	-	-을	현재	작을 (작-을)		미정
	-었-		과거	작았을 (작-었-을)		
	-었었-		대과거	작았었을 (작-었었-을)		

9.3. 현재시제

❖ **현재시제**는 세 가지 사건을 나타낸다. 이 가운데 시간적 구분과 관계없는 사건은 과거, 현재, 미래를 통해 거의 변화가 없이 동일한 사건이다.

1. 현재의 사건
   - 지금 뭐 **하니**? — 텔레비전 **봐**. *종결형
   - 지금은 도시에 **살지만** 전에는 도시 생활이 싫었다. *부사형
   - 지금 빨간 공이 더 느리게 **움직임**을 수치로 확인할 수 있다. *명사형
   - 지금 **건강한** 사람도 나중에 건강을 잃을 수 있다. (←건강하-는) *관형사형
2. 미래의 사건
   - 1시간 후에 역에서 **만나지요**. — 그래요. 이따 **봐요**. *종결형
   - 앞으로 무슨 일이 **생겨도** 나는 **모른다**. *부사형, 종결형
   - 소풍은 내일 **가는** 걸로 합시다. *관형사형
3. 시간적 구분과 관계없는 사건
   - 영미가 어제 읽은 책은 소설**이다**. *종결형
   - 높은 산에 **올라가면** 물이 빨리 **끓는다**. *부사형, 종결형
   - 소크라테스는 죽었다. 소크라테스는 사람**이다**. 사람은 누구나 **죽는다**. 그러므로 소크라테스도 결국 죽었다. *종결형

❖ 어떤 책이 소설이라는 사실은 일반적으로 시간적 구분과 관계없는 사건이므로 "영미가 어제 읽은 책은 소설이다."와 같이 현재시제로 표현할 수 있다. 그러나 다음과 같이 한 시점에 국한해 '소설이었다'로 표현하는 것도 가능하다.

- 영미가 어제 읽은 책은 소설**이었다**. *과거시제를 사용함으로써 그 책이 소설임을 과거 시점의 한 사건으로 표현함.

❖ 과거의 사건을 서술할 때 그 사건이 일어난 당시로 시점(視點)을 옮겨 생생하게 표현하기 위해 현재시제를 사용하는 경우가 있다. 한 문맥에서 과거시제와 현재시제를 섞어 쓰는 경우도 있다. 과거의 사건을 서술한 다음 담화에서 주절의 서술어가 과거형과 현재형 사이를 오가고 있다.

- 추사 김정희는 귀한 집 종손으로 **태어났다**. 그러나 어린 시절에 집안의 연이은 흉사로 시련을 **겪는다**. 열두 살 때 양아버지의 타계, 뒤이어 할아버지와 할머니의 타계로 집안이 장례 치르기에 정신이 **없었다**. 어느 정도 집안이 안정되자 열다섯 살이 된 추사는 한산 이씨를 아내로 **맞이했다**. 추사는 이후 스승 박제가를 모시고 문인 교육을 받으며 **성장한다**.

9.4. 과거시제

❖ **과거시제**는 과거의 사건을 표시한다.

- 어젯밤에 뭐 **했니**? — 텔레비전 **봤어**. *종결형
- 그때 도시에 **살았지만** 도시 생활이 **싫었다**. *부사형, 종결형
- 아까 빨간 공이 더 느리게 **움직였음**을 수치로 확인할 수 있다. *명사형
- 영미가 어제 **읽은** 책은 소설이다. *관형사형

❖ 형용사에 '-던'이나 '-었-던'이 붙으면 과거의 상태를 표현하고 그 이후에 언젠가 상태의 변화가 있었음을 표시한다. 특히 '-었-던'은 과거에 일어난 상태의 변화를 강조한다. 따라서 '-었-던'은 과거 이전의 과거의 상태를 표현하는 대과거시제의 성격도 띤다.

- 오랫동안 **조용하던** 마을이 이제는 매우 소란스럽다. *관형사형
- **곱던** 피부가 주름이 졌다. *관형사형
- **고왔던** 피부가 주름이 졌다. *관형사형

❖ 미래의 사건이 과거에 일어난 사건처럼 확정적임을 강조하기 위해 과거시제를 이용하는 경우가 있다.

- '난 이제 **죽었구나**.' 하는 생각이 들었다.
- 역까지 앞으로 10분 더 걸린다면 기차는 **놓친** 거다.

❖ 보조동사 구성 중 '희망'을 표시하는 '본용언-었-으면 하다'에서의 '-었-'도 나중에 일어날 사건이 이미 일어난 사건처럼 확정적이기를 바라는 마음을 담고 있다.

- 이번 여름에는 고향에 꼭 **갔으면** 해요.

9.5. 대과거시제

❖ **대과거시제**(大過去時制)는 과거에 어떤 사건이 일어나기 전의 사건, 즉 과거 이전의 과거 사건을 표현한다. 아래 예문의 주인공은 이 동네를 떠난 사건이 있기 전에 이 동네에 살았음을 말하고 있다.

- 10년 전에 이 동네 **살았었는데** 그동안 많이 변했네. *종결형
- 여기는 내가 10년 전에 **살았던** 동네야. *관형사형
- 어릴 때 내가 **살았었을** 동네지만 전혀 기억이 안 난다. *관형사형

9.6. 종속절의 현재시제

❖ 주절의 시제가 과거시제일 때 종속절의 현재시제는 과거의 사건을 나타내는 것으로 해석된다.

1. 부사절
   - 배추를 소금에 **절여서** 통에 담았다.
   - 창문을 **열자** 벌 한 마리가 방으로 들어왔다.
2. 명사절
   - 빨간 공이 더 느리게 **움직임**을 수치로 확인할 수 있었다.
   - 2번 문제를 **풀기**가 더 어려웠다.
3. 관형사절
   - 영미가 **읽는** 책은 소설이었다.
   - 어느 **화창한** 봄날 두 사람이 처음 만났다.

9.7. 상의 개념

❖ **상**(相)은 시간의 흐름 속에서 동작이 일어나는 과정의 어느 부분을 어떻게 바라보는지를 표현하는 문법기능이다.

❖ 시간과 관련된 문법기능이라는 점에서 시제와 상은 비슷하다.

❖ 시제는 사건이 시간의 흐름 속에서 어느 위치에 놓여 있는지를 표시한다. 즉 과거,

현재, 미래로 이루어진 시간축 위의 한 점에 사건이 놓여 있음을 표현한다. 그 반면에, 상은 시간축 위의 한 점을 가리키지 않는다.

❖ 상은 동작에 관한 문법기능이므로 동사문에서 사용되며 형용사문에서는 사용되지 않는다.

❖ 상을 표시하기 위해서는 어미나 보조용언 구성을 이용한다.

9.8. 상의 종류

❖ 대표적인 상은 완료상과 미완료상, 그리고 진행상과 결과상이다.

상의 분류

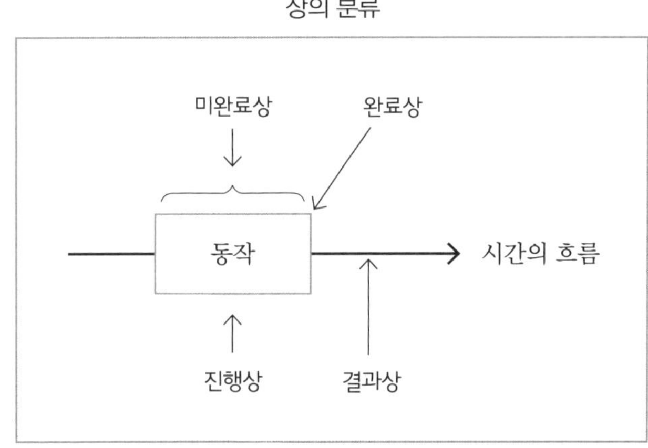

9.9. 완료상과 미완료상

❖ **완료상**(完了相)은 동작이 끝난 후 그 동작의 전체 모습을 바라보는 방식으로 표현한다.

❖ **미완료상**(未完了相)은 동작이 일어나는 동안에 그 동작의 전체 모습을 바라보는 방식으로 표현한다.

❖ 시제와 완료상, 미완료상의 대응관계는 다음과 같다.

시제와 완료상, 미완료상의 대응관계

<table>
<tr><th colspan="2">시제</th><th>상</th></tr>
<tr><td colspan="2">현재</td><td rowspan="2">미완료</td></tr>
<tr><td rowspan="2">과거</td><td>-더라, -디, -더냐, -데, -던데, -더니, -던가, -더구나, -더군
-습디다, -습디까
-던</td></tr>
<tr><td>-었-, -은, -었-던</td><td rowspan="2">완료</td></tr>
<tr><td colspan="2">대과거</td></tr>
</table>

❖ 현재시제는 모두 미완료상으로, 대과거시제는 모두 완료상으로 해석된다.

- 영수가 지금 책을 **읽는다.** *현재시제 미완료상
- 영수가 지금 **읽는** 책 *현재시제 미완료상
- 10년 전에 이 동네 **살았었는데** 그동안 많이 변했네. *대과거시제 완료상
- 10년 전에 **살았던** 동네 *대과거시제 완료상

❖ 과거시제는 어미 '-더라, -디, -더냐, -데, -던데, -더니, -던가, -더구나, -더군, -습디다, -습디까, -던'이 쓰일 때 미완료상으로, 어미 '-었-, -은, -었-던'이 쓰일 때 완료상으로 해석된다.

- 영수가 어제 책을 **읽더라.** *미완료상
- 영수가 어제 책을 **읽데요.** *미완료상
- 영수가 어제 **읽던** 책 *미완료상
- 영수가 어제 책을 **읽었다.** *완료상
- 영수가 어제 **읽은** 책 *완료상

❖ 과거시제 완료상은 현재의 상태를 표현하는 데 사용될 수 있다. 즉 동작이 끝난 후의 모습을 바라봄으로써 현재의 상태를 함축적으로 표현한다. 그러나 만약에 동작이 일어난 시점이 과거임을 표현하는 말이 있을 때는 그렇지 않다.

- 한 시간 전에 영수는 안경을 **썼다.** 그러나 곧 안경을 벗었다. *안경을 쓰는 동작이 과거에 있었음을 표현함.
- 영수는 빨간 테 안경을 **썼다.** 그러니까 금방 알아볼 수 있다. *안경을 쓰는 동작이

끝난 후의 현재의 상태를 표현함.

- 저기 빨간 테 안경 **쓴** 사람이 영수다. *안경을 쓰는 동작이 끝난 후의 현재의 상태를 표현함.
- **젖은** 수건과 **마른** 수건 *수건이 젖는 동작과 마르는 동작이 끝난 후의 현재의 상태를 표현함.
- 젊은 사람과 **늙은** 사람 *늙는 동작이 끝난 후의 현재의 상태를 표현함. '젊은'은 형용사의 현재시제 형태임.
- 저 사람 참 **잘생겼다**. / **잘생긴** 사람 *잘생기는 동작이 과거에 있었던 것처럼 표현하여 그 이후의 현재의 상태를 표현함.

9.10. 진행상과 결과상

❖ **진행상**은 동작이 일어나는 기간의 중간 모습을 바라보는 방식으로 표현한다.

❖ **결과상**은 동작이 끝나고 그 결과가 남아 있는 모습을 바라보는 방식으로 표현한다.

❖ 진행상과 결과상은 보조용언 '있다, 계시다'가 들어 있는 보조용언 구성으로 표시한다.

진행상과 결과상의 표시 방법

보조용언 구성	상
-고 있다/계시다	진행상
	결과상
-어 있다/계시다	

❖ '있다'는 보조동사와 보조형용사로 쓰이고 '계시다'는 보조동사로 쓰인다.

- 영수가 우리를 기다리고 **있다**. *보조형용사
- 우리가 먼저 가서 기다리고 **있자**. *보조동사
- 할머니가 우리를 기다리고 **계신다**. *보조동사

❖ '-고 있다/계시다'는 진행상이나 결과상을 나타낸다.

- 아이가 **웃고 있다.** *진행상
- 할머니께서 **웃고 계신다.** *진행상
- 밥 **먹고 있는데** 영미한테서 전화가 왔어요. *진행상
- 영수는 안경을 **쓰고 있다.** *진행상, 결과상
- 아이들이 창문을 모두 **닫고 있었다.** *진행상, 결과상

❖ 위의 "영수는 안경을 쓰고 있다."는 안경을 쓰는 중임을 뜻하면 진행상이고 안경을 쓴 후의 상태를 뜻하면 결과상이다. "아이들이 창문을 모두 닫고 있었다."도 창문을 닫는 중이었음을 뜻하면 진행상이고 창문을 닫은 후의 상태를 뜻하면 결과상이다. 주어진 문장이 진행상을 표시하는지 결과상을 표시하는지는 상황과 문맥에 근거한 추론으로 판단한다.

❖ '-어 있다/계시다'는 결과상을 나타낸다.

- 영수가 **와 있다.** *결과상
- 할머니가 자리에 **앉아 계신다.** *결과상
- 창문이 **열려 있어서** 찬 바람이 들어온다. *결과상

❖ 동사에 따라 진행상과 결과상의 쓰임이 다르다. 보조용언 '있다'의 경우는 다음과 같다. 보조동사 '계시다'의 경우도 마찬가지이다.

동사에 따른 진행상과 결과상의 쓰임

보조용언 구성	상	웃다	알다	앉다	입다	향하다
-고 있다	진행상	웃고 있다	—	앉고 있다	입고 있다	향하고 있다
	결과상	—	알고 있다	—	입고 있다	향하고 있다
-어 있다	결과상	—	—	앉아 있다	—	향해 있다

❖ 동사 '살다'는 진행상과 결과상에서 다른 의미로 쓰인다. 다음에서 '살고'는 '생활하다'의 뜻이고 '살아'는 '생명을 지니다'의 뜻이다.

- 그는 10년 전부터 혼자 **살고 있다.** *진행상
- 그는 아직 죽지 않고 **살아 있다.** *결과상

❖ 과거에 작성한 언어자료의 내용을 나중에 소개할 때 과거시제 대신 현재시제 진행상으로 표현하는 경우가 있다.

- 이 논문에서 필자는 새 용어의 도입을 **주장했다.** ＊과거시제
- 이 논문에서 필자는 새 용어의 도입을 **주장하고 있다.** ＊현재시제 진행상
- 이 다큐멘터리는 열대우림 파괴의 심각성을 **다루었다.** ＊과거시제
- 이 다큐멘터리는 열대우림 파괴의 심각성을 **다루고 있다.** ＊현재시제 진행상

❖ 위의 예에서 글, 녹음자료 같은 언어자료는 화자가 과거에 작성한 것이므로 그 작성 행위를 과거시제로 표현하는 것은 당연하다. 그런데 이러한 언어자료의 청자는 글과 녹음자료의 내용에 언제든지 접근할 수 있고 접근할 때마다 화청자 사이의 소통이 이루어진다고 보면 현재시제 진행상으로 표현하는 것도 가능하다. 이런 경우에 과거시제는 화자의 일회적 발화의 느낌이 강한 반면, 현재시제 진행상은 화자의 발화가 지속적이고 반복적인 것으로 느껴지고 더 생동감 있게 느껴진다.

10

양태

10.1. 양태의 개념과 유형

❖ **양태**(樣態)는 명제의 사실성(事實性)에 대한 화자의 태도를 표시한다. 명제의 사실성이란 명제가 실제 세계와 일치하는지에 관한 성질이다.

❖ 양태는 인식양태와 행위양태의 두 유형으로 나누어진다.

❖ **인식양태**(認識樣態)는 명제가 참이라는 인식에 관한 화자의 태도를 표시한다. 구체적으로는 명제가 참인지의 여부, 명제가 참이라고 생각하는 근거, 명제가 참일 가능성 등을 표현한다.

❖ **행위양태**(行爲樣態)는 명제가 참이 되게 하는 행위에 관한 화자의 태도를 표시한다.

양태의 분류

<table>
<tr><th>유형</th><th colspan="2">기능</th><th>의미</th></tr>
<tr><td rowspan="7">인식양태</td><td colspan="2">추측</td><td>명제가 참이라고 추측함</td></tr>
<tr><td colspan="2">가능</td><td>명제가 참일 확률이 높음</td></tr>
<tr><td rowspan="2">새로 앎</td><td>지각</td><td>지각을 통해 명제가 참임을 알게 되었음</td></tr>
<tr><td>추론</td><td>추론을 통해 명제가 참임을 알게 되었음</td></tr>
<tr><td colspan="2">이미 앎</td><td>명제가 참임을 이미 알고 있음</td></tr>
<tr><td colspan="2">기정(旣定)</td><td>명제가 참임. 즉 사건이 실현되었음</td></tr>
<tr><td colspan="2">미정(未定)</td><td>명제가 참인지 모르지만 참일 가능성이 꽤 있음</td></tr>
<tr><td rowspan="5">행위양태</td><td colspan="2">의지</td><td>명제가 참이 되게 할 의지가 있음</td></tr>
<tr><td colspan="2">능력</td><td>명제가 참이 되게 할 능력이 있음</td></tr>
<tr><td colspan="2">의무</td><td>명제가 참이 되게 할 의무가 있음</td></tr>
<tr><td colspan="2">희망</td><td>명제가 참이 되기를 희망함</td></tr>
<tr><td colspan="2">후회</td><td>명제가 참이 되게 하지 않은 것을 후회함</td></tr>
</table>

10.2. 양태를 표시하는 방법

❖ 양태는 선어말어미, 어말어미, 보조용언 구성을 이용해 표시한다.

<table>
<tr><th rowspan="2">유형</th><th rowspan="2" colspan="2">기능</th><th colspan="3">형태</th></tr>
<tr><th>선어말어미</th><th>어말어미</th><th>보조용언 구성</th></tr>
<tr><td rowspan="8">인식양태</td><td colspan="2">추측</td><td>-겠-</td><td>-을까, -을걸</td><td>-을 것이다
-는/-은/-었던/-을 것 같다
-는/-은/-었던/-을 듯 하다/싶다
-나 싶다</td></tr>
<tr><td colspan="2">가능</td><td></td><td></td><td>-을 수(가) 있다/없다</td></tr>
<tr><td rowspan="2">새로 앎</td><td>지각</td><td></td><td>-네, -더라, -디, -더냐,
-데, -던데, -더니, -던가,
-습디다, -습디까, -더구나,
-더군</td><td></td></tr>
<tr><td>지각 및 추론</td><td></td><td>-는구나, -는군</td><td></td></tr>
<tr><td colspan="2">이미 앎</td><td>-잖-</td><td>-지, -거든</td><td></td></tr>
<tr><td colspan="2">기정</td><td></td><td>-은, -는, -던, -음</td><td></td></tr>
<tr><td colspan="2">미정</td><td></td><td>-을, -기</td><td></td></tr>
<tr><td rowspan="5">행위양태</td><td colspan="2">의지</td><td>-겠-</td><td>-지, -을래, -을까</td><td>-을 것이다, -을 터이다</td></tr>
<tr><td colspan="2">능력</td><td>-겠-</td><td></td><td>-을 수(가) 있다/없다</td></tr>
<tr><td colspan="2">의무</td><td></td><td>-어야지</td><td>-어야 되다/하다</td></tr>
<tr><td colspan="2">희망</td><td></td><td></td><td>-고 싶다, -었으면 하다</td></tr>
<tr><td colspan="2">후회</td><td></td><td>-을걸</td><td></td></tr>
</table>

10.3. 인식양태

❖ 양태기능 '추측'은 명제가 참일 것으로 추측함을 나타낸다. 특히 '-겠-'은 표면적 근거에 의한 직관적/주관적 판단을 나타내는 반면, '-을 것이다'는 심층적 근거에

의한 논리적/객관적 판단을 나타낸다. 또 '-겠-'은 의문문에서 청자의 추측을 묻지만 '-을 것이다'는 의문문에 쓰이지 않는다.

- 내일 비가 **오겠다.** ＊직관적/주관적 판단
- 내일 비가 **오겠어?** ＊청자의 직관적/주관적 판단
- 내일 비가 **올 거다.** ＊논리적/객관적 판단
- 내일 비가 **올 거야?** (×)
- 네 상처를 보니 많이 **아프겠구나.** ＊직관적/주관적 판단
- 마취제를 넣었으니까 안 **아플 겁니다.** ＊논리적/객관적 판단
- 내일 비가 **올까?** ＊청자의 추측을 물음
- 내일 비가 **올걸.** ＊문말억양을 올림.
- 어제 비가 **왔던 것 같다.**
- 내일 비가 **올 것 같다.**
- 비가 **오는 듯 하다.**[113)]
- 비가 **올 듯 싶다.**
- 비가 **왔나 싶었다.**

❖ '추측'을 표시하는 '-겠-'은 다음 관용표현에도 쓰인다.

- 형용사-어/-어서 죽겠다/미치겠다
- 배고파 죽겠는데 우리 먼저 먹자.
- 사람들이 다 봤으니 창피해서 미치겠다.

❖ 양태기능 '가능'은 명제가 참일 가능성이 높음을 나타낸다.

- 내일 비가 **올 수 있다.**
- 아이들한테는 좀 **매울 수 있어요.**

❖ 양태기능 '새로 앎(지각)'은 지각(知覺)을 통해, 즉 감각기관의 작용을 통해 새로 알았음을 표시한다. 즉 화자(의문형어미의 경우 청자)가 직접 경험한 사실임을 나타낸다. '새로 앎(지각)'을 표시하는 어미 가운데 '-네'는 현재의 지각을 표시하고 나머지

113) 한글 맞춤법에서는 '듯하다, 듯싶다'와 같이 붙여쓴다.

는 과거의 지각을 표시한다. 또 '-더구나, -더군'는 '-더라, -데'에 비해 진릿값을 다시 판단하는 의미가 강하다.

- 옷을 입어 보니까 조금 **크네요.** *현재의 지각
- 옷을 입어 보니까 조금 **크더라.** *과거의 지각
- 옷을 입어 보니까 조금 **크더구나.** *과거의 지각+진릿값을 다시 판단함
- 옷을 입어 보니까 조금 **큽디다.** *과거의 지각
- 옷을 입어 보니까 조금 **크데요.** *과거의 지각
- 옷을 입어 보니까 조금 **크디?** *청자의 과거의 지각
- 옷을 입어 보니까 조금 **크던가요?** *청자의 과거의 지각
- 옷을 입어 보니까 조금 **크던데요.** *과거의 지각

❖ '새로 앎(지각)'의 대상이 되기에 부자연스러운 사건도 있다. 예를 들어 화자가 하는 행동은 화자가 그 행동을 감각기관의 작용을 통해 새로 알기 전에 이미 스스로 알고 있기 때문에 '새로 앎(지각)'으로 표현하는 것이 부자연스럽다.

- 너 뭐 하니? — 간식 먹고 있어요. / 간식 먹고 **있네요.** (?)
- 너 어디 있었니? — 옆집에 있었어요. / 옆집에 **있데요.** (?)
- 멍멍이 어디서 찾았니? — 공원에 있었어요. / 공원에 **있데요.**

❖ 한편 화자의 감정은 '새로 앎(지각)'의 대상이 되는 것이 아주 자연스럽다.

- 치료할 때 아팠어? — 아니, 안 아팠어. / 아니, 안 **아프데.**

❖ 그 반면에 화자는 남의 감정을 '새로 앎(지각)'의 대상으로 표현할 수 없다.

- 민수는 하나도 안 슬프대. *간접인용문. 화자는 민수의 감정을 '지각'을 통해 안 것이 아니라 민수의 말을 듣고 알게 되었음.
- 민수는 하나도 안 **슬프데.** (X) *민수의 감정을 화자가 지각한 것처럼 표현함.

❖ 꿈에서 한 행동이나 무의식적으로 한 행동은 자신이 한 행동이라도 감각기관의 작용을 통해 새로 알게 될 때가 있다. 그러한 사건은 '새로 앎(지각)'의 대상이 될 수 있다.

- 꿈에 보니까 내가 옆집에 **있더라.**
- 내가 나도 모르게 난간을 **붙잡더군요.**

❖ 양태기능 '새로 앎(지각과 추론의 종합)'은 지각과 추론을 현재 종합해 새로 알았음을 표시한다.

• 옷을 입어 보니까 조금 **크구나**.

• 영수 닮은 거 보니 너 영수 동생**이구나**.

• 유진이 기숙사 알아보려고요. — 유진이도 **합격했군요**.

❖ 양태기능 '이미 앎'은 화자가 이미 알고 있음을 표시한다. 의문문의 '-지'는 화자가 알고 있는 사실이 참인지를 청자에게 물음을 나타낸다.

❖ '-잖-'은 화자가 이미 알고 있고 청자도 알고 있을 것으로 확신함을 표시한다. 알고 있으면서 왜 그러냐고 청자에게 따지는 느낌을 줄 수 있다. '-잖-' 뒤에는 의문형어미만 붙을 수 있지만 그 기능은 '질문'보다 '진술'에 가깝다.

❖ '-거든'은 화자가 이미 알고 있는 사실을 청자가 모를 것으로 추측하고 알려 줌을 나타낸다.

• 서울은 동경보다 더 **춥지요**. *화자가 이미 앎.

• 서울은 동경보다 더 **춥지요**? *화자가 알고 있는 사실이 참인지를 물음.

• 서울은 동경보다 더 **춥잖아요**. *화자가 이미 앎. 청자도 알 것으로 확신함.

• 서울은 동경보다 더 **춥거든요**. *화자가 이미 앎. 청자가 모를 것으로 추측하고 알려 줌.

❖ 양태기능 '기정'은 명제가 참임, 즉 사건이 실현됨을 나타낸다.

• 영미가 **보는** 영화 *현재시제, 미완료상

• 영미가 **본** 영화 *과거시제, 완료상

• 영미가 **보던** 영화 *과거시제, 미완료상

• 오늘은 영화를 **봄**. *이미 보았다는 뜻이 강함.

❖ 양태기능 '미정'은 명제가 참인지 모르지만 참일 가능성이 꽤 있음, 즉 사건의 실현 여부가 확실하지 않지만 실현 가능성이 꽤 있음을 나타낸다.

• 영미가 내일 **볼** 영화 *현재시제, 미완료상. 미래 사건의 실현 여부를 모르지만 실현 가능성이 꽤 있음.

• 영미가 지금 **볼** 영화 *현재시제, 미완료상. 현재 사건의 실현 여부를 모르지만 실현 가능성이 꽤 있음. 영미가 영화를 보는 모습을 화자가 볼 수 없는 상황임.

- 영미가 어제 **봤을** 영화 *과거시제, 완료상. 과거 사건의 실현 여부를 모르지만 실현 가능성이 꽤 있음.
- 오늘은 영화를 **보기**. *아직 실현되지 않았지만 실현 가능성이 꽤 있음.

10.4. 행위양태

❖ 양태기능 '의지'는 명제가 참이 되게 할 의지가 있음을 나타낸다.

❖ '의지'를 표시하는 형태들은 어떤 문장형에서 어떤 주어와 어울려 누구의 의지를 표시하는지가 조금씩 다르다.

'의지'를 표시하는 형태들의 쓰임

형태	-지			-을까	-겠-, -을래, -을 것이다, -을 터이다	
문장형	평서문	명령문	청유문	의문문	평서문	의문문
주어	1인칭	2인칭	1, 2인칭	1인칭	1인칭	2인칭
의지의 주체	화자	화자	화자	청자	화자	청자

- 내가 민수를 데리고 **오지**. *평서문
- 네가 민수를 데리고 **오지**. *명령문
- 우리가 민수를 데리고 **오지**. *청유문
- 내가 민수를 데리고 **올까**? *화자의 행위에 대해 청자의 의지를 물음
- 내가 민수를 데리고 **오겠어**.
- 내가 민수를 데리고 **올래**.
- 내가 민수를 데리고 **올 거야**.
- 내가 민수를 데리고 **올 테야**.
- 네가 민수를 데리고 **오겠어**? *청자의 행위에 대해 청자의 의지를 물음
- 네가 민수를 데리고 **올래**? *청자의 행위에 대해 청자의 의지를 물음
- 네가 민수를 데리고 **올 거야**? *청자의 행위에 대해 청자의 의지를 물음
- 네가 민수를 데리고 **올 테야**? *청자의 행위에 대해 청자의 의지를 물음

❖ 명령문과 청유문의 '-지'는 화자의 의지를 표시한다. 사건의 발생이 당연하다는 느낌으로 청자에게 명령하거나 제안함을 나타낸다.

- 여기 **앉지.** ＊명령문
- 여기 **앉으시지요.** ＊명령문
- 나하고 **가지.** ＊청유문
- 저하고 **가시지요.** ＊청유문

❖ '의지'를 표시하는 '-겠-'은 다음과 같은 관용표현에도 쓰인다.

- 처음 뵙겠습니다.
- 그럼, 다음에 뵙겠습니다.
- 실례하겠습니다.
- 뭘 드시겠습니까?

❖ 양태기능 '능력'은 명제가 참이 되게 할 능력이 있음을 나타낸다.

- 이 정도 짐은 혼자도 **들겠다.**
- 이 정도 짐은 혼자도 **들 수 있다.**

❖ '능력'을 표시하는 '-겠-'은 다음과 같은 대답의 관용표현에도 쓰인다.

- 대구에는 영수 씨가 다녀오세요. — 네, **알겠습니다.**

❖ 위 대화의 대답은 상대방의 명령, 제안, 희망 등을 이해할 능력이 있다는 뜻으로 '-겠-'을 사용한 것이다. '-겠-' 대신 완료상 기능의 '-었-'을 사용한 관용표현도 많이 쓰인다.

- 대구에는 영수 씨가 다녀오세요. — 네, **알았습니다.**

❖ 양태기능 '의무'는 명제가 참이 되게 할 의무가 있음을 나타낸다.

- 영미가 민수를 데리고 **와야지.**
- 영미가 민수를 데리고 **와야 돼.**

❖ 양태기능 '희망'은 명제가 참이 되기를 희망함을 나타낸다.

- 이번 여름에는 고향에 꼭 **가고 싶어요.**
- 이번 여름에는 고향에 꼭 **갔으면 해요.**

❖ 양태기능 '후회'는 명제가 참이 되게 하지 않은 것을 후회함을 나타낸다.

- 이럴 줄 알았으면 예약을 **할걸.**　＊문말억양을 내림.

❖ '-어야 되다/하다'가 나타내는 '의무'의 반대의 양태기능이라 할 수 있는 '금지'와 '허가'를 어말어미도 아니고 보조용언 구성도 아닌 다음 표현들로 나타낼 수 있다.

- 금지 : -으면/-어서는 안 되다
- 허가 : -어도 되다/좋다
- 민수를 데리고 **오면** 절대 **안 돼.**
- 민수를 데리고 **와도** 물론 **되지.**
- 사장님, 이 사진 **가져가도 돼요?** — 죄송합니다만, **가져가시면 안 됩니다.**

11

피동과 사동

11.1. 피동과 능동

❖ **피동**(被動)은 동작의 객체나 대상이 동작의 주체가 되어 경험하는 사건의 양상이다.

❖ **피동문**(被動文)은 피동으로 표현된 문장이다.

❖ **피동사**(被動詞)는 피동문의 서술어로 쓰인 동사이다.

❖ **능동사**(能動詞)는 피동사 형성의 바탕이 되는 타동사이다.

❖ **능동문**(能動文)은 능동사가 서술어로 쓰인 문장이다.

❖ **능동**(能動)은 능동문이 표현하는 사건의 양상이다.

11.2. 피동사의 형성

❖ 피동사는 파생이나 합성에 의해 형성된다.

조어법에 따른 피동사의 분류

유형		조어구조
파생피동사		타동사=기-/=리-/=이-/=히-
합성피동사	'되다, 받다, 당하다' 피동사	명사+되다/받다/당하다
	'지다' 피동사	타동사-어+지다

11.3. 파생피동사

❖ **파생피동사**는 타동사에 피동접미사가 붙은 구조이다.

❖ **피동접미사**는 동사에 따라 '=기-, =리-, =이-, =히-' 중의 한 형태로 쓰인다.

피동접미사별 파생피동사

=기-		=리-		=이-		=히-	
끊다	끊기다	걸다(옷을)	걸리다	꺾다	꺾이다	긁다	긁히다
담다	담기다	끌다	끌리다	놓다	놓이다	닫다	닫히다
뺏다	뺏기다	달다(꽃을)	달리다	덮다	덮이다	묻다	묻히다
안다	안기다	듣다	들리다	보다	보이다	맺다	맺히다
쫓다	쫓기다	뚫다	뚫리다	쓰다(돈을)	쓰이다	박다	박히다
찢다	찢기다	물다	물리다	치다(차가)	치이다	밟다	밟히다
		밀다	밀리다	파다	파이다	뽑다	뽑히다
		싣다	실리다	누르다	눌리다[114]	막다	막히다
		열다	열리다	바꾸다	바뀌다	먹다	먹히다
		팔다	팔리다	잠그다	잠기다[115]	잡다	잡히다
		흔들다	흔들리다			가두다	갇히다[116]

❖ 상당수의 타동사는 대응하는 파생피동사가 없다.

• 가르치다, 고르다, 깨다(유리를), 느끼다, 돕다, 두다, 때리다, 만들다, 묻다(길을), 배우다, 부수다, 빼다, 사다, 쏟다, 알다, 웃기다, 이루다, 잃다, 주다, 찾다, 치우다, 하다

❖ 일부 파생피동사는 대응하는 능동사와 의미가 일부 어긋난다.

능동사와 파생피동사의 대응

능동사 용례	파생피동사 용례
문제를 풀다 ×	문제가 풀리다 날씨가 풀리다
옷을 옷걸이에 걸다 ×	옷이 옷걸이에 걸리다 감기에 걸리다
차를 밀다 ×	차가 밀리다 (미는 힘에 차가 움직이다) 차가 밀리다 (교통량이 많아 차가 서행하다)
물건을 선반에 얹다 ×	물건이 선반에 얹히다 음식이 얹히다 (먹은 음식이 소화가 안 되다)
옷에 모자를 달다 ×	옷에 모자가 달리다 철수의 선택에 달리다

114) '눌리-'는 '눌ㄹ=이-'로 분석된다. '눌ㄹ-'은 '누르-'의 변이형이다.

115) '잠기-'는 '잠ㄱ=이-'로 분석된다. '잠ㄱ-'은 '잠그-'의 변이형이다.

116) '갇히-'는 '갇=히-'로 분석된다. '갇-'은 '가두-'의 변이형이다.

11.4. '되다, 받다, 당하다' 피동사

❖ 합성타동사인 '동작성 명사+하다'의 '하다'를 '되다, 받다, 당하다'로 바꾸면 합성피동사인 **'되다, 받다, 당하다' 피동사**가 만들어진다.117) 이때 동작성 명사는 2음절 명사인 것이 일반적이다.

- '되다, 받다, 당하다' 피동사 : 2음절 동작성 명사 + 되다/받다/당하다

❖ 합성타동사에 들어 있는 명사에 따라 '되다, 받다, 당하다' 중의 하나가 결합한다.

'되다, 받다, 당하다' 피동사

+되다		+받다		+당하다	
기록하다	기록되다	교육하다	교육받다	공격하다	공격당하다
사용하다	사용되다	부탁하다	부탁받다	지배하다	지배당하다
전달하다	전달되다	비판하다	비판받다		
축소하다	축소되다	전달하다	전달받다		
확대하다	확대되다	지배하다	지배받다		
		칭찬하다	칭찬받다		

❖ 능동사 하나에 피동사 두 가지가 가능한 경우도 있다.

- 전달하다 (능동사) → 전달되다, 전달받다 (피동사)
- 지배하다 (능동사) → 지배받다, 지배당하다 (피동사)
- 친구에게 선물을 **전달했다**. ＊능동문
- 친구가 선물을 **전달받았다**. / 친구에게 선물이 **전달되었다**. ＊피동문

11.5. '지다' 피동사

❖ 타동사에 부사형어미 '-어'를 붙이고 동사 '지다'를 붙이면 합성피동사인 **'지다' 피동사**가 만들어진다.118)

- '지다' 피동사 : 타동사-어 + 지다

117) '되다, 받다, 당하다'를 접미사로 분석하고 이들이 붙은 피동사를 파생어로 보기도 한다.
118) 이때의 '지다'를 보조동사로 분석하고 '타동사-어+지다'를 보조동사 구성으로 보기도 한다.

❖ '하다'가 붙은 타동사를 제외한 타동사의 대부분은 '-어+지다'를 붙여 '지다' 피동사를 만들 수 있다.

파생피동사와 합성피동사

능동사	파생피동사	'되다, 받다, 당하다' 피동사	'지다' 피동사
깨다(유리를)	×	×	깨어지다
느끼다	×	×	느껴지다
만들다	×	×	만들어지다
밝히다	×	×	밝혀지다
알리다	×	×	알려지다
이루다	×	×	이루어지다
꺾다	꺾이다	×	꺾어지다
누르다	눌리다	×	눌러지다
닫다	닫히다	×	닫아지다
열다	열리다	×	열어지다
접다	접히다	×	접어지다
찢다	찢기다	×	찢어지다
듣다	들리다	×	×
보다	보이다	×	×
기록하다	×	기록되다	×
교육하다	×	교육받다	×
공격하다	×	공격당하다	×
묻다(길을)	×	×	×
알다	×	×	×
하다	×	×	×

❖ '파생피동사-어+지다' 구조의 피동사도 있다.

- 파생피동사 : 불리다(노래가), 쓰이다(돈이), 쓰이다(글씨가), 잊히다(사람이)
- '파생피동사-어 +지다' 구조의 피동사 : 불려지다(노래가), 쓰여지다(돈이), 쓰여지다(글씨가), 잊혀지다(사람이)

❖ 파생피동사와 '지다' 피동사는 서로 자유로이 교체할 수 있는 경우가 많지만 항상 그런 것은 아니다.

- 가로로 **접히는**/**접어지는** 스마트폰

• 월급이 **깎일** 가능성도 있다. ('깎아질'은 부자연스러움)

❖ '지다' 합성동사 가운데 피동사가 아닌 것도 있다.[119)]

11.6. 피동문의 형성

❖ 능동문의 목적어는 피동문에서 주어가 된다.

❖ 능동문의 주어는 피동문에서 조사 '에게, 한테, 께', '에', '에 의해'가 붙은 성분, 즉 부사어가 된다. 그 성분이 생략될 때도 있다.

• 고양이가 쥐를 쫓는다. → 쥐가 (고양이에게) 쫓긴다.

• 바람이 꽃을 흔든다. → 꽃이 (바람에) 흔들린다.

• 영수가 문을 열었다. → 문이 (영수에 의해) 열렸다.

• 영수가 나를 무시했다. → 내가 (영수에게) 무시당했다.

• 선생님이 학생들을 교육한다. → 학생들이 (선생님께) 교육받는다.

• 한 과학자가 진화의 비밀을 밝혔다. → 진화의 비밀이 (한 과학자에 의해) 밝혀졌다.

11.7. 능동문과 피동문의 차이

❖ 대응하는 능동문과 피동문의 중심의미는 같다.

❖ 모든 문장에서 주어의 시점이 강조되는 것이 일반적이므로 능동문과 피동문은 시점이 다르다.

• 경찰이 산을 수색해 범인을 붙잡았다. *경찰의 시점이 강조됨

• 범인이 달아나다 경찰에 붙잡혔다. *범인의 시점이 강조됨

❖ 부사어의 적격성이 능동문과 피동문에서 같은 경우도 있고 다른 경우도 있다. 다음 예에서는 부사어의 적격성이 같다.

• 영수가 문을 **빨리** 열었다.

• 문이 **빨리** 열렸다.

❖ 다음 예에서는 부사어의 적격성이 다르다.

---

119) 피동사가 아닌 '지다' 합성동사에 대해서는 §4.14 참조.

- 영수가 문을 **일부러** 열었다.
- 문이 **일부러** 열렸다. (?)
- 영수가 문을 **저절로** 열었다. (?)
- 문이 **저절로** 열렸다.

❖ 재귀대명사의 적격성은 능동문과 피동문에서 다르다. 재귀대명사는 일반적으로 주어의 지시물을 가리키기 때문이다.

- 영수가 **자기** 손으로 문을 열었다.
- 문이 **자기** 손으로 열렸다. (×)
- 영미가 **제** 발등을 찍은 거지.
- **제** 발등이 영미에게 찍힌 거지. (×) *'제'가 영미를 가리키는 경우

11.8. 사동과 주동

❖ **사동**(使動)은 사물에 동작을 가해 그 사물이 어떤 동작을 하거나 어떤 상태가 되도록 하는 사건의 양상이다.

❖ **사동문**(使動文)은 사동으로 표현된 문장이다.

❖ **사동사**(使動詞)는 단형사동문의 서술어로 쓰인 동사이다.

❖ **주동문**(主動文)은 사동으로 표현되지 않은 문장이다.

❖ **주동사**(主動詞)는 주동문의 서술어로 쓰인 용언이다.

❖ **주동**(主動)은 주동문이 표현하는 사건의 양상이다.

11.9. 사동사의 형성

❖ 사동사는 파생이나 합성의 조어법에 따라 형성된다.

조어법에 따른 사동사의 분류

종류	형식
파생사동사	용언=기-/=리-/=이-/=히-/=구-/=우-/=추-/=애-
합성사동사	명사+시키다

11.10. 파생사동사

❖ **파생사동사**는 용언에 사동접미사가 붙은 형태이다.

❖ 사동접미사는 용언에 따라 '=기-, =리-, =이-, =히-, =구-, =우-, =추-, =애-' 중의 한 형태로 쓰인다.

사동접미사별 파생사동사 1

주동사	사동접미사							
	=기-		=리-		=이-		=히-	
자동사	남다	남기다	걷다(걸음)	걸리다	끓다	끓이다	굽다	굽히다
	숨다	숨기다	날다	날리다	나다	내다[120]	맞다	맞히다
	옮다	옮기다	늘다	늘리다	늘다	늘이다	앉다	앉히다
	웃다	웃기다	돌다	돌리다	속다	속이다	익다	익히다
			살다	살리다	죽다	죽이다		
			얼다	얼리다	줄다	줄이다		
			울다	울리다	기울다	기울이다		
					흐르다	흘리다[121]		
타동사	맡다(일을)	맡기다	알다	알리다	먹다	먹이다	입다	입히다
	벗다	벗기다						
	신다	신기다						
	씻다	씻기다						
	안다	안기다						
형용사					높다	높이다	넓다	넓히다
							덥다	덥히다
							맞다	맞히다
							밝다	밝히다
							좁다	좁히다
							괴롭다	괴롭히다

120) 주동사 '나-'의 모음 'ㅏ'와 사동접미사의 모음 'ㅣ'가 결합하여 사동사 '내-'의 모음 'ㅐ'가 되었다.

121) '흘리-'는 '흘ㄹ=이-'로 분석된다. '흘ㄹ-'은 '흐르-'의 변이형이다.

사동접미사별 파생사동사 2

주동사	사동접미사							
	=구-		=우-[122]		=추-		=애-	
자동사	달다(쇠가)	달구다	깨다(잠이)	깨우다	맞다	맞추다		
	솟다	솟구다	뜨다	띄우다				
			비다	비우다				
			서다	세우다				
			자다	재우다				
			찌다(살이)	찌우다				
			차다(가득)	채우다				
			크다	키우다				
			타다(불에)	태우다				
			피다	피우다				
			비치다	비추다				
타동사			쓰다(모자를)	씌우다				
			지다(짐을)	지우다				
			타다(차를)	태우다				
형용사			덥다	데우다	낮다	낮추다	없다	없애다
					늦다	늦추다		
					맞다	맞추다		

❖ 상당수의 용언이 대응하는 파생사동사가 없다.

- 형용사 : 가깝다, 검다, 달다, 빠르다, 세다(힘이), 싸다(값이), 이르다, 좋다, 짧다, 춥다, 편리하다, 희다
- 자동사 : 가다, 떠나다, 뛰다, 오다, 자라다, 졸다(잠이 와서), 지다(꽃이), 출발하다
- 타동사 : 기다리다, 고르다, 만들다, 맡다(냄새를), 보내다, 세다(수를), 싸다(짐을), 주다, 추다(춤을), 팔다, 축하하다

❖ 대응하는 파생사동사나 합성사동사가 없는 용언이 서술어인 문장을 사동문으로 만들 때는 장형사동문을 이용한다.

---

122) '=우-'가 붙을 때 용언말의 모음자 'ㅡ, ㅓ, ㅏ'는 각각 'ㅢ, ㅔ, ㅐ'로 바뀐다. '띄우-, 씌우-', '세우-, 재우-, 채우-, 태우-' 등이 그 예이다. 또 '덥=우-'는 '데우-'가 되고 '비치=우-'는 '비추-'가 된다.

❖ 한 주동사에 파생사동사 둘이 대응하는 예외적인 경우도 있다.

주동사와 파생피동사의 대응 1

주동사	파생사동사	용례
늘다	늘리다	수량을 늘리다
	늘이다	길이를 늘이다
덥다	덥히다	몸을 덥히다
	데우다	음식을 데우다
맞다	맞추다	입을 맞추다, 줄을 맞추다, 안경을 맞추다
	맞히다	답을 맞히다, 과녁을 맞히다, 주사를 맞히다
썩다	썩히다	낙엽을 썩히다, 재능을 썩히다
	썩이다	속을 썩이다

❖ 일부 파생사동사는 대응하는 주동사와 의미가 일부 어긋난다.

주동사와 파생사동사의 대응 2

주동사 용례	파생사동사 용례
범인이 숨다 ×	범인을 숨기다 비밀을 숨기다
방이 밝다 ×	방을 밝히다 진실을 밝히다
종이비행기가 날다 ×	종이비행기를 날리다 재산을 날리다
눈물이 흐르다 ×	눈물을 흘리다 지갑을 흘리다

11.11. 합성사동사

❖ 합성동사인 '동작성 명사+하다'의 '하다'를 '시키다'로 바꾸면 합성사동사인 **'시키다' 사동사**가 만들어진다. 이때 동작성 명사는 2음절 명사인 것이 일반적이다.

• '시키다' 사동사 : 2음절 동작성 명사+시키다

'하다' 합성동사와 '시키다' 사동사의 대응

'하다' 합성동사	'시키다' 사동사
공부하다	공부시키다
구경하다	구경시키다
안심하다	안심시키다
연습하다	연습시키다
이동하다	이동시키다

❖ 일부 '하다' 합성동사에서는 '시키다' 사동사가 만들어지지 않는다.

- 생각하다 / 생각시키다 (×)
- 시작하다 / 시작시키다 (×)
- 실패하다 / 실패시키다 (×)
- 약속하다 / 약속시키다 (×)

❖ '되다' 합성동사, '하다' 합성동사가 자동사로, '시키다' 사동사가 타동사로 대응하는 예가 있다.

'되다' 합성동사, '하다' 합성동사, '시키다' 사동사의 대응

자동사		타동사
'되다' 합성동사	'하다' 합성동사	'시키다' 사동사
변화되다 안심되다	변화하다 안심하다	변화시키다 안심시키다

11.12. 단형사동문과 장형사동문의 구조

❖ 사동문은 그 구조에 따라 **단형사동문**(短形使動文)과 **장형사동문**(長形使動文)으로 나누어진다.

❖ 단형사동문은 사동사가 서술어로 쓰인 문장으로서 단순문이다.

❖ 장형사동문은 '-게' 부사절 뒤에 '하다'가 서술어로 쓰인 문장으로서 복합문이다.

사동문의 유형

사동문의 유형	문장의 유형	구조의 특징
단형사동문	단순문	사동사 서술어
장형사동문	복합문	'-게' 부사절+주절(서술어가 '하다')

11.13. 주동문이 형용사문인 사동문

❖ 사동은 **사동주**(使動主)가 **피사동주**(被使動主)로 하여금 **피사동행위**(被使動行爲)를 하도록 **사동행위**(使動行爲)를 하는 것이다. 이러한 요소들이 사동문에 어떻게 나타나느냐에 따라 사동문의 세부적인 구조가 달라진다.

❖ 주동문이 형용사문이면 피사동주가 단형사동문에서는 목적어로, 장형사동문에서는 목적어 또는 부사절의 주어로 나타난다.

주동문이 형용사문인 사동문

문장의 유형	예문의 구조				주절의 구조
주동문	유리창이 주어	더럽다. 서술어			주술
단형사동문	아이가 주어 (사동주)	유리창을 목적어 (피사동주)	더럽힌다. 서술어 (사동행위)		주목술
장형사동문	아이가 주어 (사동주)	유리창을 목적어 (피사동주)	더럽게 부사어 (피사동행위)	한다. 서술어 (사동행위)	주목부술
	아이가 주어 주어 (사동주)	유리창이 주어 부사어 (피사동주)	더럽게 서술어 (피사동행위)	한다. 서술어 서술어 (사동행위)	주부술

❖ '아이가 유리창을 더럽게 한다.'에서 '더럽게'는 부사절로서 부사어이다.

❖ '아이가 유리창이 더럽게 한다.'에서 '유리창이 더럽게'는 부사절로서 부사어이다.

11.14. 주동문이 자동사문인 사동문

❖ 주동문이 자동사문이면 피사동주가 단형사동문에서는 목적어로, 장형사동문에서는 목적어나 부사어 또는 부사절의 주어로 나타난다.

주동문이 자동사문인 사동문

문장의 유형	예문의 구조				주절의 구조
주동문	아이가 주어	잔다. 서술어			주술
단형사동문	어머니가 주어 (사동주)	아이를 목적어 (피사동주)	재운다. 서술어 (사동행위)		주목술
장형사동문	어머니가 주어 (사동주)	아이를 목적어 (피사동주)	자게 부사어 (피사동행위)	한다. 서술어 (사동행위)	주목부술
	어머니가 주어 (사동주)	아이에게 부사어 (피사동주)	자게 부사어 (피사동행위)	한다. 서술어 (사동행위)	주부부술
	어머니가 주어 주어 (사동주)	아이가 주어 부사어 (피사동주)	자게 서술어 (피사동행위)	한다. 서술어 서술어 (사동행위)	주부술

❖ '어머니가 아이를/아이에게 자게 한다.'에서 '자게'는 부사절로서 부사어이다.

❖ '어머니가 아이가 자게 한다.'에서 '아이가 자게'는 부사절로서 부사어이다.

11.15. 주동문이 타동사문인 사동문

❖ 주동문이 타동사문이면 피사동주가 단형사동문에서는 목적어나 부사어로, 장형사동문에서는 목적어나 부사어 또는 부사절의 주어로 나타난다.

주동문이 타동사문인 사동문

문장의 유형	예문의 구조					주절의 구조
주동문	아이가	우유를	먹는다.			주목술
	주어	목적어	서술어			
단형사동문	어머니가	아이를	우유를	먹인다.		주목목술
	주어	목적어	목적어	서술어		
	(사동주)	(피사동주)		(사동행위)		
	어머니가	아이에게	우유를	먹인다.		주부목술
	주어	부사어	목적어	서술어		
	(사동주)	(피사동주)		(사동행위)		
장형사동문	어머니가	아이를	우유를	먹게	한다.	주목부술
	주어	목적어	목적어	서술어	서술어	
	주어	목적어	부사어		서술어	
	(사동주)	(피사동주)		(피사동행위)	(사동행위)	
	어머니가	아이에게	우유를	먹게	한다.	주부부술
	주어	부사어	목적어	서술어	서술어	
	주어	부사어	부사어		서술어	
	(사동주)	(피사동주)		(피사동행위)	(사동행위)	
	어머니가	아이가	우유를	먹게	한다.	주부술
	주어	주어	목적어	서술어	서술어	
	주어		부사어		서술어	
	(사동주)	(피사동주)		(피사동행위)	(사동행위)	

❖ '어머니가 아이를/아이에게 우유를 먹게 한다.'에서 '우유를 먹게'는 부사절로서 부사어이다.

❖ '어머니가 아이가 우유를 먹게 한다.'에서 '아이가 우유를 먹게'는 부사절로서 부사어이다.

11.16. 단형사동문과 장형사동문의 의미의 차이

❖ 단형사동문에서는 피사동행위가 사동행위에 포함되어 한 단어(사동사)로 표현된다. 장형사동문에서는 피사동행위와 사동행위가 분리되어 서로 다른 단어로 표현된다. 그래서 장형사동문의 사동행위가 더 간접적이다.

❖ 다음에서 어머니가 양말을 잡고 신기는 것은 **직접적 사동행위**이고 아이 스스로 양

말을 신도록 어머니가 지시하는 것은 **간접적 사동행위**이다.

- 어머니가 아이를/아이에게 양말을 신겼다. (직접적/간접적 사동행위)
- 어머니가 아이를/아이에게/아이가 양말을 신게 했다. (간접적 사동행위)

❖ 사동문의 부사어가 사동행위와 관련되느냐 피사동행위와 관련되느냐가 사동문의 의미 해석에 영향을 미친다.

❖ 다음 단형사동문에서 부사어 '포크로'는 사동행위를 표현하는 '먹였다'를 수식한다. 따라서 포크는 사동주인 어머니가 잡은 것으로 해석된다.

- 어머니가 아이를/아이에게 빵을 포크로 먹였다. *어머니가 포크를 잡음.

❖ 장형사동문에서는 부사어가 부사절의 서술어(피사동행위를 표현)를 수식하느냐 주절의 서술어(사동행위를 표현)를 수식하느냐에 따라 의미가 달라진다.

❖ 다음 장형사동문에서는 부사어 '포크로'가 피사동행위를 표현하는 '먹게'를 수식하는 것으로 해석하고 포크를 아이가 잡은 것으로 해석하는 것이 자연스럽다. 만약 '포크로'가 사동행위를 표현하는 '했다'를 수식할 수 있다고 본다면 포크를 어머니가 잡은 것으로 해석하는 것도 가능할 것이다.

- 어머니가 아이를/아이에게/아이가 빵을 포크로 먹게 했다. *아이가 포크를 잡음. / 어머니가 포크를 잡음. (?)

12

부정

12.1. 부정과 부정문의 개념

❖ **부정**(否定)은 주어진 표현이 지시물 이외의 것을 가리키도록 하는 문법기능이다. 이때 주어진 표현이 지시물을 가리키도록 하는 문법기능은 **긍정**(肯定)이다. 그러므로 부정은 긍정을 전제할 때 성립한다.

❖ 명제의 긍정을 표현한 문장이 **긍정문**(肯定文)이고 명제의 부정을 표현한 문장이 **부정문**(否定文)이다.

❖ 긍정문과 부정문의 진리치(眞理値)는 반대이다. 즉 긍정문이 참이면 부정문은 거짓이고, 긍정문이 거짓이면 부정문은 참이다.

12.2. 부정문의 유형

❖ 부정문은 긍정문의 서술어에 부정의 의미를 더해 만든다. 서술어에 부정의 의미를 더하기 위해 부정부사나 부정용언을 사용한다.

❖ **부정부사**(否定副詞)와 **부정용언**(否定用言)은 부정을 표시하는 단어, 즉 **부정어**(否定語)이다.

❖ 부정용언은 부정 본용언과 부정 보조용언으로 나누어진다.

부정문의 분류

<table>
<tr><th>유형</th><th colspan="2">특징</th></tr>
<tr><td>부사 부정문</td><td colspan="2">부정부사를 사용한다.</td></tr>
<tr><td>보조용언 부정문</td><td>부정 보조용언을 사용한다.</td><td rowspan="2">부정용언을 사용한다.</td></tr>
<tr><td>본용언 부정문</td><td>부정 본용언을 사용한다.</td></tr>
</table>

- 부정부사 : 안,[123] 못
- 부정 보조용언 : 않다, 못하다, 말다
- 부정 본용언 : 안하다, 못하다, 말다, 아니다, 없다, 모르다

12.3. 부사 부정문

❖ **부사 부정문**은 긍정문의 서술어 바로 앞에 부정부사 '안, 못'을 넣은 문장이다.

부사 부정문에서의 부정부사와 서술어

안/못 # 서술어

- 오늘 모임에 **안 간다.** ↔ 오늘 모임에 간다.
- 오늘 모임에 **못 간다.** ↔ 오늘 모임에 간다.

❖ '2음절 이상의 명사+하다' 합성동사 앞에 '안, 못'을 쓰는 것은 부자연스럽다. 이때는 '하다' 동사를 명사와 '하다'로 분리하고 '하다'를 '안하다, 못하다'로 바꾸어 표현하는 것이 자연스럽다. 즉 '2음절 이상의 명사 # 안하다/못하다'가 자연스럽다. 이렇게 표현한 문장은 본용언 부정문이다.[124]

- 오늘 모임에 **안 참석합니다.** (?) ＊부사 부정문
- 오늘 모임에 **못 참석합니다.** (?) ＊부사 부정문
- 오늘 모임에 **참석 안합니다.** ＊본용언 부정문
- 오늘 모임에 **참석 못합니다.** ＊본용언 부정문

12.4. 보조용언 부정문

❖ 보조용언 부정문은 용언 뒤에 부사형어미 '-지'를 붙이고 그 뒤에 부정 보조용언 '않다, 못하다, 말다'를 이은 문장이다. '용언-지 # 않다/못하다/말다'는 보조용언

123) 부정부사 '안'의 본말은 '아니'이다. 본말은 고어투이며 거의 쓰이지 않는다.

124) 본용언 부정문에 대해서는 §12.5 참조.

구성으로서 서술어이다.[125)]

보조용언 부정문의 서술어

용언-지 # 않다/못하다/말다

❖ '않다, 못하다'는 본용언이 본동사이면 보조동사로, 본형용사이면 보조형용사로 쓰인다.

- 오늘 모임에 **가지 않는다.** ↔ 오늘 모임에 간다. ＊보조동사 '않다'
- 오늘 모임에 **가지 못한다.** ↔ 오늘 모임에 간다. ＊보조동사 '못하다'
- 날씨가 **따뜻하지 않다.** ↔ 날씨가 따뜻하다. ＊보조형용사 '않다'
- 날씨가 **따뜻하지 못하다.** ↔ 날씨가 따뜻하다. ＊보조형용사 '못하다'

❖ 명령문, 청유문, 허락문에서는 부정 보조용언으로 보조동사 '말다'를 사용한다. '후회'를 나타내는 평서형어미 '-을걸'로 끝난 평서문, '의지'를 나타내는 의문형어미 '-을까'로 끝난 의문문에도 '말다'를 사용한다. 그러나 '추측'을 나타내는 평서형어미 '-을걸', 의문형어미 '-을까'로 끝난 문장에는 '않다'를 사용한다.

- 오늘 모임에 **가지 마라.** ↔오늘 모임에 가라. ＊명령문
- 오늘 모임에 **가지 말자.** ↔오늘 모임에 가자. ＊청유문
- 오늘 모임에 **가지 말렴.** ↔오늘 모임에 가렴. ＊허락문
- 오늘 **가지 말고** 내일 가라. ＊명령문
- 오늘 **가지 말고** 내일 가자. ＊청유문
- 오늘 **가지 말걸.** ↔오늘 갈걸. ＊'-을걸' 평서문(후회)
- 오늘 **가지 않을걸.** ↔오늘 갈걸. ＊'-을걸' 평서문(추측)
- 오늘 **가지 말까?** ↔오늘 갈까? ＊'-을까' 의문문(의지)
- 오늘 **가지 않을까?** ↔오늘 갈까? ＊'-을까' 의문문(추측)

❖ 보조용언 부정문에서 선어말어미 '-으시-'는 본용언이나 보조용언에 붙을 수 있

125) 부정 보조용언 '않다'는 부정 본용언 '안하다'와 어원이 같다. 그러나 현재는 서로 다른 단어로 분화되었다.

다. 그러나 선어말어미 '-었-, -겠-, -잖-'은 보조용언에만 붙는다.

- 오늘 모임에 **가시지 않는다.** *본용언에 '-으시-' 결합
- 오늘 모임에 **가지 않으신다.** *보조용언에 '-으시-' 결합
- 오늘 모임에 **가시지 않으신다.** *본용언과 보조용언에 '-으시-' 결합
- 오늘 모임에 **가지 않았다.** *보조용언에 '-었-' 결합
- 오늘 모임에 **가지 않겠다.** *보조용언에 '-겠-' 결합
- 오늘 모임에 **가지 않잖아.** *보조용언에 '-잖-' 결합
- 오늘 모임에 **가지 않았잖아.** *보조용언에 '-었-잖-' 결합

❖ '말다'는 본동사로 쓰이기도 쓰인다. 특히 '-거나, -든지, -으나' 등 '선택'을 나타내는 부사형어미가 반복된 구성의 뒷부분에 잘 쓰인다.

- 걱정 **마세요.** *본용언 부정문
- 두 사람이 **싸우거나 말거나** 난 관심이 없다. *'-거나'가 반복된 구성
- 두 사람이 **싸우든 말든** 난 관심이 없다. *'-든지'가 반복된 구성
- 읽어 **보나 마나** 재미 없을 거다. *'-으나'가 반복된 구성

변이형의 쓰임 : 부정용언 '말다'

1. 부정용언 '말다'의 명령형 '말아라, 말아, 말아요'는 각각 '마라, 마, 마요'로 쓰이는 것이 일반적이다.
   - 아빠 바쁘니까 방해하지 말아라/마라.
   - 울지 말아/마.
   - 걱정 말아요/마요.

12.5. 본용언 부정문

❖ **본용언 부정문**은 긍정 본용언 대신 부정 본용언을 서술어로 사용한 문장이다.[126)]

126) 부정 본용언 '안하다'의 본말은 '아니하다'이다. 본말은 고어투이며 거의 쓰이지 않는다. 규범문법에서는 '안하다'를 한 단어로 인정하지 않고 두 단어의 연결로 보아 '안 하다'로 띄어 쓴다.

본용언 부정문의 서술어

안하다, 못하다, 말다, 아니다, 없다, 모르다

품사	긍정 본용언	부정 본용언
형용사	이다	아니다
	있다	없다
동사	알다	모르다
	하다	안하다
		못하다
		말다

- 저는 대학생이 **아닙니다.** ↔ 저는 대학생입니다.
- 이 근처에는 은행이 **없다.** ↔ 이 근처에는 은행이 있다.
- 나는 그 사람 전화번호를 **몰라요.** ↔ 나는 그 사람 전화번호를 알아요.

❖ 본형용사 '있다'에 대한 부정 본형용사는 '없다'이다. 그러나 본동사 '있다'에 대한 부정 본동사는 없으므로 본용언 부정문을 만들지 못한다. 그 대신 부사 부정문이나 보조용언 부정문을 사용한다. 명령문과 청유문에서는 부정 보조동사 '말다'를 이용한다.

- 내일은 집에 **안 있을** 거야. *부사 부정문
- 먼지와 소음 때문에 더 **있지 못했다.** *보조용언 부정문
- 집에만 **있지 말고** 놀러 가자. *보조용언 부정문

❖ 동사 '알다' 앞에 부정부사를 붙인 '안 알다, 못 알다'를 쓰지 않는다. 그 대신 부정 본동사 '모르다'를 쓴다.

- 그 사람이 나를 알 수도 있고 **모를** 수도 있다.
- 주소를 알아야 되나요? ― **몰라도** 됩니다.

❖ '2음절 이상의 명사#안하다/못하다/말다'에서 명사는 목적어이므로 목적격조사 '을'을 붙일 수도 있다. 즉 이들의 구조는 '2음절 이상의 명사(+을)#안하다/못하다/말다'이다. 이것은 '2음절 이상의 명사+을#하지#않다/못하다/말다', '2음절 이상의 명사+하지#않다/못하다/말다'와 뜻이 비슷하다.

1. 2음절 이상의 명사(+을) # 안하다/못하다/말다
   - 오늘 모임에 **참석(을) 안합니다.**
   - 오늘 모임에 **참석(을) 못합니다.**
   - 오늘 모임에 **참석(을) 마.**
2. 2음절 이상의 명사+을 # 하지 # 않다/못하다/말다
   - 오늘 모임에 **참석을 하지 않습니다.**
   - 오늘 모임에 **참석을 하지 못합니다.**
   - 오늘 모임에 **참석을 하지 마.**
3. 2음절 이상의 명사+하지 # 않다/못하다/말다
   - 오늘 모임에 **참석하지 않습니다.**
   - 오늘 모임에 **참석하지 못합니다.**
   - 오늘 모임에 **참석하지 마.**

'2음절 이상의 명사+하다'가 서술어인 문장의 부정문

유형	구조	예
본용언 부정문	명사(+을) # 안하다/못하다/말다	참석(을) 안하다
보조용언 부정문	명사+을 # 하지 # 않다/못하다/말다	참석을 하지 않다
	명사+하지 # 않다/못하다/말다	참석하지 않다

❖ '안, 못'이 붙은 다음 복합용언들은 긍정용언이다. 따라서 이들이 서술어로 쓰인 문장은 긍정문이다.

'안, 못'이 붙은 복합용언

'안'이 붙은 복합동사	안되다
'못'이 붙은 복합동사	못나다, 못되다, 못돼먹다, 못살다, 못생기다, 못쓰다, 못하다
'못'이 붙은 복합형용사	못하다, 못마땅하다

- 얼굴이 **안돼** 보인다.
- 사람이 좀 **못났더라도** 무시해서는 안 되죠.

- **못된** 송아지 엉덩이에 뿔 난다.
- 성질이 **못돼먹지** 않았으면 대접을 잘 받았을 것이다.
- 이 동네 사람들도 그렇게 **못살지**는 않는다.
- 그 정도면 **못생긴** 얼굴은 아니야.
- 거짓말하면 **못쓴다**.
- 영수는 의외로 술을 **못한다**.
- 맛이 전보다 **못하다**.
- 영미는 새 직원을 **못마땅하게** 생각한다.

❖ '못'이 붙은 복합동사 중 '못나다, 못살다, 못생기다, 못하다'의 반의어는 각각 복합동사 '잘나다, 잘살다, 잘생기다, 잘하다'이다.

12.6. 단형부정문과 장형부정문

❖ 부사 부정문과 본용언 부정문은 보조용언 부정문보다 길이가 짧다. 그래서 전자는 **단형부정문**(短形否定文)이고 후자는 **장형부정문**(長形否定文)이다.

단형부정문과 장형부정문의 구분

단형부정문		장형부정문
부사 부정문	본용언 부정문	보조용언 부정문
모임에 안 간다. 모임에 못 간다.	모임에 참석 안한다. 모임에 참석 못한다. 모임에 참석 마라. 나는 대학생이 아니다. 이 근처에 은행이 없다. 영미 전화번호를 모른다.	모임에 가지 않는다. 모임에 참석하지 않는다. 모임에 가지 못한다. 모임에 참석하지 못한다. 모임에 가지 마라. 모임에 참석하지 마라.

❖ '금지'를 표시하는 구성 '-으면/-어서는 안 되다'는 부사 부정문이다. 이것을 장형부정문 '-으면/-어서는 되지 않다'로는 쓰지 않는다.[127)]

127) '-으면/-어서는 안 되다' 구성에 대해서는 §10.4 참조.

• 민수를 데리고 **오면** 절대 **안 돼.**

• 민수를 데리고 **오면** 절대 **되지 않아.** (×)

❖ 불만부정은 장형부정문으로만 표현한다. 즉 '형용사-지 못하다' 구조의 부정문으로만 표현한다.[128)]

• 날씨가 **좋지 못했다.**

• 날씨가 **못 좋았다.** (×)

❖ 동사 '개의(介意)하다, 예기(豫期)하다', 형용사 '석연(釋然)하다, 심상(尋常)하다'는 부사형어미 '-지'가 붙은 활용형으로 장형부정문에만 쓰인다.[129)]

• **석연치 않은** 이유로 공연이 취소되었다.

• **안 석연한** 이유로 공연이 취소되었다. (×)

12.7. '안' 부정문, '못' 부정문, '말다' 부정문

❖ 부정부사 '안', 부정 보조용언 '않다', 부정 본동사 '안하다'를 사용한 부정문은 **'안' 부정문**이다.

❖ 부정부사 '못', 부정 보조용언 '못하다', 부정 본동사 '못하다'를 사용한 부정문은 **'못' 부정문**이다.

❖ 부정 보조동사 '말다', 부정 본동사 '말다'를 사용한 부정문은 **'말다' 부정문**이다.

'안' 부정문, '못' 부정문, '말다' 부정문

유형		'안' 부정문	'못' 부정문	'말다' 부정문
단형 부정문	부사 부정문	모임에 안 간다.	모임에 못 간다.	
	본용언 부정문	모임에 참석 안한다.	모임에 참석 못한다.	모임에 참석 마.
장형 부정문	보조용언 부정문	모임에 가지 않는다.	모임에 가지 못한다.	모임에 가지 마.

128) 불만부정에 대해서는 §12.12 참조.

129) 동사 '개의하다' 등의 쓰임에 대해서는 §12.14 참조.

12.8. 부정의 의미의 유형

❖ 부정은 기본적으로 긍정의 반대 의미를 가지지만 정밀하게 살펴보면 부정의 의미는 네 가지 유형으로 나누어진다.

부정의 의미의 유형

<table>
<tr><th>형식</th><th colspan="2">의미의 유형</th></tr>
<tr><td>'아니다, 없다, 모르다' 부정문</td><td rowspan="2">단순부정</td><td rowspan="2">사건이 발생하지 않음만을 표현하고 그 원인에 대해 함축하지 않는다.</td></tr>
<tr><td rowspan="2">'안' 부정문</td></tr>
<tr><td rowspan="2">의지부정</td><td rowspan="2">주체의 의지 때문에 사건이 발생하지 않음을 표현한다.</td></tr>
<tr><td>'말다' 부정문</td></tr>
<tr><td rowspan="2">'못' 부정문</td><td>불능부정</td><td>사건의 실현에 대한 주체의 의지가 있지만 다른 원인(주체의 무능력, 외부의 방해, 환경의 부적합 등) 때문에 사건이 발생하지 않음을 표현한다.</td></tr>
<tr><td>불만부정</td><td>바람직한 상태가 아님을 표현한다.</td></tr>
</table>

12.9. 단순부정

❖ **단순부정**(單純否定)은 사건이 발생하지 않음만을 표현하고 그 원인에 대해 함축하지 않는다.

❖ 단순부정은 '아니다, 없다, 모르다' 부정문과 일부 '안' 부정문으로만 표현된다.

❖ '아니다, 없다, 모르다' 부정문

- 저는 대학생이 아닙니다.
- 이 근처에는 은행이 없다.
- 나는 그 사람 전화번호를 몰라요.

❖ '안' 부정문 (서술어가 형용사)

- 날씨가 안 춥다.
- 날씨가 춥지 않다.
- 물가가 안 비싸다.

• 물가가 비싸지 않다.

❖ '안' 부정문 (서술어가 동사이면서 주체의 의지와 관계없는 사건을 서술)

• 비가 안 온다.

• 비가 오지 않는다.

❖ '안' 부정문 (서술어가 동사이면서 주체의 의지와 관계있는 사건을 서술하지만 사건의 원인에 대한 함축 없이 서술)

• 영수가 일기를 안 썼다.

• 영수가 일기를 쓰지 않았다.

• 영수가 대답을 안했다.

❖ 영수에 관한 위의 예문들은 사건의 원인이 영수의 의지, 영수의 무능력, 외부의 방해, 환경의 부적합 등 무엇인지를 밝히지 않고 있다. 이러한 의미는 단순부정이다.

❖ 영수에 관한 위의 예문들은 문맥에 따라 의지부정으로도 해석될 수 있다.

12.10. 의지부정

❖ **의지부정**(意志否定)은 주체의 의지 때문에 사건이 발생하지 않음을 표현한다.

❖ 의지부정은 '말다' 부정문과 일부 '안' 부정문으로만 표현된다.

❖ '안' 부정문 (서술어가 동사이면서 주체의 의지와 관계있는 사건을 서술하되 사건의 원인이 주체의 의지 때문임을 밝힘)

• 영수가 일기를 안 썼다.

• 영수가 일기를 쓰지 않았다.

• 영수가 대답을 안했다.

❖ 위와 똑같은 문장들이 문맥에 따라 단순부정으로도 해석될 수 있다.

❖ 주체의 의지를 강조하기 위해 '안' 부정문에 부사어 '일부러', '고의로' 등을 넣을 수 있다.

• 영수가 일부러 일기를 안 썼다.

• 영수가 일부러 일기를 쓰지 않았다.

• 영수가 일부러 대답을 안했다.

❖ '말다' 부정문

• 오늘 모임에 참석하지 말자.

• 걱정 마.

12.11. 불능부정

❖ **불능부정**(不能否定)은 사건의 발생에 대한 주체의 의지가 있지만 다른 원인(주체의 무능력, 외부의 방해, 환경의 부적합 등) 때문에 사건이 발생하지 않음을 표현한다.

❖ 불능부정은 서술어가 동사인 '못' 부정문으로만 표현된다.

❖ 다음에서 민수가 읽는 사건이 발생하지 않은 원인은 민수의 의지가 아니라 민수의 무능력, 남의 방해, 어두운 환경 등이다.

• 민수가 글자를 못 읽는다.

• 민수가 글자를 읽지 못한다.

❖ 다음에서 영미가 굶는 사건이 발생하지 않은 원인은 영미의 의지가 아니라 영미의 참을성 부족, 남의 방해 등이다.

• 영미는 한 끼도 못 굶었다.

• 영미는 한 끼도 굶지 못했다.

❖ 다음에서 영미가 대답하는 사건이 발생하지 않은 원인은 영미의 의지가 아니라 영미의 무지, 두려움, 음성기관의 장애, 남의 방해 등이다.

• 영미가 대답을 못했다.

❖ 다음에서 사건이 발생하지 않은 원인도 주체(비행기, 불)의 의지와 상관이 없다.

• 오늘도 날씨 때문에 비행기가 못 떴다.

• 불이 번지지 못하도록 풀을 베고 낙엽을 치웠다.

12.12. 불만부정

❖ **불만부정**(不滿否定)은 바람직한 상태가 아님을 표현한다.

❖ 불만부정은 서술어가 형용사이고 장형부정문인 '못' 부정문으로만 표현된다. 즉 '형용사-지 못하다' 구조의 부정문으로만 표현된다.

• 날씨가 좋지 못했다.

• 날씨가 못 좋았다. (×)

• 하늘이 어둡지 못해서 별들이 희미하게 보인다.

• 하늘이 못 어두워서 별들이 희미하게 보인다. (×)

❖ 위에서 화자는 날씨가 좋은 것, 하늘이 어두운 것을 정상적이거나 바람직한 사건으로 생각하고 그러한 사건이 일어나지 않은 것을 불만스럽게 표현하고 있다.

12.13. 긍정의문문과 부정의문문

❖ **긍정의문문**(肯定疑問文)은 명제가 참 또는 거짓일 가능성에 대한 특별한 함축이 없다. 다음에서 영미가 온 사건에 대해 화자는 특별한 뜻을 함축하지 않는다.

• 영미 왔어?

❖ **부정의문문**(否定疑問文)은 명제가 거짓일 가능성을 생각하고 있음을 함축한다. 다음 두 문장은 영미가 안 왔을 가능성을 생각하고 있음을 함축한다.

• 영미 안 왔어?

• 영미 오지 않았어?

❖ 청자는 부정의문문에 담긴 화자의 함축에 반응하는 식으로 대답한다. 위의 부정의문문들에 대해 영미가 안 왔다고 대답할 때는 긍정의 감탄사 '응, 예'를 사용하고, 왔다고 대답할 때는 부정의 감탄사 '아니, 아니요'를 사용한다. 결과적으로 긍정의문문에 대한 대답과 반대로 보인다. 그러나 가끔은 청자가 부정의문문에 담긴 화자의 함축을 무시하고 대답하기도 한다. 즉 긍정의문문에 대해서처럼 대답하기도 한다.

1. 긍정의문문과 그 대답

   • 영미 왔어? — 응, 왔어. / 아니, 안 왔어.

2. 부정의문문과 그 대답 1

   • 영미 안 왔어? — 응, 안 왔어. / 아니, 왔어.

3. 부정의문문과 그 대답 2

   • 영미 안 왔어? — 응, 왔어. / 아니, 안 왔어.

❖ 부정의문문에 대한 두 가지 대답의 가능성 때문에 청자가 감탄사 '응, 아니, 예, 아니요'만으로 대답하면 그 의미가 모호해지기 쉽다. 그래서 '왔어', '안 왔어' 같은 서술어의 긍정표현/부정표현이 대답의 핵심이 된다. 감탄사 '응, 아니, 예, 아니요'는 생략해도 문제가 없다.

❖ 장형 부정의문문의 수사의문문은 선어말어미 '-잖-'을 사용한 문장과 비슷한 뜻이 된다.[130)] 다음 두 문장은 영미가 왔음을 청자가 인정하기를 기대한다.

- 영미가 오지 않았어? *수사의문문
- 영미가 왔잖아. *'-잖-'을 사용한 문장

12.14. 부정문에만 쓰이는 단어와 문법소

❖ 명사 '끽소리, 찍소리, 아무짝, 엄두, 추호(秋毫), 하등(何等)'은 부정문에만 쓰인다.

- 상대가 워낙 세게 나오니까 민수는 **끽소리**도 못했다.
- **찍소리** 말고 따라와.
- 이건 **아무짝**에도 쓸 수 없는 물건이다.
- 짐 정리를 혼자 하려고 하니 **엄두**가 나지 않는다.
- 내 말에는 **추호**도 거짓이 없다.
- 그에게는 **하등**의 잘못이 없다.

❖ 비한정대명사 '아무, 아무것'에 보조사 '도'가 붙은 '아무/아무것+도'는 부정문에만 쓰인다.

- 아직 **아무도** 안 왔어요.
- 배탈이 나서 하루종일 **아무것도** 못 먹고 있었다.

❖ 비한정관형사 '아무, 아무런'이 쓰인 '아무/아무런#명사구+도'는 부정문에만 쓰인다.

- 그는 **아무 말도** 하지 않았다.
- 그는 **아무런 말도** 하지 않았다.

130) '-잖-'을 사용한 문장에 대해서는 §10.3 참조.

❖ 동사 '끊이다, 서슴다', 형용사 '여간하다'는 부정문에만 쓰인다.

• 그의 생가에는 방문객이 **끊이지** 않는다.

• **서슴지** 말고 대답해 봐.

• **여간해서** 그칠 비가 아니었다.

❖ 동사 '거들떠보다, 아랑곳하다, 주체하다', 형용사 '남부럽다, 달갑다, 대수롭다, 탐탁하다'는 부정문이나 부정의 의미를 강조하는 긍정 수사의문문에만 쓰인다.

• 콧대가 높아서 웬만한 직장은 **거들떠보지**도 않는다.

• 사람들이 붙잡고 말려도 **아랑곳하지** 않는다.

• 사람들이 붙잡고 말린다고 해서 **아랑곳하겠는가**?

• 피곤해서 몸을 **주체하기**가 힘들었다.

• **남부럽지** 않은 가정에서 태어났지만 무척 겸손하다.

• 어른들이 자꾸 참견하는데 **달가울** 리 있겠어요?

• 그 정도가 뭐 **대수로운** 일이라고 고민을 하니?

• 시부모를 모셔야 하는 하니 그리 **탐탁한** 자리가 아니다.

❖ 동사 '개의(介意)하다, 예기(豫期)하다', 형용사 '석연(釋然)하다, 심상(尋常)하다'는 부사형어미 '-지'가 붙은 활용형으로 장형부정문에만 쓰인다. 부사형의 '하지'를 '치'로 축약한 형태로 쓰일 때가 많다.

• 그런 농담에 **개의치** 마세요.

• 작업 도중에 **예기치** 못한 사고가 생겼다.

• **석연치** 않은 이유로 공연이 취소되었다.

• 입구에서부터 **심상치** 않은 기운이 느껴진다.

❖ 부사 '결코, 도무지, 도저히, 여간, 전혀(全혀), 좀처럼, 통'은 부정문에만 쓰인다.

• 이 일을 **결코** 잊지 않겠다.

• 누가 지어 낸 말인지 **도무지** 알 수 없다.

• **도저히** 못 참겠다.

• 아이 둘을 혼자 키운다는 게 **여간** 힘든 일이 아니다.

• 그는 이 일과 **전혀** 관계가 없다고 말했다.

- 민수는 **좀처럼** 화를 내지 않는다.
- 요즘 유진이를 **통** 못 봤다.

❖ 보조사 '밖에'는 부정문에만 쓰인다. 보조사 '만'을 쓴 긍정문과 뜻이 같다.

- 영미**밖에** 안 왔다. ＝영미만 왔다.
- 길이 험해서 걸어서**밖에** 갈 수 없다. ＝길이 험해서 걸어서만 갈 수 있다.

❖ 보조사 '도'를 극단적으로 작은 수량을 나타내는 항목에 붙여 부정하면 전체 항목에 대한 부정을 강조하는 효과가 있다.[131)]

- 아직까지 하나**도** 못 팔았다.
- 나는 그를 조금**도** 미워하지 않는다.
- 한시**도** 마음을 놓을 수가 없다.

12.15. 종속절의 긍정과 부정이 같은 의미로 해석되는 경우

❖ 긍정과 부정은 의미가 반대이다. 그런데 일부 종속절의 긍정과 부정은 같은 의미로 해석된다. [ ] 부분이 종속절이다.

1. 내가 안 간 경우
   - [내가 가는] 대신 영수가 갔다. *관형사절
   - [내가 안 가는] 대신 영수가 갔다. *관형사절
2. 비가 안 온 기간이 두 달이 넘은 경우
   - [비가 온] 지 두 달이 넘었다. *관형사절
   - [비가 안 온] 지 두 달이 넘었다. *관형사절
3. 비가 오는 것을 걱정하는 경우
   - [비가 올까] 걱정이다. *부사절
   - [비가 오지 않을까] 걱정이다. *부사절

131) 보조사 '도'에 대해서는 §3.15 참조.

13
문장의 구조

13.1. 완전문과 생략문

❖ 문장소가 문장을 형성하는 모습은 무한히 다양하다. 따라서 문장의 길이도 무한하고 문장의 가짓수도 무한하다. 그러한 무한성은 유한한 문장소와 유한한 문법구조가 반복적으로 사용된 결과이다.

❖ 문장은 두 유형으로 나누어진다.

문장의 유형

완전문	필수적 문장성분을 다 갖춘 문장
생략문	필수적 문장성분을 하나 이상 생략한 문장

❖ **완전문**(完全文)은 필수적 문장성분을 다 갖춘 문장이다.

❖ **생략문**(省略文)은 완전문에서 필수적 문장성분을 하나 이상 생략한 문장이다.

• 나는 주스 마실래. — 주스?

나는 주스 마실래.	주어 # 목적어 # 서술어	완전문
주스?	목적어	생략문

❖ 위의 "나는 주스 마실래."는 필수적 문장성분들인 주어, 목적어, 서술어를 다 갖춘 완전문이다.

❖ 위의 "주스?"는 완전문 "너는 주스 마실래?"에서 주어 '너는'과 서술어 '마실래'를 생략하고 목적어 '주스'만 남겨 만든 생략문이다.

❖ 이 책에서 특별한 언급이 없는 '문장'은 완전문을 가리킨다.

13.2. 단어에서 문장까지

❖ 문장이 형성되는 과정은 다음과 같다.

문장이 형성되는 과정(임시)

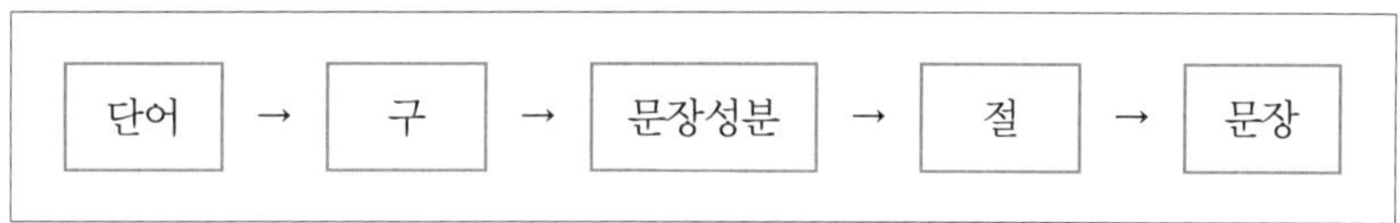

❖ 문장을 형성하는 최소의 언어단위는 문장소이다.[132)]

❖ 문장소 가운데 단어는 구, 문장성분, 절, 문장의 주된 재료이다.

❖ 문장소 가운데 문법소는 단어, 구, 문장성분, 절이 문장을 형성할 수 있게 돕는 부수적인 재료이다.

13.3. 구

❖ **구**(句)에는 **명사구**, **용언구**, **관형사구**, **부사구**가 있다.

❖ 감탄사를 제외한 단어가 구를 형성하는 방식은 다음과 같다.

단어가 구를 형성하는 방식

구조	예	구
체언	오늘	명사구
용언	오-	용언구
보조용언 구성	오-고 있-	
용언 분해구성	오-기+는 하-	
관형사	새	관형사구
부사	빨리	부사구

132) 문장소에 대해서는 §1.4 참조.

❖ 구는 다음과 같은 방식으로 문장성분을 형성한다. 다음 예에서 [ ] 부분이 해당 문장성분이다.

구와 문장성분의 관계

구조	예	문장성분
명사구(+격조사)	[오늘이] 추석이다.	주어
	모두가 [오늘을] 기다렸다.	목적어
	추석은 [오늘이] 아니다.	보어
	[오늘의] 날씨	관형어
	다 모이려면 [오늘보다] 내일이 낫다.	부사어
용언구-어미	비가 [온다]. 비가 [오고 있다]. 비가 [오기는 한다].	서술어
관형사구	[새] 도로	관형어
명사구	[오늘] 모임	
부사구	나는 [빨리] 걷는다.	부사어
명사구	영수는 [오늘] 도착한다.	

❖ 문장성분이 다시 구의 형성에 참여할 수 있다. 즉 관형어는 명사구의 형성에, 부사어는 관형사구와 부사구의 형성에 참여할 수 있다. 이 점을 고려하여 구의 형성 방식을 수정하면 다음과 같다.

구의 구조

구조	예	구
(관형어) # 체언	오늘 지난주 오늘	명사구
용언	오-	용언구
보조용언 구성	오-고 있-	
용언 분해구성	오-기+는 하-	
(부사어) # 관형사	새 아주 새	관형사구
(부사어) # 부사	빨리 아주 빨리	부사구

❖ 문장성분이 구를 형성할 수 있는 점을 고려하면 문장이 형성되는 과정을 다음과 같이 수정할 수 있다.

문장이 형성되는 과정 (1차 수정)

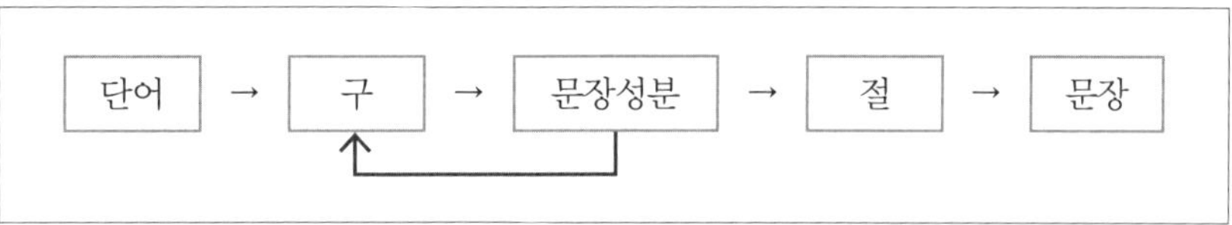

❖ 명사구 가운데 '것' 동격구성은 특별하다.

❖ **'것' 동격구성**(同格構成)은 지시물이 동일한 두 명사구의 연결로서 뒷 명사구가 '관형어 # 것' 구조인 구성이다. 명사구를 [ ]로 표시한다.

- 오다가 [인형], [노란 걸] 샀다.
- [여기 있던 빵], [봉지에 든 거] 먹었어?

❖ '것' 동격구성은 한 명사구로 합쳐 표현할 수도 있다.

- 오다가 [노란 인형을] 샀다.
- [여기 있던, 봉지에 든 빵] 먹었어?

13.4. 절

❖ **절**(節)은 하나 이상의 문장성분이 이어져서 만들어진다.

❖ 절의 형성에 서술어는 필수적이고 나머지 문장성분은 수의적이다.

절 = (…문장성분 #) 서술어

❖ 절은 **주절**(主節)과 **종속절**(從屬節)로 나누어진다. 종속절은 다시 **명사절**, **관형사절**, **부사절**, **서술절**로 나누어진다.[133]

133) 종속절을 '내포절'이라 부르기도 한다.

❖ 절의 종류에 따라 그 절 속의 서술어의 구조가 다르다. 다음 예에서 [ ] 부분이 해당 절이다.

절의 종류와 서술어의 구조

절의 종류		서술어의 구조	예
주절		용언구-종결어미	[【모두가 기다리던】 비가 온다].
종속절	명사절	용언구-명사형어미	모두가 [비가 오기]를 기다렸다.
	관형사절	용언구-관형사형어미	[비가 오는] 소리가 들린다.
	부사절	용언구-부사형어미	[비가 와서] 행사가 취소되었다.
	서술절	용언구-어말어미	영미가 [성적이 좋다].

❖ 절도 문장성분을 형성할 수 있다.

절과 문장성분의 관계

구조	예	문장성분
명사절(+격조사)	[비가 왔음이] 확실하다. 모두가 [비가 오기를] 기다렸다. 나는 [더 기다리기가] 싫다. [앉아 있기보다] 서 있기를 좋아한다.	주어 목적어 보어 부사어
서술절	영미가 [성적이 좋다].	서술어
관형사절	[비가 오는] 소리가 들린다.	관형어
부사절	[비가 와서] 행사가 취소되었다.	부사어

❖ 절이 문장성분을 형성할 수 있는 점을 고려하면 문장이 형성되는 과정을 다음과 같이 다시 수정할 수 있다.

문장이 형성되는 과정 (최종 수정)

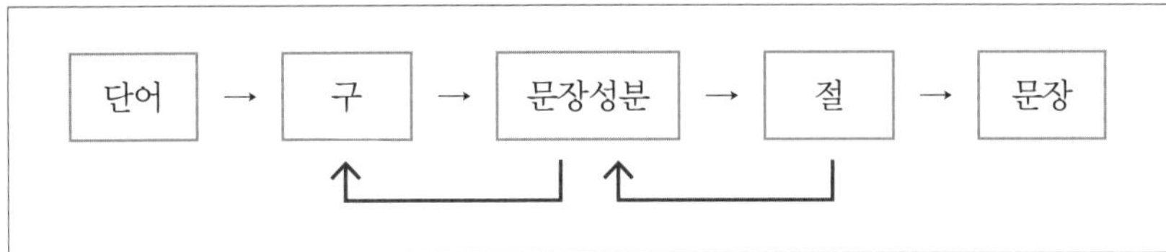

13.5. 문장성분

❖ **문장성분**(文章成分)은 절이나 문장을 직접 구성하는 요소이다.

❖ 문장성분은 **주성분**(主成分), **부속성분**(附屬成分), **독립성분**(獨立性分)으로 나누어진다. 주성분과 부속성분은 절을 직접 구성하고, 독립성분은 절을 구성하는 데 참여하지 않고 문장을 직접 구성한다.

문장성분의 종류

주성분	주어, 목적어, 보어, 서술어
부속성분	관형어, 부사어
독립성분	독립어

❖ 문장성분은 구나 절로부터 형성된다.

구/절과 문장성분의 관계

<table>
<tr><th colspan="2">구조</th><th>예</th><th>문장성분</th></tr>
<tr><td>구</td><td>명사구(+격조사)</td><td>오늘
지난주 오늘</td><td rowspan="2">주어
목적어
보어
관형어
부사어</td></tr>
<tr><td>절</td><td>명사절(+격조사)</td><td>비가 옴
비가 오기</td></tr>
<tr><td>구</td><td>용언구-어미</td><td>먹고
먹는다
먹고 있다</td><td rowspan="2">서술어</td></tr>
<tr><td>절</td><td>서술절</td><td>성적이 좋다</td></tr>
<tr><td rowspan="2">구</td><td>관형사구</td><td>새
아주 새</td><td rowspan="3">관형어</td></tr>
<tr><td>명사구</td><td>오늘
지난주 오늘</td></tr>
<tr><td>절</td><td>관형사절</td><td>비가 오는</td></tr>
<tr><td rowspan="2">구</td><td>부사구</td><td>빨리
아주 빨리</td><td rowspan="3">부사어</td></tr>
<tr><td>명사구</td><td>오늘
지난주 오늘</td></tr>
<tr><td>절</td><td>부사절</td><td>비가 와서</td></tr>
</table>

13.6. 주어, 목적어, 보어, 서술어

❖ **주어**(主語)는 동작이나 상태의 주체를 표시한다.

- **달이** 밝다.
- **별이** 반짝인다.
- **나는** 음악이 좋다. ＊주어(나는), 보어(음악이)
- **나는** 성격이 좋다. ＊주어(나는), 주어(성격이)

❖ 내 성격이 좋다는 뜻의 "나는 성격이 좋다."에서 '나는'과 '성격이'가 모두 주어이다.[134]

134) "나는 성격이 좋다."의 문형에 대해서는 §13.9 참조.

❖ 다음과 같은 관용표현은 주어가 없는 문장, 즉 **무주어문**(無主語文)이다. 이들은 각각 보어 '눈, 불, 도둑, 다행'에 서술어 '이다'가 붙어 있고 주어는 없다. 주어가 생략된 것이 아니라 원래부터 없다는 점에서 무주어문이다.

• 눈이다!

• 불이야!

• 도둑이야!

• 창문을 닫아 놔서 다행이다.

❖ **목적어**(目的語)는 동작의 대상이나 양을 표시한다.

• 영수가 **우유**를 마신다.

❖ '명사＃수사＃단위명사' 구조의 **수량표현**이 주어로 쓰일 때 주어를 분해할 수 있다. 다음 예에서 **수량표현 주어**(감자 한 개)가 주어 두 개(감자, 한 개)로 분해된다. **수량표현 주어의 분해** 후 두 번째 주어에 격조사가 붙지 않을 수 있다.

• 수량표현 : 감자 한 개

• 주어로 쓰인 수량표현 : [감자 한 개가] 있다.

• 수량표현 주어의 분해 : [감자가] [한 개가] 있다.

• 수량표현 주어의 분해 후 격조사 생략 : [감자가] [한 개] 있다.

❖ '명사＃수사＃단위명사' 구조의 수량표현이 목적어로 쓰일 때도 목적어를 분해할 수 있다. 다음 예에서 **수량표현 목적어**(감자 한 개)가 목적어 두 개(감자, 한 개)로 분해된다. **수량표현 목적어의 분해** 후 두 번째 목적어에 격조사가 붙지 않을 수 있다.

• 수량표현 : 감자 한 개

• 목적어로 쓰인 수량표현 : [감자 한 개를] 산다.

• 수량표현 목적어의 분해 : [감자를] [한 개를] 산다.

• 수량표현 목적어의 분해 후 격조사 생략 : [감자를] [한 개] 산다.

❖ **수량목적어**는 '수사＃단위명사' 구조의 수량표현이 독자적으로 형성한 목적어이다. 수량목적어는 동작이 그 양만큼 이루어짐을 표시한다.

• 민수는 5km를 걷는다.

• 민수는 **한 시간을** 걷는다.

• 민수는 의자에 **한 시간을** 앉아 있다.

• 민수는 영미를 **한 시간을** 기다린다.

❖ **보어**(補語)는 상태의 서술을 보충하는 대상을 표시하거나, 목적어로 표현되지 않는 동작의 대상을 표시하거나, 동작이나 상태의 양을 표시한다.

• 영수는 **학생**이다. *상태의 서술을 보충하는 대상

• 영수는 **학생이** 아니다. *상태의 서술을 보충하는 대상

• 이것이 **내 글씨가** 맞다. *상태의 서술을 보충하는 대상

• 물이 **얼음이** 된다. *목적어로 표현되지 않는 동작의 대상

❖ 접미형용사 '이다'가 서술어인 '이다'문에서 '보어 # 이다'는 주체의 상태를 기술한다.

• 영수는 **학생이다.**

• 영수는 **고민이다.**

• 영수는 내 제안에 **반대다.** *영수가 내 제안에 반대한다는 뜻

• 누가 **커피야**? — 내가 **커피야**. *누구 또는 내가 커피와 관계된다는 뜻

❖ **수량보어**는 '수사 # 단위명사' 구조의 수량표현이 형성한 보어이다. 수량보어는 동작이 그 양만큼 이루어지거나 상태가 그 양만큼임을 표시한다.

• 몸무게가 **60kg이** 나간다.

• 몸무게가 **1kg이** 모자란다.

• 몸무게가 **1kg이** 부족하다.

• 몸무게가 **1kg이** 쪘다.

• 그가 떠난 지가 **10년이** 넘었다.

❖ **서술어**(敍述語)는 주체가 하는 동작이나 주체의 상태를 표시한다. 주체가 하는 동작을 표시할 때는 동사를, 주체의 상태를 표시할 때는 형용사를 서술어로 사용한다.

❖ 두 어절이 하나의 서술어로 쓰일 수 있다. 그러한 서술어는 **복합서술어**(複合敍述

語)이다. 복합서술어에는 보조용언 구성과 용언 분해구성이 있다.[135)]

• 보조용언 구성 : 기다려 보다, 기다려 주다, 기다리기는 하다

• 용언 분해구성 : 기다리기는 하다, 기다리기는 기다리다

13.7. 관형어, 부사어, 독립어

❖ **관형어**(冠形語)는 뒤따르는 피수식어(명사구)를 수식한다. 명사구가 가리키는 사물의 범위를 좁혀 정밀한 지시를 가능하게 한다. 예를 들어 관형사 '새'가 체언 '옷'을 수식하는 '새 옷'은 옷 중에서 새것에 한정하므로 '옷'보다 지시가 정밀하다.

• [이] 노란 우산

• [어느] 자리

• [아주 새] 운동화

• [한국의] 어디가 제일 가고 싶어요?

• [이보다 더 객관적인] 평가가 가능할지 모르겠다.

• [그의 작품으로서 가장 비싼] 그림

• [그의 작품으로서 가장 비싸다는] 그림

❖ **부사어**(副詞語)는 뒤따르는 피수식어(관형어, 부사어, 서술어, 절, 문장)를 수식하거나 앞뒤의 말을 묶는다. 수식하는 부사어는 '어떻게, 얼마나'의 뜻을 표현함으로써 피수식어의 의미를 한정한다. 접속부사인 부사어는 앞뒤의 말을 묶는다.

• [아주] 새 운동화 ＊관형어 '새'를 수식함

• [조금] 일찍 일어나다 ＊부사어 '일찍'을 수식함

• [아까보다 더] 부드러운 표정 ＊서술어 '부드럽-'을 수식함

• [만약] 영미가 싫다고 하면 유진이한테 물어볼 수밖에 없어. ＊절 '영미가 싫다고 하면'을 수식함

• [영미가 노래를 시작하자] 실내가 조용해진 것은 사실이다. ＊절 '실내가 조용해진'을 수식함

135) 보조용언 구성과 용언 분해구성에 대해서는 §3.17 참조.

• [부디] 남은 여정을 잘 마무리하시기 바랍니다. *문장 '남은 여정을 잘 마무리하시기 바랍니다.'를 수식함

• 거실 [또는] 주방 *'거실'과 '주방'을 묶음

❖ **독립어**(獨立語)는 문장을 직접 구성한다. 즉 절을 구성하는 데 참여하지 않는다. 문장의 한 성분으로 참여할 수도 있고 홀로 문장이 될 수도 있다.

❖ 독립어를 주로 형성하는 것은 감탄사와 호격어이다.

❖ 호격어는 '명사구(+호격조사)'의 구조이다.

• **영미야**, 이것 봐. *문장의 한 성분이 됨.

• **영미야**. 이것 봐. *홀로 문장이 됨.

• **영수야**! — 왜? 나 불렀어? *홀로 문장이 됨.

• 또 만나세, **친구여**. *문장의 한 성분이 됨.

❖ 호격조사 없이 명사구만으로 호격어가 되는 경우도 많다.

• 같이 가요, **영미 언니**!

• **어르신**, 이쪽으로 가시면 돼요.

• 맞아요, **장 선생**.

❖ 감탄사 '여보세요', '저기요'도 호격어로 쓰인다. 특히 '여보세요'는 전화 통화에서 자신이 통화 준비가 되었음을 상대방에게 알릴 때 고정적으로 쓴다.

• **여보세요**? — **여보세요**? 저 유진인데요. 약속이 취소됐어요.

• **저기요**. 길 좀 물어 봐도 될까요?

13.8. 단순문과 복합문

❖ 문장을 형성하는 최소 단위는 문장소이고 문장을 직접 구성하는 요소는 절이다.

❖ 문장은 하나 이상의 절로 이루어진다.

❖ 문장의 형성에 주절은 필수적이고 종속절은 수의적이다.

문장 = (…종속절#) 주절

❖ 주절 하나로 이루어진 문장은 **단순문**(單純文) 또는 **단문**(單文)이다.[136]

❖ 주절에 하나 이상의 종속절이 결합한 문장은 **복합문**(複合文) 또는 **복문**(複文)이다.

문장의 유형

단순문	주절 하나로 이루어진 문장
복합문	주절에 하나 이상의 종속절이 결합한 문장

❖ 복합문에서 종속절은 표면적으로 주절의 앞, 중간, 끝에 놓일 수 있다. 그러나 구조적으로 종속절은 주절의 내부에 놓여 있다. 다음에서 【 】부분이 주절, [ ] 부분이 종속절이다.

1. 종속절이 주절의 처음에 놓인 경우
   - 【 [내일이 주말이어서] 도로에 차가 많다. 】
2. 종속절이 주절의 중간에 놓인 경우
   - 【 우리는 [비가 그치기]를 기다렸다. 】
   - 【 나는 [비가 오는] 소리를 못 들었다. 】
3. 종속절이 주절의 끝에 놓인 경우
   - 【 영미는 [성적이 좋다]. 】

13.9. 기본문형

❖ 문장성분이 단순문을 형성하는 모습을 유형화한 것이 **문형**(文型)이다. 수많은 단순문의 구조를 소수의 문형으로 간결하게 기술할 수 있다.

❖ **기본문형**(基本文型)은 주성분이 단순문을 형성하는 유형이다.

136) 긴 문장을 '장문(長文)', 짧은 문장을 '단문(短文)'이라 함을 고려하면 '단문(單文)' 대신 '단순문'이라 부르는 것이 좋다.

기본문형	주성분의 구성	예문	서술어의 품사에 따른 문장의 유형
주술 문형	주어 # 서술어	달이 밝다.	형용사문
		별이 반짝인다.	자동사문
주보술 문형	주어 # 보어 # 서술어	영수는 학생이다. 영수는 학생이 아니다.	형용사문
		물이 얼음이 된다.	자동사문
주목술 문형	주어 # 목적어 # 서술어	영수가 우유를 마신다.	타동사문

❖ "영수는 학생이다."에서 '학생'이 보어이고 '이다'가 서술어이다. '이다'가 보어 뒤에 붙어 쓰이는 것은 '이다'가 접미형용사이기 때문이다.[137]

❖ 'A가 B가 좋다' 형태의 문장은 두 기본문형으로 나누어진다. 내가 음악을 좋아한다는 뜻의 "나는 음악이 좋다."는 '음악이'가 보어인 주보술 문형이다. "영수는 학생이 아니다."와 문형이 같다. 그런데 내 성격이 좋다는 뜻의 "나는 성격이 좋다."는 '성격이 좋다'가 서술절인 복합문으로서 주술 문형이다.[138]

'A가 B가 좋다'의 두 기본문형

기본문형	예
주보술 문형	나는 음악이 좋다.
주술 문형	나는 성격이 좋다.

13.10. 부사어를 가진 여러 문형

❖ 부속성분 중 부사어를 고려하면 기본문형 외에 다양한 문형이 가능함을 확인할 수 있다. [ ] 부분이 부사어이다.

137) 접미형용사 '이다'에 대해서는 §4.22 참조.

138) 서술절을 가진 복합문에 대해서는 §14.10 참조.

부사어를 가진 여러 문형

문형	예
주부술 문형	나는 [너와] 다르다. 민수는 [회사에] 다닌다. 민수는 가끔 [바보처럼] 군다. 이 길은 [도심으로] 통한다. 우리는 [기다리기로] 결정했다.
주부목술 문형	영수는 [종이로] 비행기를 만들었다. 영수는 [영미에게] 선물을 주었다.
주목부술 문형	영미는 원화를 [달러로] 바꾸었다. 영미는 원화를 [달러와] 바꾸었다. 우리는 영미를 [전문가로] 본다.
주부부술 문형	영수는 [민수에게] [만나자고] 했다.
주부부목술 문형	민수는 [엄마한테] [게으르다고] 잔소리를 들었다.

13.11. 용언과 문형

❖ 문형을 결정하는 것은 용언이다. 예를 들어 형용사 '이다, 아니다'는 주보술 문형을 형성하고 동사 '참다, 마시다, 정리하다'는 주목술 문형을 형성한다.

- 주목술 문형 : 영미는 화를 참았다. / 영수가 우유를 마신다. / 민수가 책상을 정리한다.

❖ 한 용언이 여러 문형으로 쓰이는 경우가 있다. 예를 들어 동사 '생각하다'는 주부술, 주목술, 주목부술 문형으로 쓰인다. 다음에서 [ ] 부분은 부사어, 【 】부분은 목적어이다.

- 주부술 문형 : 민수는 [미래에 대해] 생각한다. / 민수는 [미래가 밝다고] 생각한다. / 민수는 [내가 바보라고] 생각한다.
- 주목술 문형 : 민수는【미래를】생각한다. / 민수는【환율이 계속 떨어지고 있음을】생각한다. / 민수는【앞으로 어떻게 할지를】생각한다.
- 주목부술 문형 : 민수는【나를】[바보로] 생각한다. / 민수는【나를】[바보라고] 생각한다.

❖ 보조형용사 '싶다'는 본용언과 함께 보조용언 구성을 이루어 서술어가 되며, 주술,

주보술, 주목술 문형으로 쓰인다. 다음에서 [ ] 부분은 서술어이다.

- 주술 문형 : 나는 [쉬고 싶다].
- 주보술 문형 : 나는 물이 [마시고 싶다].
- 주목술 문형 : 나는 물을 [마시고 싶다].

❖ 용언의 의미가 비슷하면 문형도 비슷하다. 그러나 그렇지 않은 경우도 있다. 예를 들어 동사 '이기다, 승리하다, 꺾다'는 뜻이 서로 비슷한데, '꺾다'는 주목술 문형을 형성하고 '승리하다'는 주부술 문형을 형성하며 '이기다'는 두 문형을 모두 형성한다.

- 주부술 문형 : 두산이 삼성에 이겼다. / 두산이 삼성에 승리했다.
- 주목술 문형 : 두산이 삼성을 이겼다. / 두산이 삼성을 꺾었다.

❖ 용언의 의미와 문형이 일정하게 대응하는 예로 대칭동사가 있다. **대칭동사**(對稱動詞)는 주술 문형, 주부술 문형으로 (일부는 주목술 문형으로도) 쓰이며, 주술 문형으로 쓰일 때 주어가 복수의 사물을 가리키는 점이 특별하다. 아래의 '그 둘'과 '민수와 영미'가 복수의 사물을 가리키는 주어이다.

- 대칭자동사(주술 문형, 주부술 문형) : 닮다, 만나다, 사귀다, 결혼하다, 싸우다, 헤어지다
- 대칭타동사(주목술 문형) : 닮다, 만나다, 사귀다

대칭동사가 참여한 문형

대칭동사	문형		예
대칭 자동사	주술 문형	접속되지 않은 명사구 주어	그 둘이 닮았다/만났다/사귀었다/결혼했다/싸웠다/헤어졌다.
		접속된 명사구 주어	민수와 영미가 닮았다/만났다/사귀었다/결혼했다/싸웠다/헤어졌다.
	주부술 문형		민수가 영미와 닮았다/만났다/사귀었다/결혼했다/싸웠다/헤어졌다.
대칭 타동사	주목술 문형		민수가 영미를 닮았다/만났다/사귀었다.

14

종속절

14.1. 복합문과 종속절

❖ 종속절은 복합문에서 주절의 한 문장성분이 된다.

❖ 종속절은 명사절, 관형사절, 부사절, 서술절로 나누어진다.

명사절이 목적어로 쓰인 복합문

종속절(명사절)	주절
비가 그치기	우리는 [ ]+를 기다린다.
우리는 [비가 그치기]+를 기다린다.	

관형사절이 관형어로 쓰인 복합문

종속절(관형사절)	주절
미국에 사는	동생이 왔다.
[미국에 사는] 동생이 왔다.	

부사절이 부사어로 쓰인 복합문

종속절(부사절)	주절
음악을 들으면서	영미가 걷는다.
영미가 [음악을 들으면서] 걷는다.	

서술절이 서술어로 쓰인 복합문

종속절(서술절)	주절
가방이 멋있다	영수는 [ ].
영수는 [가방이 멋있다].	

14.2. 명사절

❖ **명사절**은 명사구의 역할을 하는 절이다.

❖ 명사절은 일반 명사절과 의문 명사절로 나누어진다.

명사절의 분류

일반 명사절	'-기' 명사절	서술어에 명사형어미 '-기'가 붙은 명사절
	'-음' 명사절	서술어에 명사형어미 '-음'이 붙은 명사절
의문 명사절	'-는지' 명사절	서술어에 명사형어미 '-는지'가 붙은 명사절
	'-을지' 명사절	서술어에 명사형어미 '-을지'가 붙은 명사절
	'-냐' 명사절	서술어에 의문형어미 '-냐'가 붙은 명사절

❖ 명사형어미 '-기, -음'은 명사화접미사 '=기, =음'과 형태가 같다.[139)]

❖ **'-기' 명사절, '-음' 명사절**은 주로 주어나 목적어로 쓰인다.

- 지금으로서는 [결론을 내리기] 어렵다. *주어
- 우리는 [비가 그치기]를 기다린다. *목적어
- [영미가 한국에 왔음]이 확실하다. *주어
- [그가 우리 편이 아님]을 알고 있다. *목적어

❖ '-기' 명사절은 주로 다음과 같은 표현에 쓰인다.

- -기(가) 쉽다, -기(가) 어렵다, -기(가) 힘들다, -기(가) 좋다, -기(가) 싫다, -기(가) 편하다, -기(가) 불편하다, -기(가) 귀찮다
- -기(를) 시작하다, -기(를) 좋아하다, -기(를) 싫어하다
- -기(를) 바라다
- -기를 기다리다, -기를 멈추다, -기를 원하다
- -기로 하다, -기로 결심하다

139) 명사화접미사 '=기, =음'에 대해서는 §14.3 참조.

- -기 때문에, -기 때문이다, -기 위한, -기 위해, -기/-게 마련이다
- -기 전
- 내가 알기로(는), 내가 듣기로(는), 내가 보기로(는)
- -기+보조사#하다

❖ '-기(를) 바라다'는 기본적으로 '희망'을 표시한다.[140)]

- 사람들이 [공사가 빨리 끝나기]를 바라고 있다.
- 영수는 [자기가 뽑히기]를 바라지만 뽑힐 가능성이 높지 않다.

❖ '-기(를) 바라다'는 주절의 주어가 1인칭일 때 청자에 대한 화자의 '가벼운 명령' 또는 '기원'을 표시할 때가 많다. 이때 주절의 주어는 흔히 생략한다. '-었-기(를) 바라다'로 쓰면 화자가 실현 여부를 모르는 과거의 사건에 대한 '기원'을 표시한다.

- [3시까지는 돌아오기] 바래. *가벼운 명령
- [여러분 모두 즐거운 여행 되시기]를 바랍니다. *미래에 대한 기원
- [잘 도착했기] 바란다. *과거에 대한 기원

❖ '-기+보조사#하다'는 명사형 분리구성이다.[141)]

❖ 명사형어미에 부사격조사가 붙은 '-기+에'는 부사형어미 '-기에'와 다르다. 부사형어미 '-기에'는 명사형어미 '-기'에 부사격조사 '에'가 붙어 '원인'을 뜻하는 어미로 굳어진 것이다.

- [소풍 가기]에 좋은 날씨다. *어미 '-기'와 조사 '에'의 연결
- [꽃이 활짝 피었기에] 사진을 여러 장 찍었다. *부사형어미 '-기에'

❖ '-음' 명사절은 주로 다음과 같은 표현에 쓰인다.

- -음이 드러나다, -음이 분명하다, -음이 사실이다
- -음을 알다, -음을 모르다, -음을 주장하다, -음을 밝히다
- -음만 못하다
- -음에도 (불구하고)

---

140) 규범문법에서 동사 '바라다'는 모음어미 결합형이 '바라, 바라도, 바라서, 바랐다' 등이지만 현실어에서는 '바래, 바래도, 바래서, 바랬다' 등으로 쓰일 때가 많다.

141) 명사형 분리구성에 대해서는 §3.17 참조.

• -음으로써

❖ 동일한 의미를 표현하기 위해 '-음' 명사절보다 '관형사절 # 것'을 많이 쓴다. '-음' 명사절은 문어체 느낌이 강하다.

• [외국에서 살다 왔음]이 분명하다. ＊'-음' 명사절

• [외국에서 살다 온 것]이 분명하다. ＊관형사절 # 것

• [한국보다 물가가 쌈]을 모르는 것 같다. ＊'-음' 명사절

• [한국보다 물가가 싼 것]을 모르는 것 같다. ＊관형사절 # 것

❖ '-는지, -을지'는 '의문'을 뜻하는 명사형어미라는 점이 특별하다.

변이형의 쓰임 : 명사형어미 '-는지'

1. 명사형어미 '-는지'는 환경에 따라 '-는지, -은지, -ㄴ지'로 쓰인다. '-는지, -ㄴ지' 앞에서 'ㄹ'은 표기와 발음에서 탈락한다.
   ① '-는지'는 '-었-, -겠-', '있-, 없-', 동사(-으시-) 뒤에 쓰인다.
   • 작았는지, 작겠는지, 있는지, 없는지, 오는지, 잡는지, 아는지(알-는지), 오시는지
   ② '-은지'는 '있-, 없-', ㄹ형용사 이외의 자음형용사 뒤에 쓰인다.
   • 작은지
   ③ '-ㄴ지'는 모음형용사, ㄹ형용사, 형용사-으시- 뒤에 쓰인다.
   • 흰지, 둥근지(둥글-ㄴ지), 작으신지

❖ **'-는지' 명사절, '-을지' 명사절**은 **의문 명사절**이다. 만약 '-는지' 명사절, '-을지' 명사절로 문장을 끝마치면 의문문이 된다. 이들은 특수 종결문이다.[142)]

• [누가 가는지]가 문제다. ＊의문 명사절

• 누가 가는지? ＊의문문

• [누구신지]를 모른다. ＊의문 명사절

• 누구신지요? ＊의문문

• [민수가 가는지]를 모른다. ＊의문 명사절

---

142) 특수 종결문에 대해서는 §7.17 참조.

• 민수가 가는지?　＊의문문

❖ '-는지' 명사절, '-을지' 명사절은 관용표현 '-는/-은/-을 줄(을) 알다/모르다'의 '관형사절#줄' 구성과 비슷해 보이지만 다르다. 의문 명사절은 명제의 진릿값이 정해져 있지 않으나 '관형사절#줄' 구성은 진릿값이 참이다. 예를 들어 아래의 '비가 오는지'는 '비가 오는지 안 오는지'와 비슷한 뜻을 표현하는 반면, '비가 오는 줄'은 '비가 오는 것'과 비슷한 뜻을 표현한다.[143)]

• [비가 오는지]를 모른다.　＊의문 명사절
• [비가 오는 줄]을 모른다.　＊관형사절#줄
• [비가 왔는지]를 모른다.　＊의문 명사절
• [비가 온 줄]을 모른다.　＊관형사절#줄
• [비가 올지]를 모른다.　＊의문 명사절
• [비가 올 줄]을 모른다.　＊관형사절#줄

❖ 관용표현 '-는지도/-을지도 모르다'는 '조심스러운 추측'을 표시한다. 이때 '모르다'는 현재시제로만 쓰인다.

• 카메라 앞에서 공연하는 것이 처음인지도 모른다.
• 카메라 앞에서 공연하는 것이 처음일지도 모른다.
• 카메라 앞에서 공연하는 것이 처음이었는지도 모른다.
• 카메라 앞에서 공연하는 것이 처음이었을지도 모른다.
• 카메라 앞에서 공연하는 것이 처음인지도 몰랐다. (×)
• 카메라 앞에서 공연하는 것이 처음일지도 몰랐다. (×)

❖ **'-냐' 명사절**은 의문문이 종속절로 쓰이면서 명사절이 된 것이다. 이것은 의문문을 간접인용의 방법을 이용하여 명사절로 만든 것이라고 할 수도 있다.[144)] 따라서 '-냐' 명사절을 인용절처럼 간주하여 작은따옴표로 표시할 수도 있다.

• 누가 갑니까?　＊의문문
• [누가 가냐]가 문제다.　＊의문 명사절

143) 관용표현 '-는/-은/-을 줄(을) 알다/모르다'에 대해서는 §2.8 참조.
144) 간접인용에 대해서는 §15.3 참조.

- 얼마면 되겠니? ＊의문문
- [얼마면 되겠냐]를 두고 의견이 나누어졌다. ＊의문 명사절
- '누가 가냐'가 문제다. ＊의문 명사절
- '얼마면 되겠냐'를 두고 의견이 나누어졌다. ＊의문 명사절

14.3. '-기, -음' 명사형과 '=기, =음' 파생명사

❖ **명사형어미** '-기, -음'과 **명사화접미사** '=기, =음'은 어원이 같고 형태가 같지만 쓰임이 조금 다르다. 명사형어미는 모든 용언에 붙어 명사절을 만들지만 명사화접미사는 일부 용언에 붙어 파생명사를 만든다.

❖ 접미사 '=기'가 붙어 만들어진 파생명사는 **'=기' 파생명사**, 접미사 '=음'이 붙어 만들어진 파생명사는 **'=음' 파생명사**이다.

❖ 접미사 '=기, =음' 앞의 어기는 용언이거나 '단어+용언'이다.

❖ 어기가 용언인 '=기' 파생명사, '=음' 파생명사의 예는 다음과 같다.

- '=기' 파생명사 : 굵기, 기울기, 달리기, 더하기, 밝기, 보기, 빠르기, 쓰기, 앞지르기, 크기
- '=음' 파생명사 : 가르침, 그림, 깨달음, 꿈, 느낌, 두려움, 만남, 목마름, 보살핌, 삶, 셈, 싸움, 얼음, 울음, 웃음, 잠, 졸음, 죽음

❖ 어기가 '단어+용언'인 '=기' 파생명사, '=음' 파생명사의 예는 다음과 같다.

- '=기' 파생명사 : 개미핥기, 구슬치기, 글짓기, 높이뛰기, 말타기, 발차기, 보물찾기, 살빼기, 소매치기, 술래잡기, 승부차기, 오래달리기, 이삭줍기, 줄넘기, 파도타기, 힘겨루기
- '=음' 파생명사 : 김서림, 눈속임, 마음가짐, 말다툼, 물빠짐, 발뺌, 입막음, 자리매김, 조옮김, 코막힘, 탈바꿈

❖ 다음은 '=기, =음' 파생명사가 쓰인 예문이다.

- 아이들의 **달리기**는 길 끝까지 이어졌다.
- 아이들이 기다리던 **보물찾기** 시간이 되었다.
- 둘 다 행복한 **삶**을 살았다.
- 단단한 **얼음**이 호수를 뒤덮고 있었다.
- 두 사람의 **만남**은 오래가지 못했다.

❖ 다음은 **'-기' 명사형**과 **'-음' 명사형**이 명사절을 형성한 예이다.

- 5시에 친구들 **만나기**. *문어체 명사문
- 아이들이 계속 **달리기** 때문에 간식을 나눠 줄 수 없었다.
- 말로 **하기**보다는 그림으로 보여 주는 것이 더 효과적이다.
- 둘 다 행복하게 **삶**. *문어체 명사문
- 얼음이 단단히 **얾**. *문어체 명사문
- 얼음이 단단히 **얼었음**. *문어체 명사문
- 위의 내용은 사실과 **틀림없음**. *문어체 명사문

❖ 비유의 기준이 되는 전형적인 사건을 제시하는 속담은 흔히 '-기' 명사절로 표현한다.

- 누워서 떡 먹기
- 도토리 키 재기
- 밑 빠진 독에 물 붓기
- 식은 죽 먹기
- 수박 겉 핥기
- 울며 겨자 먹기
- 하늘의 별 따기

❖ '=기, =음' 파생명사는 사전에 표제어로 실려 있다. 그러나 '-기, -음' 명사형은 그렇지 않다. 예를 들어 형용사 '반갑-'에 명사형어미 '-기'가 붙은 '반갑기'나 동사 '얼-'에 명사형어미 '-음'이 붙은 '얾'은 사전에 표제어로 실려 있지 않다.

❖ '-음' 명사형은 명사가 아니지만 임시로 명사처럼 쓰이는 경우가 있다. 다음의 명사형 '신비로움, 덧없음, 따뜻함, 어색함'은 명사처럼 쓰여 각각 관형어 '자연의, 인생의, 가정의, 늘 느껴 왔던'의 수식을 받고 있다.

- 자연의 **신비로움**에 감탄할 수밖에 없다.
- 이 시는 인생의 **덧없음**을 노래하고 있다.
- 아이는 처음으로 가정의 **따뜻함**을 느꼈다.
- 그 느낌은 늘 느껴 왔던 **어색함**과는 분명히 달랐다.

14.4. 관형사절

❖ **관형사절**은 관형어의 역할을 하는 절이다.

❖ 관형사절은 서술어에 관형사형어미가 붙어 만들어진다. 관형사형어미로는 '-은, -는, -던, -을'이 있다. 이 어미들은 시제, 상, 양태의 면에서 조금씩 다른 기능을 표시한다.[145]

관형사형어미의 기능

어미	예문	어미의 기능		
		시제	상	양태
-은	[영수가 어제 읽은] 책은 소설이다.	과거	완료	기정
-는	[영수가 지금 읽는] 책은 소설이다.	현재	미완료	기정
-던	[영수가 어제 읽던] 책은 소설이다.	과거	미완료	기정
-었-을	[영수가 어제 읽었을] 책은 소설이다.	과거	완료	미정
-을	[영수가 지금 읽을] 책은 소설이다.	현재	미완료	미정
-을	[영수가 내일 읽을] 책은 소설이다.	현재	미완료	미정

❖ '영수가 지금 읽을 책'에서 '읽을'은 현재의 사건에 대한 추측을 표현할 수도 있고 가까운 미래의 사건에 대한 추측/예정을 표현할 수도 있다. '영수가 내일 읽을 책'에서의 '읽을'은 미래의 사건에 대한 추측/예정을 표현한다. '읽을'의 시제가 현재인 점은 모두 같다.

14.5. 가진 관형사절과 빠진 관형사절

❖ 관형사절은 관형사절과 피수식어와의 관계에 따라 **가진 관형사절**, 즉 **가진절**과 **빠진 관형사절**, 즉 **빠진절**로 나누어진다.[146]

145) 시제와 상에 대해서는 9장(시제와 상) 참조. 양태에 대해서는 10장(양태) 참조.

146) 가진절을 '명사구 보문', 빠진절을 '관계절'이라 부르는 일이 많다.

가진절과 빠진절

가진절 = 가진 관형사절	[영수가 책을 읽은] 사실
빠진절 = 빠진 관형사절	[영수가 읽은] 책

❖ 빠진절은 필요한 문장성분 중 하나가 피수식어로 빠져나간 관형사절이다.

- 영수가 책을 읽었다. 그 책 → [영수가 ( ) 읽은] 책
- 영수가 책을 읽었대요. 그 책 → [영수가 ( ) 읽었다는] 책
- 나무가 건너편 산에 많다. 그 산 → [나무가 ( ) 많은] 건너편 산
- 닭고기를 새 칼로 잘랐다. 그 칼 → [닭고기를 ( ) 자른] 새 칼
- 철수가 회장이 되었다. 그 회장 → [철수가 ( ) 된] 회장[147)]

❖ 가진절은 필요한 문장성분이 다 갖추어진 관형사절이다. 피수식어는 관형사절 속의 한 문장성분이 빠져나온 것이 아니다.

- 영수가 책을 읽었다. 그 사실 → [영수가 책을 읽은] 사실
- 아이들이 떠든다. 그 시끄러운 소리 → [아이들이 떠드는] 시끄러운 소리
- 물가가 떨어진다. 그 가능성 → [물가가 떨어질] 가능성
- "아침에는 뭘 드세요?" 그 질문 → [아침에는 뭘 먹냐는] 질문
- "책을 읽읍시다." 그 말 → [책을 읽자는] 말

14.6. 일반 관형사절과 인용 관형사절

❖ 관형사절은 인용절을 포함하고 있느냐에 따라 **일반 관형사절**과 **인용 관형사절**로 나누어진다. 인용절을 포함하고 있으면 인용 관형사절이고 그렇지 않으면 일반 관형사절이다.[148)]

147) "철수가 된 회장은 학생회 회장이 아니라 동창회 회장이다."와 같은 문장에 쓰일 수 있다.
148) 인용 관형사절에 대해서는 §15.5 참조.

관형사절의 분류

<table>
<tr><td rowspan="2">일반 관형사절</td><td rowspan="2">인용절 불포함</td><td>일반 가진절</td><td>[영수가 책을 읽은] 사실</td></tr>
<tr><td>일반 빠진절</td><td>[영수가 ( ) 읽은] 책</td></tr>
<tr><td rowspan="2">인용 관형사절</td><td rowspan="2">인용절 포함</td><td>인용 가진절</td><td>[영수가 책을 읽었다는] 말</td></tr>
<tr><td>인용 빠진절</td><td>[영수가 ( ) 읽었다는] 책</td></tr>
</table>

❖ 명사 '사실'은 다양한 관형사절의 피수식어로 쓰인다.

- 네 말은 [영수가 확인한] **사실**과 다르다. *일반 빠진절
- 네 말은 [영수가 확인했다는] **사실**과 다르다. *인용 빠진절
- 영미는 [자기가 민수를 만난] **사실**을 인정했다. *일반 가진절
- 영미는 [자기가 민수를 만났다는] **사실**을 인정했다. *인용 가진절

❖ 같은 피수식체언이 일반 가진절과 맺는 의미관계가 다를 수 있다.

- [며칠 동안 무리한] **결과**는 몸살이었다.
- 며칠 동안 무리한 것이 [몸살에 걸리는] **결과**로 이어졌다.

❖ 위 두 문장의 피수식체언 '결과'는 관형사절과 맺는 의미관계가 서로 다르다. 첫 문장에서 '며칠 동안 무리한'은 몸살이라는 결과를 일으킨 원인이고, 둘째 문장에서 '몸살에 걸리는'은 결과의 내용이다.

❖ 피수식체언의 종류에 따라 일반 가진절에 붙는 어미가 제한될 수 있다.

일반 가진절의 어미와 피수식체언

<table>
<tr><th>어미</th><th colspan="4">피수식체언</th></tr>
<tr><td>-은</td><td>뒤, 후, 다음, 사례, 원인</td><td rowspan="2">결과, 효과, 후유증, 원인, 대가, 대신, 이야기, 사실, 기억, 경험, 경력</td><td></td><td rowspan="3">것, 때, 일, 경우, 이유</td></tr>
<tr><td>-는</td><td>중(中), 도중, 문제, 기쁨, 재미, 즐거움, 슬픔, 모험, 상상, 장면, 광경, 소리, 냄새</td><td rowspan="2">동안, 생각, 방법</td></tr>
<tr><td>-을</td><td>가능성, 가망, 확률, 계획, 준비, 전망, 희망, 용기, 위험, 염려, 우려, 조짐, 징조, 운명</td><td></td></tr>
</table>

❖ 명사 '노력, 시도, 움직임'은 일반 가진절의 수식을 받을 때 어미 결합형 '-으려는, -으려던'과 어울려 쓰인다. '-으려는, -으려던'은 각각 '-으려고 하는, -으려고 하던'의 축약형이다.[149)]

❖ 일반 가진절 뒤에 의존명사가 이어진 관용표현이 많다.[150)]

- -을 줄(을) 알다/모르다
- -는/-은/-을 줄(로) 알다
- -었던 때문에, -었던 때문이다, -었던 때문이 아니다
- -을 뿐, -을 뿐이다, -을 뿐(만) 아니라
- -는 바람에
- -는 대신(에)
- -은 지(가)
- -는/-을 동안(에)
- -는/-은/-던/-을 대로
- -는/-은/-었던/-을 듯 (하다/싶다)
- -을 만 하다
- -는/-은/-을 만큼
- -는/-은 척/체 (하다)
- -을 뻔 하다

❖ '관형사절#것'이 '-음' 명사절을 대신해 널리 쓰인다. 이때의 관형사절은 일반 가진절이다.

- [영미가 한국에 왔음]이 확실하다.
- [영미가 한국에 온 것]이 확실하다.
- [그가 우리 편이 아님]을 알고 있다.
- [그가 우리 편이 아닌 것]을 알고 있다.

❖ 두 사건의 시간적 관계를 표현하기 위한 문장에 ''-기' 명사절#전+에'와 '관형사

---

149) 보조동사 '(-으려고) 하다'에 대해서는 §4.17 참조.

150) 의존명사가 들어 있는 관용표현에 대해서는 §2.8 참조.

절 # 때(+에)/후(+에)'가 널리 쓰인다. 이때의 관형사절은 일반 가진절이다.

- '-기' 명사절 # 전 + 에 : 비가 오기 전에 도착했다.
- '-을' 관형사절 # 때(+에) : 비가 올 때 도착했다.
- '-은' 관형사절 # 후(+에) : 비가 온 후에 도착했다.

14.7. 부사절

❖ **부사절**은 부사어의 역할을 하는 절이다.

❖ 부사절은 서술어에 부사형어미가 붙어 만들어진다.

❖ 부사절은 **일반 부사절**과 **인용 부사절**로 나누어진다. 인용표현에 사용되는 부사절이 인용 부사절이고 나머지가 일반 부사절이다.[151)]

부사절의 분류

일반 부사절	민수는 [가방을 메고] 걷는다. [민수는 가방을 멨고] 영미는 우산을 들었다.
인용 부사절	민수는 [다리가 아프다고] 생각했다.

❖ 부사절에 붙는 부사형어미는 매우 다양하다. 이들의 기능은 본용언과 보조용언의 연결, 그리고 나열, 시간, 인과, 방법, 배경, 인용으로 나누어지며 이보다 더 잘게 나누어질 수 있다. 동일한 어미가 두 가지 이상의 기능을 표시할 수 있다.

❖ 접속부사를 사용하면 일반 부사절과 주절을 분리하여 한 문장을 두 문장의 연결로 만들 수 있다.[152)]

- 하늘이 아주 맑고 기온도 적당했다. *복합문
- 하늘이 아주 맑았다. **그리고** 기온도 적당했다. *접속부사로 연결한 두 단순문
- 하루종일 걸어서 무척 피곤했다. *복합문
- 하루종일 걸었다. **그래서** 무척 피곤했다. *접속부사로 연결한 두 단순문

151) 인용 부사절에 대해서는 §15.4 참조.

152) 접속부사에 대해서는 §6.12 참조.

• 큰 소리로 불렀지만 대답이 없었다. *복합문

• 큰 소리로 불렀다. **그렇지만** 대답이 없었다. *접속부사로 연결한 두 단순문

14.8. 부사형어미의 기능

❖ 부사형어미는 본용언과 보조용언을 연결하거나 용언이 부사절의 서술어임을 표시한다.

❖ 용언이 부사절의 서술어임을 표시하는 부사형어미는 다음과 같다.

부사형어미의 분류

문법기능		예
나열	첨가	-고, -으며
	선택	-거나, -든지, -으나
	대조	-는데, -지만, -으나, -다가
시간	동시	-고, -으면서
	순차	-고, -고서, -어, 어서, -으니까, -자, -자마자
	중단	-다가
인과	원인	-어, -어서, -으니까, -기에, -길래, -느라고, -다가, -으므로, -었더니
	목적	-게, -도록, -으러, -으려고, -고자
	조건	-으면, -거든, -어야, -을수록
	양보	-어도, -더라도, -는데도
방법	동일	-게
	유사	-듯이
	이동	-어다가
	가상	-을까
배경	주제 전환	-는데, -던데
	주제 유지	-더니
인용		-고

변이형의 쓰임 : 부사형어미 '-는데, -는데도'

1. 부사형어미 '-는데'는 환경에 따라 '-는데, -은데, -ㄴ데'로 쓰인다. '-는데, -ㄴ데' 앞에서 'ㄹ'은 표기와 발음에서 탈락한다. 부사형어미 '-는데'의 변이는 종결어미 '-는데'의 변이와 똑같다. 부사형어미 '-는데도'의 변이도 같은 식이다.
   ① '-는데'는 '-었-, -겠-', '있-, 없-', 동사(-으시-) 뒤에 쓰인다.
   - 작았는데, 작겠는데, 있는데, 없는데, 보는데, 잡는데, 아는데(알-는데), 보시는데

   ② '-은데'는 '있-, 없-', ㄹ형용사 이외의 자음형용사 뒤에 쓰인다.
   - 작은데

   ③ '-ㄴ데'는 모음형용사, ㄹ형용사, 형용사-으시- 뒤에 쓰인다.
   - 흰데, 둥근데(둥글-ㄴ데), 작으신데

변이형의 쓰임 : 부사형어미 '-느라고, -다가, -든지, -듯이, -어다가, -으니까, -으려고'

1. 부사형어미 '-느라고, -다가, -든지, -듯이, -어다가, -으니까, -으려고'는 각각 마지막 음절을 생략한 준말 '-느라, -다, -든, -듯, -어다, -으니, -으려'로도 쓰인다.
   - 잡느라고/잡느라, 잡다가/잡다, 잡든지/잡든, 잡듯이/잡듯, 잡아다가/잡아다, 잡으니까/잡으니, 잡으려고/잡으려

❖ 부사형어미의 기능별 예는 다음과 같다.

- 나열(첨가) '-고' : [영수는 가방을 멨고] 영미는 우산을 들었다.
- 나열(첨가) '-으며' : [영수는 가방을 멨으며] 영미는 우산을 들었다.
- 나열(선택) '-거나' : [영수가 사진을 가져오거나] 영미가 실물을 보여 줄 것이다.
- 나열(선택) '-든지' : [영수가 사진을 가져오든지] 영미가 실물을 보여 줄 것이다.
- 나열(선택) '-으나' : [여기 있으나] 그쪽으로 가나 마찬가지다.
- 나열(대조) '-는데' : [어제는 다리가 많이 아팠는데] 오늘은 아프지 않다.
- 나열(대조) '-지만' : [어제는 다리가 많이 아팠지만] 오늘은 아프지 않다.
- 나열(대조) '-으나' : [어제는 다리가 많이 아팠으나] 오늘은 아프지 않다.
- 시간(동시) '-고' : [친구들이랑 이야기하고] 놀았다.
- 시간(동시) '-으면서' : [음악을 들으면서] 걷는다.

- 시간(순차) '-고' : [점심을 먹고] 출발했다.
- 시간(순차) '-고서' : [점심을 먹고서] 출발했다.
- 시간(순차) '-어' : [초콜릿을 집어] 입에 넣었다.
- 시간(순차) '-어서' : [초콜릿을 집어서] 입에 넣었다.
- 시간(순차) '-으니까' : [영미가 노래를 시작하니까] 실내가 조용해졌다.
- 시간(순차) '-자' : [영미가 노래를 시작하자] 실내가 조용해졌다.
- 시간(순차) '-자마자' : [영미가 노래를 시작하자마자] 실내가 조용해졌다.
- 시간(중단) '-다가' : [출근을 하다가] 역 앞에서 민수 만났어.
- 인과(원인) '-어' : [재료가 다 떨어져] 영업을 일찍 끝냈어요.
- 인과(원인) '-어서' : [재료가 다 떨어져서] 영업을 일찍 끝냈어요.
- 인과(원인) '-으니까' : [내일은 지방에 가야 되니까] 다음에 봐요.
- 인과(원인) '-기에' : [누가 왔기에] 이렇게 소란스럽지?
- 인과(원인) '-길래' : [딸기 값이 싸길래] 세 상자를 샀어.
- 인과(원인) '-느라고' : [친구들이랑 노느라고] 늦었어요.
- 인과(원인) '-다가' : [친구들이랑 놀다가] 늦었어요.
- 인과(원인) '-으므로' : [학교 생활에 모범을 보였으므로] 이 상을 줍니다.
- 인과(원인) '-었더니' : [내가 점심을 일찍 먹었더니] 벌써 배가 고프다.
- 인과(목적) '-게' : [점심 같이 먹게] 전화해요.
- 인과(목적) '-도록' : [모두가 볼 수 있도록] 액자를 1층에 걸었다.
- 인과(목적) '-으러' : 유진이가 [가족들 만나러] 한국에 왔대요.
- 인과(목적) '-으려고' : [이사 도와주려고] 편한 옷을 입고 왔지.
- 인과(목적) '-고자' : [이사를 도와주고자] 편한 옷을 입고 왔다.
- 인과(조건) '-으면' : [이번 일이 잘 되면] 사업을 확장할 것이다.
- 인과(조건) '-거든' : [돈이 더 필요하거든] 연락해.
- 인과(조건) '-어야' : [산에 가야] 범을 잡지. (속담)
- 인과(조건) '-을수록' : [남쪽으로 갈수록] 날씨가 따뜻하다.
- 인과(양보) '-어도' : [결과가 나빠도] 실망하지 않을 것이다.

- 인과(양보) '-더라도' : [결과가 나쁘더라도] 실망하지 않을 것이다.
- 인과(양보) '-는데도' : [결과가 나쁜데도] 실망하지 않았다.[153)]
- 방법(동일) '-게' : 민수는 [자전거보다 빠르게] 달렸다.
- 방법(유사) '-듯이' : [너도 알듯이] 이번 달은 적자다.
- 방법(이동) '-어다가' : [색종이를 잘라다가] 벽에 붙였다.
- 방법(가상) '-을까' : 영수는 [비가 올까] 걱정한다.
- 배경(주제 전환) '-는데' : [영미가 오는데] 아무도 마중 나가지 않았다.
- 배경(주제 전환) '-던데' : [영미가 오던데] 네가 마중 나갔니?
- 배경(주제 유지) '-더니' : [영미가 오더니] 나한테 자기 가방을 맡겼다.
- 인용 '-고' : 민수는 [다리가 아프다고] 생각했다.

14.9. 일반 부사절에 관한 통합관계

❖ 일반 부사절을 가진 복합문에서는 부사형어미의 종류에 따라 다양한 통합관계상의 특징이 나타난다.

❖ 부사형어미 가운데 동사와만 결합하는 것이 있다. 예를 들어 '-자'는 동사와 형용사에 모두 붙을 수 있는 반면 '-자마자'는 동사에만 붙는다.

- [사람들이 모두 자리에 앉자] 행사가 시작되었다. *앉-자 (동사)
- [수술 결과가 좋자] 식구들 얼굴이 환해졌다. *좋-자 (형용사)
- [사람들이 모두 자리에 앉자마자] 행사가 시작되었다. *앉-자마자 (동사)
- [수술 결과가 좋자마자] 식구들 얼굴이 환해졌다. (X) *좋-자마자 (형용사)

153) 부사형어미 '-는데도' 뒤에 '불구하고'를 넣으면 '양보'의 의미가 강조된다. 그리고 '-는데도 (불구하고)'는 '-음에도 (불구하고)'로 바꿔 표현할 수도 있다. '-음에도'는 명사형어미 '-음'에 조사 '에'와 '도'가 연결된 형태이다. '불구하고'는 불비동사 '불구하다'의 활용형이다.

<table>
<tr><th colspan="2">문법기능</th><th>동사, 형용사와 모두 결합</th><th>동사와만 결합</th></tr>
<tr><td rowspan="3">나열</td><td>첨가</td><td>-고, -으며</td><td></td></tr>
<tr><td>선택</td><td>-거나, -든지, -으나</td><td></td></tr>
<tr><td>대조</td><td>-는데, -지만, -으나, -다가</td><td></td></tr>
<tr><td rowspan="3">시간</td><td>동시</td><td>-고, -으면서</td><td></td></tr>
<tr><td>순차</td><td>-자</td><td>-고, -고서, -어, -어서, -으니까, -자마나</td></tr>
<tr><td>중단</td><td>-다가</td><td></td></tr>
<tr><td rowspan="4">인과</td><td>원인</td><td>-어, -어서, -으니까, -기에, -길래, -으므로, -었더니</td><td>-느라고, -다가</td></tr>
<tr><td>목적</td><td>-게, -도록</td><td>-으러, -으려고, -고자</td></tr>
<tr><td>조건</td><td>-으면, -거든, -어야, -을수록</td><td></td></tr>
<tr><td>양보</td><td>-어도, -더라도, -는데도</td><td></td></tr>
<tr><td rowspan="4">방법</td><td>동일</td><td>-게</td><td></td></tr>
<tr><td>유사</td><td>-듯이</td><td></td></tr>
<tr><td>이동</td><td></td><td>-어다가</td></tr>
<tr><td>가상</td><td>-을까</td><td></td></tr>
<tr><td rowspan="2">배경</td><td>주제 전환</td><td>-는데, -던데</td><td></td></tr>
<tr><td>주제 유지</td><td>-더니</td><td></td></tr>
</table>

❖ 부사형어미 가운데 선어말어미 '-었-'이 붙을 수 있는 것도 있고 없는 것도 있다. 예를 들어 '-다가, -으니까'에는 '-었-'이 붙을 수 있는 반면 '-으면서, -느라고'에는 '-었-'이 붙을 수 없다.

- [바람이 불었다 그쳤다] 한다. *불-었-다가, 그치-었-다가
- [노래를 들었으면서] 걸었다. (X) *듣-었-으면서
- [나는 못 들었으니까] 내게 묻지 마. *듣-었-으니까
- [이메일을 급하게 보냈느라고] 늦었어. (X) *보내-었-느라고

❖ '-더니'와 '-었더니'는 다른 어미이다. '-더니'에는 '-었-'이 붙을 수 없다.

- -더니 : [영미가 오더니] 나한테 자기 가방을 맡겼다.

- -었-더니 : [영미가 왔더니] 나한테 자기 가방을 맡겼다. (X)
- -었더니 : [내가 점심을 일찍 먹었더니] 벌써 배가 고프다.
- -더니 : [내가 점심을 일찍 먹더니] 벌써 배가 고프다. (X) *내가 점심을 먹은 행동을 남이 한 행동처럼 생각하는 경우에는 자연스러울 수 있음.

문법기능		'-었-' 결합 가능	'-었-' 결합 불가능
나열	첨가	-고, -으며	
	선택	-거나, -든지, -으나	
	대조	-는데, -지만, -으나, -다가	
시간	동시		-고, -으면서
	순차		-고, -고서, -어, -어서, -으니까, -자, -자마자
	중단	-다가	
인과	원인	-으니까, -기에, -길래, -다가, -으므로	-어, -어서,[154] -느라고, -었더니
	목적		-게, -도록, -으러, -으려고, -고자
	조건	-으면, -거든, -어야	-을수록
	양보	-어도, -더라도, -는데도	
방법	동일		-게
	유사	-듯이	
	이동		-어다가
	가상	-을까	
배경	주제 전환	-는데, -던데	
	주제 유지		-더니

❖ 부사형어미 가운데 선어말어미 '-겠-'이 붙을 수 있는 것도 있고 없는 것도 있다. 예를 들어 '-다가, -어서'에는 '-겠-'이 붙을 수 있는 반면 '-자, -도록'에는

154) '인과'의 '-어서'에 '-었-'을 붙인 '-었어서'를 쓰는 사람들도 있다. "지난번 모임에 못 왔어서 영미 결혼 소식을 못 들었어요." 이 경우에 '-었-'을 넣지 않은 '와서'를 쓰는 것이 더 자연스럽다.

'-겠-'이 붙을 수 없다.

- [영락없이 지겠다가] 역전승을 거두었다. ＊지-겠-다가
- [밖이 춥겠어서] 목도리를 챙겼다. ＊춥-겠-어서
- [완전히 익겠자] 불을 꺼야 한다. (X) ＊익-겠-자 (X)
- [완전히 익겠도록] 오래 끓여야 한다. (X) ＊익-겠-도록 (X)

문법기능		'-겠-' 결합 가능	'-겠-' 결합 불가능
나열	첨가	-고, -으며	
	선택	-거나, -든지, -으나	
	대조	-는데, -지만, -으나, -다가	
시간	동시		-고, -으면서
	순차		-고, -고서, -어, -어서, -으니까, -자, -자마자
	중단	-다가	
인과	원인	-어, -어서, -으니까, -기에, -길래, -으므로	-느라고, -다가, -었더니
	목적		-게, -도록, -으러, -으려고, -고자
	조건	-으면, -거든, -어야	-을수록
	양보	-어도, -더라도, -는데도	
방법	동일		-게
	유사	-듯이	
	이동		-어다가
	가상		-을까
배경	주제 전환	-는데, -던데	
	주제 유지		-더니

❖ 부사절의 주어와 주절의 주어가 다를 수 있는 것도 있으며 같아야 하는 것도 있다. 예를 들어 '-자, -거나'는 두 주어가 같을 수도 있고 다를 수도 있는 반면 '-으려고, -어다가'는 두 주어가 같아야 한다.

- [민수가 역에 도착하자] 내게 전화를 걸었다. ＊-자 (주어가 같음)

• [민수가 떠나자] 영미가 내게 전화를 걸었다. ＊-자 (주어가 다름)

• [영수가 오늘 저녁에 오거나] 내일 아침에 올 것이다. ＊-거나 (주어가 같음)

• [영수가 오거나] 영미가 올 것이다. ＊-거나 (주어가 다름)

• [유진이가 공부하려고] 영미가 전등을 켰다. (X) ＊-으려고 (주어가 다름)

• [영미가 의자를 들어다가] 민수가 앉았다. (X) ＊-어다가 (주어가 다름)

문법기능		두 주어가 다를 수 있음	두 주어가 같아야 함
나열	첨가	-고, -으며	
	선택	-거나, -든지, -으나	
	대조	-는데, -지만, -으나, -다가	
시간	동시		-고, -으면서
	순차	-으니까, -자, -자마자	-고, -고서, -어, -어서
	중단		-다가
인과	원인	-어, -어서, -으니까, -기에, -길래, -으므로, -었더니	-느라고, -다가
	목적	-게, -도록	-으러, -으려고, -고자
	조건	-으면, -거든, -어야, -을수록	
	양보	-어도, -더라도, -는데도	
방법	동일	-게	
	유사	-듯이	
	이동		-어다가
	가상	-을까	
배경	주제 전환	-는데, -던데	
	주제 유지		-더니

❖ 부사절과 주절이 '-더니'로 이어진 "비가 오더니 바람이 분다."는 두 주어가 다른 듯 보인다. 그러나 주어 '날씨가'가 종속절과 주절에서 동시에 생략되었다고 보면 두 주어가 같은 것이다.

• [(날씨가) 비가 오더니] (날씨가) 바람이 분다.

❖ 부사절이 쓰인 문장의 서법이 자유롭지 않은 경우가 있다.

1. 시간(순차)의 '-자'는 평서문에만 쓰인다.
    - [영미가 노래를 시작하자] 조용히 해라. (×)
2. 인과(원인)의 '-어, -어서, -느라고, -다가'는 평서문, 의문문, 경계문에만 쓰인다.
    - [재료가 다 떨어져서] 영업을 일찍 끝내자. (×)
    - [친구들이랑 노느라고 늦어라. (×)
    - [친구들이랑 놀다가] 늦으렴. (×)
3. 인과(원인)의 '-기에, -길래, -었더니'는 평서문, 의문문에만 쓰인다.
    - [영수가 왔기에] 이렇게 소란스러울라. (×)
    - [딸기가 싸길래] 세 상자를 사라. (×)
    - [아침을 굶었더니] 점심을 일찍 먹자. (×)
4. 인과(조건)의 '-거든'은 명령문, 청유문, 허락문, 약속문에만 쓰인다.
    - [돈이 더 필요하거든] 연락했다. (×)
5. 인과(조건)의 '-어야'는 평서문, 의문문에만 쓰인다.
    - [산에 가야] 범을 잡자. (×)
6. 인과(양보)의 '-는데도'는 평서문, 의문문, 경계문에만 쓰인다.
    - [비가 오는데도] 등산을 가렴. (×)
7. 배경(주제 유지)의 '-더니'는 평서문, 의문문에만 쓰인다.
    - [책을 다 읽더니] 느낀 점을 말해 봐. (×)

❖ 부사절의 부정이 불가능한 경우가 있다. 인과(원인)의 '-느라고'와 인과(목적)의 '-으러'가 쓰인 절은 긍정으로만 쓰인다.

- [친구들이랑 놀지 않느라고] 일찍 왔어요. (×)
- [유진이가 가족들 잊지 않으러] 한국에 왔대요. (×)

14.10. 서술절

❖ **서술절**은 서술어의 역할을 하는 절이다.[155)]

- 민수는 [성격이 좋다].
- 영수는 [가방이 멋있다].
- 영미가 [월급이 많다].
- 아이가 [잠이 깼다].
- 아이가 [병이 났다].
- 그의 주장은 [전혀 근거가 없다].
- 그도 이제 [나이가 꽤 들었다].

❖ 서술절 안에 또 서술절이 쓰일 수 있다.

- 나는 【 수학이 [점수가 90점이다] 】.

❖ 위의 문장에서 '수학이 점수가 90점이다'는 서술절이다. 이 서술절 속의 '점수가 90점이다'도 서술절이다.

- 유진이가 【 동생이 [키가 많이 자랐다] 】.

❖ 위의 문장에서 '동생이 키가 많이 자랐다'는 서술절이다. 이 서술절 속의 '키가 많이 자랐다'도 서술절이다.

❖ 서술절을 가진 문장이 더 큰 문장 속에서 서술절 이외의 종속절로 쓰이기도 한다. 다음에서 [ ] 부분이 서술절이고 【 】 부분은 전체 문장의 종속절이다.

- 【 내가 [성적이 좋음] 】+ 을 사람들이 모른다. ＊명사절 목적어
- 【 내가 [성적이 좋은] 】 것을 사람들이 모른다. ＊관형사절 관형어
- 【 내가 [성적이 좋아서] 】 사람들이 나를 좋아한다. ＊부사절 부사어

❖ 주절의 주어는 **대주어**(大主語), 서술절의 주어는 **소주어**(小主語)이다. 소주어의 지시물은 대주어의 지시물의 일부이거나 딸려 있는 사물이다. 즉 후자가 전자를 (수학적 개념보다는 느슨한 의미로) '포함하고' 있다. 위의 예문들의 경우는 다음과 같다.

---

155) 서술절을 가진 복문을 주어가 둘이 나타난다고 하여 '이중주어문(二重主語文)'이라 부르기도 한다. 나아가 "나는 수학이 점수가 90점이다."와 같이 주어가 셋 이상이 나타나는 문장을 '다중주어문(多重主語文)'이라 부르기도 한다.

대주어와 소주어의 지시물 사이의 관계

대주어의 지시물	포함관계	소주어의 지시물
민수	⊃	성격
영수	⊃	가방
영미	⊃	월급
아이	⊃	잠
아이	⊃	병
주장	⊃	근거
그	⊃	나이
수학	⊃	점수
나	⊃	수학
동생	⊃	키
유진이	⊃	동생
나	⊃	성적

❖ "민수는 성격이 좋다."에서 '민수'의 지시물이 '성격'의 지시물을 포함한다. 그러므로 이 문장을 "민수의 성격이 좋다."와 같이 바꾸어 표현해도 기본의미가 그대로 유지된다.

❖ 서술절을 가진 문장과 주보술 문장은 겉보기에 비슷하다.

- 나는 [성격이 좋다]. *서술절을 가진 문장. 내 성격이 좋다는 뜻임.
- 나는 음악이 좋다. *주보술 문장. 내가 음악을 좋아한다는 뜻임.

❖ 위의 예에서 성격은 나의 일부이며 '나의 성격'으로 해석된다. 그러나 음악은 나의 일부가 아니며 나는 주체, 음악은 대상이다. 이 문장은 내가 음악을 좋아한다는 뜻이다. 만약 "나는 음악이 좋다."가 나의 일부인 음악 또는 나에게 딸려 있는 음악에 관한 문장이라면 '내가 가진/하는 음악'이 좋은 음악이라는 뜻이 되며 서술절을 가진 문장이 된다.

- 나는 [음악이 좋다]. *서술절을 가진 문장. 이 음악은 내가 가진/하는 음악임.

15

인용

15.1. 인용의 개념

❖ **인용**(引用)은 말, 글, 생각 등 언어로 표현되었거나 표현될 만한 것을 언어로 재현하는 것이다.

❖ 언어로 표현된 것을 언어로 재현하는 것이 인용의 기본적인 기능이다. 그런데 언어로 표현되지 않은 생각도 인용할 수 있다. 생각 중에서 일부 생각은 발화되지 않은 점만 빼면 언어와 거의 같기 때문이다.

15.2. 인용문과 인용 명사구

❖ 인용을 사용한 표현이 **인용표현**이다. 인용표현이 문장이면 **인용문**(引用文)이고 명사구이면 **인용 명사구**이다.

인용표현의 분류

유형	구조	예
인용문	주어 # 인용 부사어 # 서술어	영미가 날씨가 좋다고 말했다.
인용 명사구	인용 관형어 # 명사구	날씨가 좋다는 말

❖ 인용의 대상이 되는 말, 글, 생각은 **원발화**(原發話)이다. 원발화는 인용표현에서 부사어 또는 관형어 속에 원래 형태나 수정된 형태로 들어 있다. 이러한 부사어, 관형어가 각각 **인용 부사어**, **인용 관형어**이다.

• 영미가 [날씨가 좋다고] 말했다. *인용 부사어

• [날씨가 좋다는] 말 *인용 관형어

❖ 인용문에는 원화자와 원청자가 제시될 수 있다.

❖ **원화자**(原話者)는 원발화의 화자이다.

❖ **원청자**(原聽者)는 원발화의 청자이다. 원발화가 생각의 형태일 때는 원청자가 없다.

❖ 인용문에서 원화자는 주어로, 원청자는 부사격조사 '에게, 한테, 께'를 붙인 부사어로 표현된다. 원청자 부사어는 생략될 때도 많다.

❖ 인용문에서 원화자가 원발화를 표현하는 행위는 **인용동사**(引用動詞)로 표현된다.

인용문의 구조

주어	#	부사어	#	인용 부사어	#	인용동사 서술어
(원화자)		(원청자)		(원발화)		(원발화를 표현하는 행위)
영미가		유진이한테		날씨가 좋다고		말했다.

❖ 인용 명사구에는 원화자와 원청자가 제시되지 않을 때가 많다.

❖ 인용 관형어 뒤의 명사구는 **인용명사**(引用名詞)를 중심으로 이루어진다.

❖ 인용명사는 원발화를 표현하는 행위 또는 원발화의 형식(말, 글, 생각)을 나타낸다.

인용 명사구의 구조

인용 관형어	#	인용명사를 중심으로 한 명사구
(원발화)		(원발화를 표현하는 행위, 원발화의 형식)
날씨가 좋다는		말

15.3. 직접인용과 간접인용

❖ 인용은 재현 방식에 따라 **직접인용**(直接引用)과 **간접인용**(間接引用)으로 나누어진다.

❖ 직접인용은 원발화를 원래 형태로 재현하는 것이다.

- 날씨가 좋네요. *영미가 한 말(원발화)
- 영미가 "날씨가 좋네요."라고 말했다.
- "날씨가 좋네요."라는 말
- 날씨가 좋음. *영미가 쓴 글(원발화)
- 영미가 "날씨가 좋음."이라고 썼다.
- "날씨가 좋음."이라는 글
- 날씨가 좋네. *영미가 한 생각(원발화)
- 영미가 '날씨가 좋네.' 하고 생각했다.
- '날씨가 좋네.' 하는 생각

❖ 간접인용은 원발화를 화자의 관점에서 수정한 형태로 재현하는 것이다. 원발화를 수정한 발화는 **수정발화**(修正發話)이다. 다음에서 [날씨가 좋다] 부분은 원발화 "날씨가 좋네요."(말) 또는 "날씨가 좋음."(글) 또는 '날씨가 좋네.'(생각)에 대한 수정발화이다.

- 영미가 [날씨가 좋다]고 말했다.
- [날씨가 좋다]는 말
- 영미가 [날씨가 좋다]고 썼다.
- [날씨가 좋다]는 글
- 영미가 [날씨가 좋다]고 생각했다.
- [날씨가 좋다]는 생각

15.4. 인용 부사어

❖ 인용문에서 원발화/수정발화를 부사어로 만들기 위해 부사격조사 '이라고', 인용동사 '하다'의 부사형 '하고', 부사형어미 '-고'를 사용한다. 간접인용문에서 부사형어미 '-고'는 뒤에 보조사가 붙지 않을 때 생략할 수 있다.

인용 부사어의 구조와 유형

인용문의 종류	인용 부사어의 구조	인용 부사어의 유형
직접인용문	원발화+이라고 원발화#하고	직접인용 부사어
간접인용문	수정발화(-고)	간접인용 부사어

- 영수가 ["그 정도는 나도 알거든."이라고] 말했다. *직접인용 부사어
- 영수가 ["그 정도는 나도 알거든." 하고] 말했다. *직접인용 부사어
- 영수가 [내일 연락하겠다고](+만) 말했다. *간접인용 부사어
- 영수가 [내일 연락하겠다] 말했다. *간접인용 부사어
- 민수는 [우리 집이 수원이라고](+만) 알고 있었다. *간접인용 부사어
- 민수는 [우리 집이 수원이라] 알고 있었다. *간접인용 부사어

변이형의 쓰임 : 간접인용 부사어 '이다-고', '아니다-고'

1. 접미형용사의 종결형 '이다, 이시다'에 인용의 부사형어미 '-고'가 붙은 형태는 '이라고, 이시라고'이다. 이와 비슷하게 형용사 '아니다'의 종결형 '아니다, 아니시다'에 '-고'가 붙은 형태는 '아니라고, 아니시라고'이다.
   - 민수는 우승자가 나라고 예상했다. *나+이-는다-고
   - 민수는 그분이 우승자가 아니시라고 했다. *아니-으시-는다-고

변이형의 쓰임 : 부사격조사 '이라고'

1. 부사격조사 '이라고'는 모음 뒤에서 '라고'로 쓰인다. 또 '이라고, 라고'는 각각 '이라, 라'로도 쓰인다. 다만 보조사가 붙을 때는 '이라, 라'를 쓰지 않는다.
   - "여긴가 보군."이라고/이라 중얼거렸다.
   - "여긴가 봐."라고/라 중얼거렸다.
   - 그는 "더 필요한 것은요?"라고도 물었다. (○)
   - 그는 "더 필요한 것은요?"라도 물었다. (×)

❖ 인용 부사어 뒤에 지시형용사 '그렇다'의 활용형 '그렇게'를 넣기도 한다. '그렇게'는

인용 부사어와 **동격**이다. 인용 부사어의 길이가 길수록 '그렇게'가 잘 쓰인다.

- 영수가 ["그 정도는 나도 알지만 모르는 척 한 거거든."이라고] **그렇게** 말했다.
- 영수가 [그 정도는 자기도 알지만 모르는 척 한 거라고] **그렇게** 말했다.

❖ 원발화가 길 때 또는 원발화를 강조하기 위해 **직접인용문의 분열**을 이용하는 경우가 있다. 직접인용문의 분열은 직접인용문의 인용 부사어가 문장의 앞이나 뒤로 이동해 한 문장으로 독립하는 것이다. 그러면 직접인용문 한 문장이 두 문장으로 나누어진다. 이 경우에 조사 '이라고'와 동사 '하고'를 생략하는 것이 일반적이다.

- 영미는 아이들에게 "춥지 않아요?"라고 물었다. ＊직접인용문
- 영미는 아이들에게 물었다. "춥지 않아요?" ＊직접인용문의 분열
- "춥지 않아요?" 영미는 아이들에게 물었다. ＊직접인용문의 분열

15.5. 인용 관형어

❖ 인용 명사구에서 원발화/수정발화를 관형어로 만들기 위해 관형격조사 '이라는', 인용동사 '하다'의 관형사형 '하는', 관형사형어미 '-는'을 사용한다.

인용 관형어의 구조와 유형

인용 명사구의 종류	인용 관형어의 구조	인용 관형어의 유형
직접인용 명사구	원발화+이라는 원발화 # 하는	직접인용 관형어
간접인용 명사구	수정발화-는 수정발화 # 하는	간접인용 관형어

- ["그 정도는 나도 알거든."이라는] 말 ＊직접인용 관형어
- ["그 정도는 나도 알거든." 하는] 말 ＊직접인용 관형어
- [그 정도는 자기도 안다는] 말 ＊간접인용 관형어
- [그 정도는 자기도 안다 하는] 말 ＊간접인용 관형어

변이형의 쓰임 : 관형격조사 '이라는', 관형사형어미 '-는'

1. '인용'의 관형격조사 '이라는'을 준말 '이란'으로, '인용'의 관형사형어미 '-는'을 준말 '-ㄴ'으로 쓰기도 한다.
   - "그 정도는 나도 알거든."이란 말
   - 그 정도는 자기도 안단 말
2. '인용'의 관형격조사 '이라는'은 모음 뒤에서 변이형 '라는'으로 쓰인다. 준말 '이란'도 모음 뒤에서 변이형 '란'으로 쓰인다.
   - "몇 개나 필요해?"라는 질문
   - "몇 개나 필요해?"란 질문

❖ 인용 관형어 뒤에 지시형용사 '그렇다'의 활용형 '그런'을 넣기도 한다. '그런'은 인용 관형어와 **동격**이다. 인용 관형어의 길이가 길수록 '그런'이 잘 쓰인다.

- ["그 정도는 나도 알지만 모르는 척 한 거거든."이라는] **그런** 말
- [그 정도는 자기도 알지만 모르는 척 한 거라는] **그런** 말

❖ 인용 관형어 뒤에 원화자를 '원화자+의'의 형태로 제시하는 경우도 있다.

- ["그 정도는 나도 알거든."이라는] **영수의** 말
- [그 정도는 자기도 안다는] **영수의** 말

15.6. 인용절

❖ 간접인용문에서 '수정발화(-고)' 형태의 부사절과 '수정발화-는' 형태의 관형사절이 **인용절**(引用節)이다. 전자는 **인용 부사절**, 후자는 **인용 관형사절**이다.

인용절의 분류

종류	인용 부사절	인용 관형사절
구조	수정발화(-고)	수정발화-는

- 영수가 [그 정도는 자기도 안다고] 말했다. ＊인용 부사절
- [그 정도는 자기도 안다는] 말 ＊인용 관형사절

15.7. 직접인용표현에서의 원발화

❖ 상징부사로 모양이나 소리를 표현할 때 동사 '하다'를 서술어로 쓸 수 있다. 다음에서 '하다'는 '흔들리다, 짖다, 웃다, 내뱉다' 등 구체적인 동작을 나타내는 동사 대신에 동작을 추상적으로 표현함으로써 상징부사의 의미가 부각되게 한다. 이러한 문장은 인용문이 아니다.

- 나무가 휘청 **한다**.
- 개가 컹컹 **했다**.
- 영수가 푸하하 **한다**.
- 영수가 아이쿠 **했다**.

❖ 위의 문장들 가운데 사람의 음성기관에서 나온 소리를 표현한 문장은 큰따옴표를 사용하여 직접인용문으로 표현할 수도 있다. 이때의 '하다'는 인용동사이다.

- 영수가 "푸하하" **한다**.
- 영수가 "아이쿠" **했다**.
- 영수가 "푸하하. 우습다." **한다**.
- 영수가 "아이쿠. 놀라라." **했다**.

❖ 이러한 '하다'를 부사형 '하고', 관형사형 '하는'의 형태로 쓴 예는 다음과 같다.

- 나무가 휘청 **하고** 흔들린다.
- 개가 컹컹 **하는** 소리가 들렸다.
- 영수가 푸하하 **하고** 웃는다.
- 영수가 아이쿠 **하는** 소리와 함께 주저앉았다.
- 영수가 "푸하하" **하고** 웃는다.
- 영수가 "아이쿠. 놀라라." **하는** 말과 함께 주저앉았다.

❖ 직접인용표현에 쓰인 '하고, 하는'은 조사 '이라고, 이라는'과 비슷해 보인다. 그러나 지시의 방식이 조금 다르다.

❖ '하고, 하는'을 쓰면 큰따옴표 안의 말이 원발화 자체를 가리킨다. 이때 원화자의 발화의 형식을 똑같이 유지해 재현하려고 한다면 그것은 인용을 넘어서서 **모사**(模

寫)가 된다. 구어를 모사할 때 목소리까지 똑같이 재현하면 **성대모사**(聲帶模寫)가 된다.

❖ '이라고, 이라는'을 쓰면 따옴표 안의 말이 원발화에 해당하는 언어요소를 가리킨다. 즉 원발화를 언어요소로 바꾸어 파악한다.

❖ 다음에서 '하고'가 이어진 '푸하하'는 웃음소리 자체를 가리키는 반면에, '이라고'가 붙은 '푸하하'는 의성어 '푸하하'를 가리키지 웃음소리를 가리키지 않는다.

- 영수가 푸하하 **하고** 웃는다.
- 영수가 "푸하하" **하고** 웃는다.
- 영미가 영수에게 가장 좋아하는 의성어가 뭐냐고 물었다. 영수가 '푸하하'**라고** 대답했다.

❖ 원발화를 다양한 언어요소의 형식에 맞추어 가져와 조사 '이라고, 이라는'을 붙인 예들은 다음과 같다.

- 메시지에 'ㅋㅋ'**이라는** 두 글자만 있었다. ＊글자
- '늡'**이라는** 글자를 쓸 일이 있는지 모르겠다. ＊음절자
- 요즘은 '방어율' 대신 '평균자책점'**이라는** 용어를 쓴다. ＊단어
- 젊은이들은 이곳을 '동양의 베니스'**라고** 부른다. ＊구
- '호랑이 담배 먹던 시절에'**라는** 표현은 옛날이야기를 시작할 때 상투적으로 쓰던 말이다. ＊구
- 그 사람은 내게 한국말로 "혹시 한국인이세요?"**라고** 물었다. ＊문장
- 작가는 이 소설의 처음을 "버려진 섬마다 꽃이 피었다. 꽃피는 숲에 저녁 노을이 비치어, 구름처럼 부풀어 오른 섬들은 바다에 결박된 사슬을 풀고 어두워지는 수평선 너머로 흘러가는 듯싶었다."**라고** 썼다. ＊담화

❖ 원발화가 말이나 글이면 큰따옴표를 붙이고 생각이면 작은따옴표를 붙인다.

- 영수는 "여긴가 보군."이라고 중얼거렸다.
- 영수는 '여긴가 보군.' 하고 생각했다.

❖ 원발화가 실제로 발화되지 않은 말이나 글일 때는 작은따옴표를 쓰는 경향이 있다.

- 회의록에 "3월 5일 ~~완료함~~. 발송함."이라고 적혀 있다.

• 회의록에 '3월 5일 발송함.'이라고 적으면 된다.

❖ 숫자, 기호, 외국 문자 등 한글이 아닌 언어요소를 제시할 때는 따옴표를 생략하기도 한다.

• 노란 공의 수를 a라 하자.

• 여기 35라고 써요.

15.8. 간접인용표현에서의 수정발화

❖ 간접인용표현에서는 원발화를 변형한 **하라체 종결문**이 수정발화로 쓰인다. 다음에서 원발화는 '춥지 않아요?', '내 것도 주문해 줘요.', '행사 날짜를 미루죠.'이고 수정발화는 '춥지 않냐', '자기 것도 주문해 달라', '행사 날짜를 미루자'이다. 간접인용표현에서 하라체 의문형어미는 '-냐'를 쓴다.

• 영미는 아이들에게 "춥지 않아요?"라고 물었다.

• 영미는 아이들에게 춥지 않냐고 물었다.

• 유진이는 민수에게 "내 것도 주문해 줘요."라고 했다.

• 유진이는 민수에게 자기 것도 주문해 달라고 했다.

• 영수는 "행사 날짜를 미루죠."라고 제안했다.

• 영수는 행사 날짜를 미루자고 제안했다.

❖ 간접인용표현의 수정발화가 하라체 종결문이 아닌 것으로 '-으마' 약속문이 있다. '-으마'는 해라체 약속형어미이다. '-으마-고' 대신 하라체 형태 '-겠-는다-고'가 더 많이 쓰인다.

• 영수는 "제가 하겠습니다."라고 말했다.

• 영수는 자기가 하마고 말했다.

• 영수는 자기가 하겠다고 말했다.

❖ 간접인용표현에서는 수정발화에 문장부호를 붙이지 않는 것이 일반적이지만 어느 부분이 수정발화인지를 잘 드러내기 위해 작은따옴표를 붙일 때도 있다.

• 영수는 거긴가 보다고 중얼거렸다.

• 영미는 아이들에게 춥지 않으냐고 물었다.

• 영미는 아이들에게 '춥지 않으냐'고 물었다.

15.9. 인용동사

❖ 인용문의 서술어는 **인용동사**(引用動詞)이다. 인용동사는 발화동사와 인지동사로 나누어진다. **발화동사**(發話動詞)는 언어의 사용을 표현하는 동사이고 **인지동사**(認知動詞)는 언어로 표현될 만한 내용에 대한 생각을 표현하는 동사이다. '하다'는 무표적인 인용동사로서 발화동사로도 쓰이고 인지동사로도 쓰인다.

인용동사

발화동사	인지동사
그러다, 이러다, 기록하다, 기술하다, 논하다, 단언하다, 답하다, 대답하다, 떠들다, 말하다, 명령하다, 묻다, 발표하다, 보고하다, 비난하다, 비판하다, 서술하다, 선언하다, 설명하다, 소리치다, 시키다, 쓰다(글을), 예언하다, 외치다, 이야기하다, 적다(글을), 제안하다, 주장하다, 중얼거리다, 지시하다, 질문하다, 칭찬하다	기대하다, 단정하다, 마음먹다, 믿다, 반성하다, 보다, 상상하다, 생각하다, 예상하다, 오해하다, 의심하다, 이해하다, 인정하다, 착각하다, 추측하다, 판단하다, 해석하다, 후회하다
하다	

❖ 인용 부사어 끝의 부사형 '하고'는 서술어 '하다'와 어울려 쓰이지 않는다.

• 영수가 "그 정도는 나도 알거든."이라고 했다.

• 영수가 "그 정도는 나도 알거든." 하고 했다. (×)

• 영수가 "그 정도는 나도 알거든." 했다.

• 영수가 그 정도는 자기도 안다고 했다.

• 영수가 그 정도는 자기도 안다 했다.

❖ 지시동사 '그러다, 이러다'가 인용동사로도 쓰인다. 인용동사 '그러다, 이러다'는 각각 '그렇게 말하다, 이렇게 말하다'의 의미를 가진다.[156]

156) 지시동사에 대해서는 §4.13 참조.

- 할아버지께서도 괜찮다고 **그러셨어요.**
- 날 보고 "천재네?" **이러잖아요.**

❖ 인용 부사어 끝의 부사형 '하고'는 서술어 '그러다'와 어울려 쓰이지 않는다.

- 영수가 "그 정도는 나도 알거든."이라고 그랬다.
- 영수가 "그 정도는 나도 알거든." 하고 그랬다. (×)
- 영수가 "그 정도는 나도 알거든." 그랬다.
- 영수가 그 정도는 자기도 안다고 그랬다.
- 영수가 그 정도는 자기도 안다 그랬다.

❖ 인용동사 '이러다'는 주로 직접인용문에 쓰이며 원발화 뒤에 부사격조사 '이라고', 인용동사의 부사형 '하고' 없이 쓰인다.

- 영수가 "그 정도는 나도 알거든." 이러더니 자리에서 일어났다.

❖ 인용동사 '그러다, 이러다'가 서술어일 때 직접인용문이 자주 분열된다.[157)]

- "음식을 남기면 못 써." 할머니께서는 우리에게 자주 그러셨다.
- 영미는 아이들한테 이랬다. "조금만 더 가면 마을이 보일 거야."

❖ 인용 부사어 앞에 인용동사를 목적어나 부사어로 추가한 인용문도 가능하다. **인용동사 목적어/부사어를 추가한 인용문**의 구조는 다음과 같다.

인용동사 목적어/부사어를 추가한 인용문의 구조

주어 # 인용동사 목적어 # 인용 부사어 # 인용동사 서술어
주어 # 인용동사 부사어 # 인용 부사어 # 인용동사 서술어

❖ 인용동사 목적어는 '인용동사-기+을'의 형태이고, 인용동사 부사어는 '인용동사-으되'의 형태이다. 예를 들어 인용동사가 '말하다'이면 목적어는 '말하기를', 부사어는 '말하되'의 형태가 된다. 인용동사 목적어/부사어 뒤에 쉼표를 붙이기도 한다.

157) 직접인용문의 분열에 대해서는 §15.4 참조.

그리고 인용동사 서술어는 주로 '하다'를 쓴다.

- 영수가 말하기를 "그 정도는 나도 알거든."이라고 했다.
- 영수가 말하기를 그 정도는 자기도 안다고 했다.
- 영미가 묻기를 "오늘이 며칠이지?"라고 했다.
- 영미가 묻기를 오늘이 며칠이냐고 했다.
- 공자께서 말씀하시되 "잘못이 있으면 주저하지 말고 고치라." 하셨다.
- 토끼가 용왕의 표정을 살피고 생각하되, '이제 살아날 방도가 생겼구나.' 했다.

❖ 인용동사 목적어/부사어를 추가한 직접인용문에서 간결한 표현을 위해 원발화까지로 문장을 마칠 수도 있다. 이러한 문장은 서술어를 생략한 생략문이다.

- 영수가 말하기를 "그 정도는 나도 알거든."
- 영미가 묻기를 "오늘이 며칠이지?"
- 공자께서 말씀하시되 "잘못이 있으면 주저하지 말고 고치라."
- 토끼가 용왕의 표정을 살피고 생각하되, '이제 살아날 방도가 생겼구나.'

❖ 인용동사 목적어/부사어를 추가한 인용문은 문어체이다. 특히 '인용동사-으되'를 쓴 인용문은 고어투이다. 고어투에서 인용동사 부사어 '가로되, 가라사대'는 상투적인 표현이다. '가라사대'는 주체를 높인 표현이다.

- 토끼가 크게 웃어 가로되, "이 미련한 자라야. 대저 오장육부에 붙은 간을 어이 출납하겠느냐?"
- 공자께서 가라사대 "배우고 때로 익히면 또한 기쁘지 아니한가."

15.10. 인용명사

❖ 인용 명사구의 명사구에서 중심이 되는 명사는 **인용명사**이다. 인용명사는 **발화명사**와 **인지명사**와 **정보명사**로 나누어진다. 발화명사는 동작성 명사로서 '하다'를 붙이면 발화동사가 된다. 인지명사도 대부분이 동작성 명사로서 '하다'를 붙이면 인지동사가 된다. 정보명사는 동작성 명사가 아니다.

인용명사

발화명사	인지명사	정보명사
기록, 기술, 단언, 대답, 말, 명령, 발표, 비난, 비판, 서술, 선언, 설명, 예언, 이야기, 주장, 질문, 칭찬	견해, 기대, 반성, 상상, 생각, 소문, 소식, 예상, 오해, 인정, 착각, 추측, 판단, 후회	결론, 내용, 뜻, 명제, 문제, 사실, 소문, 정보, 장점, 약점, 이점

1. 발화명사
   - [6월에 우박이 내렸다]는 **기록**이 있다.
   - 장군은 [철수하라]는 왕의 **명령**을 무시했다.
   - [그 아이가 왕이 될 것이라]는 **예언**이 맞았다.
   - [최저임금을 올리자]는 **주장**이 아직은 우세하다.
   - "오늘은 고래를 볼 수 있을까요?" 하는 **질문**에 그는 대답이 없었다.
2. 인지명사
   - 그는 [가족을 만난다]는 **기대**에 흥분해 있다.
   - [한국 음식이 맵다]는 **생각**은 오해다.
   - [그가 회사를 그만두었다]는 **소문**을 들었다.
3. 정보명사
   - [누가 가냐]는 **문제**가 남아 있다.
   - 그건 [오시지 말라]는 **뜻**입니다.
   - 그건 '오지 마세요.' 하는 **뜻**입니다.
   - 비석에는 "갑자년 7월에 왕이 이곳에 와서…"라는 **내용**이 새겨져 있다.

15.11. 인용표현의 구조

❖ 인용문과 인용 명사구의 구조를 간략 구조와 상세 구조로 나누어 나타내면 다음과 같다.

인용문의 구조

간략 구조			주어 # 부사어 # 서술어
상세 구조	직접 인용문	'이라고' 형	주어 # 원발화 + 이라고 # 서술어(인용동사 포함)
		'하고' 형	주어 # 원발화 # 하고 # 서술어(인용동사 포함)
	간접인용문		주어 # 수정발화(-고) # 서술어(인용동사 포함)

- 영수가 "그 정도는 나도 알거든."이라고 말했다. *'이라고' 형 인용문
- 영수가 "그 정도는 나도 알거든." 하고 말했다. *'하고' 형 인용문
- 영수가 그 정도는 자기도 안다고 말했다. *간접인용문

인용 명사구의 구조

간략 구조			관형어 # 명사구
상세 구조	직접인용 명사구	'이라는' 형	원발화 + 이라는 # 명사구(인용명사 포함)
		'하는' 형	원발화 # 하는 # 명사구(인용명사 포함)
	간접인용 명사구	'-는' 형	수정발화-는 # 명사구(인용명사 포함)
		'하는' 형	수정발화 # 하는 # 명사구(인용명사 포함)

- "그 정도는 나도 알거든."이라는 말 *'이라는' 형 인용 명사구
- "그 정도는 나도 알거든." 하는 말 *'하는' 형 직접인용 명사구
- 그 정도는 자기도 안다는 말 *'-는' 형 인용 명사구
- 그 정도는 자기도 안다 하는 말 *'하는' 형 간접인용 명사구

15.12. 간접인용과 직접인용의 혼합

❖ 수정발화에 조사 '이라고, 이라는'을 붙인 형태도 사용한다. 수정발화는 간접인용표현에 쓰이고 조사 '이라고, 이라는'은 직접인용표현에 쓰이므로 둘의 결합은 어울리지 않는다. 그러나 수정발화와 그에 뒤따르는 서술어나 명사구의 경계를 분명하게 표시하기 위해 어미 '-고, -는'보다 형태가 긴 조사 '이라고, 이라는'을 쓰는 것

이다. 이러한 혼합은 표준어로 인정하지 않는다.

• 영수가 [그 정도는 자기도 안다]라고 말했다.

• [그 정도는 자기도 안다]라는 말

15.13. 수사의문문의 간접인용

❖ 다음 의문문들은 일반의문문으로도 쓰이고 수사의문문으로도 쓰인다.[158)]

• 영수가 3시까지 왔니? *일반의문문/수사의문문

• 누가 3시까지 왔니? *일반의문문/수사의문문

❖ 일반의문문을 간접인용할 수 있듯이 수사의문문도 간접인용할 수 있다. 두 경우의 간접인용문의 형식은 다음과 같이 똑같다.

• 유진이는 영수가 3시까지 왔냐고 했다. *일반의문문/수사의문문을 인용절로 사용

• 유진이는 누가 3시까지 왔냐고 했다. *일반의문문/수사의문문을 인용절로 사용

❖ 수사의문문을 간접인용한 경우에 위의 첫 문장은 영수가 3시까지 오지 않았음을, 둘째 문장은 아무도 3시까지 오지 않았음을 강조해 표현한다.

15.14. 간접인용문에서의 축약

❖ 서술어가 '하다'인 간접인용문에서 인용의 부사형어미 '-고'가 생략되면 수정발화와 인용동사 '하다'가 직접 만난다. 이때 수정발화의 서술어인 하라체 종결형과 인용동사 '하다'의 **축약**(縮約)이 잘 일어난다.

• 영수가 그 정도는 자기도 안다 했다.

• 영수가 그 정도는 자기도 **안댔다**. *축약

• 영수가 그 정도는 자기도 안다 하며 웃었다.

• 영수가 그 정도는 자기도 **안다며** 웃었다. *축약

• 누구랑 가냐 해요.

• 누구랑 **가냬요**. *축약

158) 일반의문문과 수사의문문에 대해서는 §7.8 참조.

- 영미가 같이 가자 해서 갔어요.
- 영미가 같이 **가재서** 갔어요. *축약
- 지우라 하면 지울게요.
- **지우라면** 지울게요. *축약

❖ 원래의 형태와 축약형의 기본적인 의미는 같다. 동사 '가다', 접미형용사 '이다'의 종결형이 인용동사 '하다'의 다양한 활용형과 축약된 예는 다음과 같다. 다음에서 인용동사 '해'는 종결형이다.

- 간다 한다 → 간단다
- 간다 하지만 → 간다지만
- 간다 해 → 간대
- 간다 했다 → 간댔다
- 가냐 한다 → 가냔다
- 가냐 하지만 → 가냐지만
- 가냐 해 → 가냬
- 가냐 했다 → 가냈다
- 가라 한다 → 가란다
- 가라 하지만 → 가라지만
- 가라 해 → 가래
- 가라 했다 → 가랬다
- 가자 한다 → 가잔다
- 가자 하지만 → 가자지만
- 가자 해 → 가재
- 가자 했다 → 가잿다
- 이라 한다 → 이란다
- 이라 하지만 → 이라지만
- 이라 해 → 이래
- 이라 했다 → 이랬다

- 이냐 한다 → 이냔다
- 이냐 하지만 → 이냐지만
- 이냐 해 → 이냬
- 이냐 했다 → 이냈다

❖ 인용동사 '하다'의 일부 활용형은 이러한 축약이 일어나지 않는다. 다음의 '해, 하나, 하게, 하려고'는 부사형이다.

- 간다 해 → 간대 (×)
- 가냐 하나 → 가냐나 (×)
- 가라 하게 → 가라게 (×)
- 가자 하려고 → 가자려고 (×)

❖ 어미 '-고'의 생략과 축약 때문에 다음 세 가지 간접인용표현은 비슷한 뜻을 가지고 공존한다.

- 간다고 했다. / 간다 했다. / 간댔다.
- 이라고 했다. / 이라 했다. / 이랬다.

❖ 이러한 축약 과정에서 '-는단다, -는다고, -는다니까, -는다며, -는다면서, -더라고, -더라니까, -더라며, -더라면서'는 **종결어미**로 굳어진 용법도 가지게 되었다. 이들의 '인용'의 의미는 약하거나 없으며 다른 특별한 의미를 표현한다. 즉 자기가 전에 말했음을 강조하거나, 자기가 아닌 남이 말한 것처럼 표현함으로써 객관성을 강조하거나, 그런 말을 할 만한 태도나 생각을 가지고 있음을 표현한다.

- 건물이 멋지다고. *'인용'의 의미가 없고 명제가 참임을 강조함.
- 건물이 멋지다니까. *'인용'의 의미가 없고 명제가 참임을 강조함. 화자가 전에 한 말을 또 해야 하는 데 대한 불만을 표시함.
- 건물이 멋지단다. *'인용'의 의미가 없고 건물이 멋지다는 명제의 객관성을 강조함.
- 너도 간다고? *'인용'의 의미가 약해지고 원화자인 '너'의 태도를 질문함.
- 너도 간다며? *'인용'의 의미가 약해지고 원화자인 '너'의 태도를 질문함.
- 너도 간다면서? *'인용'의 의미가 약해지고 원화자인 '너'의 태도를 질문함.

15.15. 인용의 동격구성

❖ 인용에서 **동격구성**을 사용하기도 한다.

❖ 간접인용에서 앞에 제시된 명제를 확인하거나 강조하기 위해 수정발화와 직시대명사 '이것, 그것'을 이용한 **간접인용 직시대명사 동격구성**을 사용할 수 있다. 수정발화의 서술어는 하라체로 표현한다. 이때 '이다, 아니다'에 붙는 평서형어미 '-는다'는 변이형 '-라' 대신 '-다'를 쓴다.

1. 간접인용 직시대명사 동격구성 : 수정발화#이것/그것#이다

- [찬성하는 사람이 80%를 넘었다] 이겁니다.
- [어차피 할 거면 빨리 하자] 이거예요.
- [이번에는 아무 일 없을 거다] 그거야?
- 문제는 [그쪽에서 우리 요구를 받아들이겠냐] 그거죠.
- 그러니까 [잠자코 있으라] 그거네.

❖ 직시대명사 '이것, 그것' 대신에 '이/그 말' 또는 '이/그 이야기'를 쓰는 경우도 있다.

- [찬성하는 사람이 80%를 넘었다] 이 말입니다.
- [이번에는 아무 일 없을 거다] 그 말이야?
- 그러니까 [잠자코 있으라] 그 이야기네.

❖ 한편 직시형용사 '그렇다'를 이용한 동격구성 두 가지(§15.4, §15.5)는 **인용 직시형용사 동격구성**이다. 그 둘 중 부사어 '그렇게'를 이용한 것은 **인용 부사어 동격구성**이고, 관형어 '그런'을 이용한 것은 **인용 관형어 동격구성**이다.

1. 인용 부사어 동격구성

원발화+이라고 # 그렇게 # 인용동사

원발화 # 하고 # 그렇게 # 인용동사

수정발화(-고) # 그렇게 # 인용동사

- 영수가 ["그 정도는 나도 알지."라고] **그렇게** 말했다.
- 영수가 ["그 정도는 나도 알지." 하고] **그렇게** 말했다.
- 영수가 [그 정도는 자기도 안다고] **그렇게** 말했다.

2. 인용 관형어 동격구성

원발화 + 이라는 # 그런 # 인용명사

원발화 # 하는 # 그런 # 인용명사

수정발화-는 # 그런 # 인용명사

수정발화 # 하는 # 그런 # 인용명사

- ["그 정도는 나도 알지."라는] **그런** 말을 나는 한 적이 없다.
- ["그 정도는 나도 알지." 하는] **그런** 말을 나는 한 적이 없다.
- [그 정도는 나도 안다는] **그런** 말을 나는 한 적이 없다.
- [그 정도는 나도 안다 하는] **그런** 말을 나는 한 적이 없다.

부록

허사, 조사, 어미 목록

1. 허사 목록

일반 의존명사

대표형	변이형	기능
것	것, 거	비인물
대로	대로	같은 방식으로
대신(代身)	대신	역할의 넘김
데	데	장소
동안	동안	동작이 일어나는 시간적 범위
듯	듯	비슷한 모양
때문	때문	이유
마련	마련	당연함
만(시간)	만	지나간 시간의 길이나 횟수
만(정도)	만	비슷한 정도
만큼	만큼	같은 수량이나 정도
바람	바람	사건의 여파
분	분	사람에 대한 경어
뿐	뿐	유일함
수	수	가능성, 능력
줄	줄	방법, 사실
지	지	동작이 일어난 후 지속된 시간의 길이
채	채	이미 있는 상태로

단위성 의존명사

대표형	예
가지	소원/장점/색깔 두 가지
개(個)	사과/컵/가방/우산/의자/상자/만두 두 개
개국(個國)	5개국
개월(個月)	5개월
곳	횡단보도/도시 두 곳
군데	횡단보도/도시 두 군데
권(卷)	책 두 권
끼	밥 두 끼
년(年)	5년
대(臺)	차/자전거/비행기/냉장고/피아노 두 대
동(棟)	건물 두 동, 5동
마리	개/물고기 두 마리
메가바이트(megabyte)	5메가바이트
명(名)	아이/한국인 두 명
미터(meter)	5미터
번(番)	여행/우승/수술/회의 두 번, 5번 버스
번째(番째)	두 번째
분(사람)	할머니 두 분
분(分)(시간)	두 시 5분
살	두 살
세(歲)	5세
시(時)	오후 두 시
원	5만 원
장(張)	종이/사진/수건/김 두 장
채	집 두 채
척(隻)	배 두 척
초(秒)	오 분 오 초
칸	방/사무실 두 칸
켤레	신발/장갑 두 켤레

대표형	예
킬로그램(kilogram)	5킬로그램
퍼센트(percent)	5퍼센트
편(篇)	영화/소설/시 두 편
할(割)	5할
호(戶)	205호

대명사

대표형	변이형	기능
거기	거기	직시대명사
그	그	직시대명사
그것	그것, 그거	직시대명사
그녀(그女)	그녀	직시대명사
그대	그대	2인칭대명사
그분	그분	직시대명사
그애	그애, 걔	직시대명사
그쪽	그쪽	직시대명사
나	나, 내	1인칭대명사
너	너, 네	2인칭대명사
너희	너희	2인칭대명사
누구	누구, 누	의문대명사, 비한정대명사
당신(當身)(2인칭)	당신	2인칭대명사
당신(當身)(재귀)	당신	재귀대명사
무엇	무엇, 무어, 뭣, 뭐, 머	의문대명사, 비한정대명사
아무	아무	비한정대명사
아무것	아무것, 아무거	비한정대명사
어디	어디	의문대명사, 비한정대명사
언제	언제	의문대명사, 비한정대명사
얼마	얼마	의문대명사, 비한정대명사

대표형	변이형	기능
여기	여기	직시대명사
우리	우리	1인칭대명사
이(직시)	이	직시대명사
이것	이것, 이거	직시대명사
이분	이분	직시대명사
이애	이애, 얘	직시대명사
이쪽	이쪽	직시대명사
자기	자기	재귀대명사
저(1인칭)	저, 제	1인칭대명사
저(재귀)	저, 제	재귀대명사
저(직시)	저	직시대명사
저것	저것, 저거	직시대명사
저기	저기	직시대명사
저분	저분	직시대명사
저애	저애, 쟤	직시대명사
저쪽	저쪽	직시대명사
저희(1인칭)	저희	1인칭대명사
저희(재귀)	저희	재귀대명사

지시용언과 보조용언

대표형	기능
가다	보조동사
가지다	보조동사
계시다	보조동사
그러다	지시동사
그러하다	지시형용사
그럭하다	지시동사
그렇다	지시형용사

대표형	기능
아무러하다	지시형용사
않다	보조동사, 보조형용사
어떠하다	지시형용사
어떡하다	지시동사
어떻다	지시형용사
어쩌다	지시동사
어찌하다	지시동사

대표형	기능
그리하다	지시동사
나다	보조동사
내다	보조동사
놓다	보조동사
대다	보조동사
되다	보조동사
두다	보조동사
드리다	보조동사
말다	보조동사
못하다	보조동사, 보조형용사
버리다	보조동사
보다	보조동사, 보조형용사
보이다	보조동사
싶다	보조형용사
아무렇다	지시형용사

대표형	기능
오다	보조동사
이러다	지시동사
이러하다	지시형용사
이럭하다	지시동사
이렇다	지시형용사
이리하다	지시동사
있다	보조동사, 보조형용사
저러다	지시동사
저러하다	지시형용사
저럭하다	지시동사
저렇다	지시형용사
저리하다	지시동사
주다	보조동사
하다	보조동사, 보조형용사

2. 조사 목록

격조사

대표형	변이형	기능
같이	같이	부사격조사
과	과, 와	부사격조사
께	께	부사격조사
께서	께서	주격조사
대로	대로	부사격조사
만	만	부사격조사
만큼	만큼	부사격조사

대표형	변이형	기능
보다	보다	부사격조사
아	아, 야	호격조사
에	에	부사격조사
에게	에게	부사격조사
에게서	에게서	부사격조사
에서	에서	부사격조사
으로	으로, 로	부사격조사
으로서	으로서, 로서	부사격조사
으로써	으로써, 로써	부사격조사
을	을, 를, ㄹ	목적격조사
의	의	관형격조사
이(주격)	이, 가	주격조사
이(보격)	이, 가	보격조사
이라고	이라고, 라고, 이라, 라	부사격조사
이라는	이라는, 라는, 이란, 란	관형격조사
이란	이란, 란	주격조사
이랑	이랑, 랑	부사격조사
이시여	이시여, 시여	호격조사
이여	이여, 여	호격조사
일랑	일랑, ㄹ랑	목적격조사
처럼	처럼	부사격조사
하고	하고	부사격조사
한테	한테	부사격조사
한테서	한테서	부사격조사

접속조사

대표형	변이형	기능
과	과, 와	접속조사

이랑	이랑, 랑	접속조사
하고	하고	접속조사

보조사

대표형	변이형	기능
까지	까지	함의보조사
도	도	함의보조사
들	들	복수보조사
만(함의)	만	함의보조사
만(반전)	만, 마는	반전보조사
밖에	밖에	함의보조사
부터	부터	함의보조사
요	요	높임보조사
은	은, 는, ㄴ	함의보조사
을	을, 를, ㄹ	함의보조사
이	이, 가	함의보조사
이나	이나, 나	함의보조사
이라도	이라도, 라도	함의보조사
이야	이야, 야	함의보조사

3. 어미 목록

선어말어미

대표형	변이형	기능
-으시-	-으시-, -시-	주체경어법
-었-	-었-, -았-, -였-, -ㅆ-	과거시제

대표형	변이형	기능
-었었-	-었었-, -았었-, -였었-, -ㅆ었-	대과거시제
-겠-	-겠-	양태
-잖-	-잖-	양태

명사형어미

대표형	변이형	기능
-기	-기	명사절 형성
-음	-음, -ㅁ	명사절 형성
-는지	-는지, -은지, -ㄴ지	명사절 형성
-을지	-을지, -ㄹ지	명사절 형성

관형사형어미

대표형	변이형	기능
-은	-은, -ㄴ	관형사절 형성
-는	-는, -은, -ㄴ	관형사절 형성
-던	-던	관형사절 형성
-을	-을, -ㄹ	관형사절 형성

부사형어미

대표형	변이형	기능
-거나	-거나	선택
-거든	-거든	조건
-게	-게	목적, 동일
-고(첨가)	-고	첨가, 동시, 순차
-고(인용)	-고	인용

대표형	변이형	기능
-고서	-고서	순차
-고자	-고자	목적
-기에	-기에	원인
-길래	-길래	원인
-느라고	-느라고, -느라	원인
-는데	-는데, -은데, -ㄴ데	대조, 배경
-다가	다기. -디	대조, 중단, 원인
-더니	-더니	배경
-더라도	-더라도	양보
-던데	-던데	배경
-도록	-도록	목적
-든지	-든지, -든	선택
-듯이	-듯이, -듯	유사
-어	-어, -아, -여, -∅	순차, 원인
-어다가	-어다가, -아다가, -여다가, -다가 -어다, -아다, -여다, -다	이동
-어도	-어도, -아도, -여도, -도	양보
-어서	-어서, -아서, -여서, -서	순차, 원인
-어야	-어야, -아야, -여야, -야	조건
-었더니	-었더니, -았더니, -였더니, -ㅆ더니	원인
-으나	-으나, -나	대조
-으니까	-으니까, -니까, -으니 -니	순차, 원인
-으러	-으러, -러	목적
-으려고	-으려고, -려고, -으려, -려	목적
-으며	-으며, -며	첨가
-으면	-으면, -면	조건
-으면서	-으면서, -면서	동시
-으므로	-으므로, -므로	원인
-을까	-을까, -ㄹ까	방법
-을수록	-을수록, -ㄹ수록	조건

대표형	변이형	기능
-자	-자	순차
-자마자	-자마자	순차
-지만	-지만, -지마는	대조

종결어미

대표형	변이형	기능
-거든	-거든	해체 평서법
-게	-게	하게체 명령법
-게나	-게나	하게체 허락법
-구려	-구려	하오체 허락법
-나(하게체)	-나, -은가, -ㄴ가	하게체 의문법
-나(해체)	-나, -은가, -ㄴ가	해체 의문법
-냐(해라체)	-냐, -느냐, -으냐	해라체 의문법
-냐(하라체)	-냐, -느냐, -으냐	하라체 의문법
-네(하게체)	-네	하게체 평서법
-네(해체)	-네	해체 평서법
-는가	-는가, -은가, -ㄴ가	하라체 의문법
-는구나	-는구나, -구나	해라체 평서법
-는군	-는군, -군	해체 평서법
-는다	-는다, -ㄴ다, -다	해라체 평서법
-는다고	-는다고, -ㄴ다고, -다고	해체 평서법/의문법
-는다니까	-는다니까, -ㄴ다니까, -다니까	해체 평서법
-는다며	-는다며, -ㄴ다며, -다며	해체 의문법
-는다면서	-는다면서, -ㄴ다면서, -다면서	해체 의문법
-는데	-는데, -은데, -ㄴ데	해체 평서법/의문법
-니	-니	해라체 의문법
-더라	-더라	해라체 평서법
-던데	-던데	해체 평서법/의문법
-데	-데	해체 평서법

대표형	변이형	기능
-디	-디	해라체 의문법
-습니다	-습니다, -ㅂ니다	합쇼체 평서법
-습니까	-습니까, -ㅂ니까	합쇼체 의문법
-어	-어, -아, -여, -Ø	해체 평서법/의문법/명령법/청유법
-어라(감탄)	-어라, -아라, -여라, -라	해라체 감탄법
-어라(명령)	-어라, -아라, -여라, -라	해라체 명령법
-어야지	-어야지, -아야지, -여야지, -야지	해체 평서법
-으라	-으라, -라	하라체 명령법
-으려무나	-으려무나, -려무나	해라체 허락법
-으렴	-으렴, -렴	해라체 허락법
-으리다	-으리다, -리다	하오체 약속법
-으마	-으마, -마	해라체 약속법
-으세	-으세, -세	하게체 청유법
-으십시오	-으십시오, -십시오	합쇼체 명령법
-으오(평서/의문)	-으오, -오, -소	하오체 평서법/의문법
-으오(명령)	-으오, -오	하오체 명령법
-을걸	-을걸, -ㄹ걸	해체 평서법
-을게	-을게, -ㄹ게	해체 약속법
-을까	-을까, -ㄹ까	해체 의문법
-을라	-을라, -ㄹ라	해라체 경계법
-을래	-을래, -ㄹ래	해체 평서법/의문법
-음세	-음세, -ㅁ세	하게체 약속법
-읍시다	-읍시다, -ㅂ시다	하오체 청유법
-자	-자	해라체 청유법
-지	-지	해체 평서법/의문법/명령법/청유법

찾아보기

1. 변이형의 쓰임

2. 용어

※쪽수 뒤의 'ㅈ'은 각주를 표시한다.

3. 언어형태

※항목 뒤의 '*'는 문장소의 변이형임을 표시한다.

※쪽수 뒤의 'ㅈ'은 각주를 표시한다.

ㄱ

ㄷ

ㄹ

ㅁ

ㅋ

ㅌ

ㅍ

기타

한국어문법

초판 1쇄 발행 2020년 2월 15일

지은이 배주채
펴낸이 정재탁
펴낸곳 (학)신구학원신구문화사
디자인 은디자인

등록 제2008-000054호
주소 경기도 성남시 중원구 광명로 377 우촌학사 1층
전화 031-741-3055
팩스 031-741-3054
이메일 shingupub@naver.com
홈페이지 www.shingubook.com

ISBN 978-89-7668-251-2 93710